David Kadel

Fußball Gott

Erlebnisberichte vom heiligen Rasen

DIE GÖTTER ZIEHE
GELSENKIRCHEN

DEN
adidas
GOTT IST TREU

Übersetzung der portugiesischen Interviews:
Ricardo Friesen und Adelmo Raymann

Besonderen Dank an:
„Forever LoveLy" Frohlocki
„Bubi und seen Manager" Torsten Hebel
„Pofte und Bune – ein Fußballerleben" Gernot Schmitt
„Alle Spiele, alle Tore, alles live" Daniel Fleischer
„Jo gut, äh sicherlich" Pro Joe
„Il Padrino Cesto, amigo mio" Jürgen Meyer
„Der Bruder vom Kölschen Adel" Dirk
„Peter, Junge, sing für uns" Rasi
„Igreja München", „Taribo West Foundation" Mailand, Jochen Schneider (VfB), Steve Volke Communications, Willi Gierlich (Pressesprecher für J.C.), Jörg Lawrenz (Ideenwunder), Johnny, Maja, Quilco und Hinze von „PfC", Ischi, Nino und Harry von „Sandy River Gang", Uli + Jan Kühnel (Humble Bumble Prod.), „Gongl" Marian + Naomi und parents, Roberta Kelly, Idris (Pegasus), DJ Reins, Dietmar Neß, Oliver Page, Robin Szuttor (Observer), Bernd Matzel, Familie Neelsen, Familie Berweiler und Mum Maria.

Best-Nr. 815 764
ISBN 3-89437-764-X
1. Auflage 2002

Design & Satz: spoon, Olaf Johannson
Fotos der Homestorys: Christian Roth

Sportfotos: dpa, Firo, Joch, Imago, Bongarts, Gettschatt, Onlinesport, Sven Simon, David Kadel
Quellen: Kicker, Sport Bild, Kölner Express, Die Bibel („Luther-Übersetzung von 1984" und „Die Gute Nachricht")
Druck und Verarbeitung: Westermann
Printed in Germany

David Kadel

Fußball Gott

Erlebnisberichte vom heiligen Rasen

Schulte & Gerth

AMATEURE
WURTH

Inhalt

Die Italiener sind ein fußball-verrücktes Volk. „Fußball ist Religion", bekommt man dort von manchem heißblütigen Fan zu hören. Und es gehört zum guten Ton, vor dem Spiel eine Kerze für den Club anzuzünden.

Es war schon eine tolle und faszinierende Zeit, die ich damals beim AS Rom erleben durfte. Aber auch bei uns im etwas kühleren Deutschland war der Fußball nie nur einfach ein Spiel. Besuchen Sie mal das traditionelle Derby zweier Nachbarstädte – nirgendwo findet man eine solche Stimmung voller Leidenschaft und erhitzter Gemüter. Eine entscheidende Begegnung wird schnell zum „Schicksalsspiel", ein neuer Trainer wird zum „Retter" ausgerufen und mancher Spieler sogar zum begnadeten „Fußball-Gott" erkoren – jedoch bei anhaltendem Misserfolg gnadenlos ausgepfiffen.

Dem Fußball habe ich sehr viel zu verdanken, denn ich hatte das Glück, all das Schöne, das er verspricht, erleben zu dürfen. Die Erfolge in der Bundesliga und im Ausland, aber vor allem der WM-Titel 1990 in Italien bleiben unvergessen. Auch die jetzigen Erfahrungen als Trainer möchte ich auf keinen Fall missen.

Doch der Fußball ist heute sehr schnelllebig geworden. Die Medien und die Wirtschaft haben großen Einfluss genommen, und als junger Profi muss man das rasante Auf und Ab und auch die Krisenzeiten annehmen können, denn die gehören zum Job unweigerlich dazu. Verletzungen, der permanente Druck und ein Misserfolg können einen schnell aus der Bahn werfen – da braucht man gute Nerven und einen starken Willen. Und manchmal auch einen festen Glauben, von dem die Spieler Ihnen in diesem Buch erzählen werden.

Mit den meisten habe ich einige Zeit gemeinsam verbracht – entweder als Mitspieler auf dem Platz oder später als deren Trainer. Es sind alles gestandene Profis, aber auch echte Typen, deren persönliche Erfahrungen spannend zu hören sind. Berichte von großen Erfolgen und glanzvollen Titeln, aber auch Geschichten von der anderen Seite der Medaille.

Etwa die von Gerald Asamoah, dem die Ärzte aufgrund eines Herzfehlers das Fußballspielen verbieten wollten. Die von Zé Roberto, der in den ärmlichen Slums von São Paulo aufwuchs, Adhemars Drogeneskapaden, die ihn beinahe umbrachten, oder die Story von Dirk Heinen, dessen Schwester sehr jung an Krebs starb. Man kapiert, dass „Schicksalsspiele" nicht auf dem Platz, sondern im echten Leben stattfinden. Die Frage ist nur, wie man damit umgeht.

Der Glaube ist in solchen Momenten für manchen Spieler ein Halt. Ergebnisse können da schnell zur Nebensache werden. Ich werde nie vergessen, wie man mir am Rande des England-Spiels vom Herzinfarkt meines Vaters berichtete. Da gehen einem auf einmal tausend Dinge durch den Kopf, und man besinnt sich auf das wirklich Wichtige im Leben.

Das sind Erfahrungen, die wir alle früher oder später machen müssen, in schönen und in schwierigen Zeiten. Von diesen ganz persönlichen Erlebnissen berichten Ihnen nun die Protagonisten dieses Buches und gewähren Ihnen einen außergewöhnlichen Blick hinter die Kulissen des Fußballs. Viel Spaß beim Lesen!

Ihr Rudi Völler

Der Bayern-
Die Faust Gottes
DAS BUNDESLIGA-FINALE
Das dramatischste Finale der Bundesliga-Geschichte
17.15 Uhr
4 Minuten, 38 Seku
zwischen Himmel und Hölle
17.20 U
Freitag, 28. Mai 1999, 70 Pf
Bild
UNABHÄNGIG · ÜBERPARTEILICH
Warum
...holte Hitzfe
Matthäus raus?
...brach in Sekun
alles zusammen?
...ist der Fußball-Got
so grausam zu uns?
Bayern gegen Valencia, 20.45 Uhr, RTL und
Fußball-Gott,
zieh die
Lederhose an!
FC BAYERN MÜNCHEN E.V.
Alle Fans diskutie
Warum hat d
Fußball-Gott
Bayern so lieb?
NATIONALMANNSCHAFT
Hier war er verbuddelt
BILD vergrub Glücks-Pfennig im Strafraum
eser Pfennig
ngt uns zur WM
Donnerstag, 24. Mai 2001
BAYERN 6:5 n. E. VALENCIA
li, du Teufelske

DAVID KADEL

Gott und Fußball.

Wie geht das zusammen, fragen Sie sich? Es geht! Man schaue sich nur einmal die Berichterstattung der Fußball-Bundesliga der letzten Jahre an: Herausragend das Finale 2001, ein Thriller, wie er in 38 Jahren Bundesliga nie da gewesen ist. Während auf Schalke schon 4 Minuten lang die gewonnen geglaubte Meisterschaft gefeiert wird, entscheidet der wirklich allerletzte Schuss der Saison in der Nachspielzeit über den wahren Inhaber des Meistertitels. Es folgt ein Schock in Blau-Weiß mit unvergessenen Bildern. Wahnsinn! „Da muss eine höhere Macht im Spiel gewesen sein", ist man sich einig. Also wird dieser Tage immer wieder der „Fußball-Gott" bemüht. Beim Sieger und auch beim Verlierer. So wie man ihn gerade braucht: „Er ist nicht gerecht", heißt es aus Schalker Sicht. „Und deswegen", erklärt Manager Rudi Assauer öffentlich, „glaube ich ab jetzt nicht mehr an ihn!" Man ist beleidigt. Dabei hatte der Zigarrenmann doch noch wenige Monate zuvor nach Schalkes berauschendem 3:2 Sieg über die Bayern stolz wie Oskar behauptet: „Es gibt wirklich einen Fußball-Gott!" Na was denn nun? Glauben oder Zweifeln?

Apropos glauben, wie können die Lauterer denn eigentlich an einen „Fußball-Gott" glauben, wo sie doch Rote Teufel sind? Ob er ihnen trotzdem wohlgesonnen ist?

Viel leichter haben es jedenfalls die Gewinner auf der anderen Seite. Sie feiern den „Fußball-Gott" und huldigen ihm: „Er war heute auf unserer Seite – der Fußball-Gott trägt Lederhosen." Alle sprechen von ihm, alle hoffen auf ihn, wenn spielerische Mittel allein nicht mehr ausreichen. Fast alle. Einer, den die Medien nach seinen fantastischen Leistungen der letzten Jahre selbst zum „Torwart-Gott" ernannt haben, wehrt sich gegen die Hysterie: „Ich selbst habe auch von einem Fußball-Gott gesprochen und mich hinterher geärgert: ‚Wie kannst du nur so einen Blödsinn von dir geben?' Es gibt nur einen einzigen Gott. Dieser Gott gibt uns die Kraft, mit allem, was wir positiv wie negativ erleben, umzugehen. Es ist der Gott der Christen, dem ich am nächsten stehe." So Oliver Kahn in einem Interview der Sport-Bild zum Saisonfinale.

„Fußball-Gott" und Aberglaube, das gab es schon weit vor Beginn der Bundesliga. Einst wurde der Torhüter der legendären 54-er Weltmeister-Elf, Toni Turek, von den Reportern zum „Fußball-Gott" erhoben – sozusagen der Vorgänger von Oliver Kahn. Und auch der Schalker Stan Libuda wurde in den 70-ern mit göttlichen Ehren bedacht, als es damals hieß: „An Gott kommt keiner vorbei – außer Libuda!" Schließlich war er ja selbst ein „Flanken-Gott".

Kameruns Trainer Winfried Schäfer bringt die Sache auf den Punkt: „Das ist zwar Gequatsche, aber es bewahrheitet sich immer wieder: Es gibt einen Gott im Fußball!" Wie meint er das?

Spricht er von einem „Fußball-Gott", wie ihn die Boulevard-Presse einst schuf? Angebetet in der Liturgie der Fans, die ihre Gottesdienste im Fußball-Tempel feiern? Im Sprechchor der Bayernkurve, wenn „Carsten Jancker – Fußball-Gott" den Platz betritt – oder gar im Sinne von Gerald Asamoah, Paulo Sergio und Co., die ihn in Bibelkreisen besingen und vor dem Anpfiff um Bewahrung bitten? Gibt es ihn nun wirklich, einen Gott im Fußball? Wahrscheinlich ist das die einzige Sparte, in der man bei Sportwetten noch kein Geld gewinnen kann. Ein Rätsel also, dem wir auf die Spur gehen möchten ...

Fußball wunder

Jetzt hilft uns nur noch ein Wunder", stöhnt der Trainer Richtung Ersatzbank. Während die ersten Zuschauer die Tribüne verlassen, schielen Spieler und hartgesottene Fans immer wieder zur Stadionuhr. „6 Tore in 29 Minuten, so etwas ist unmöglich zu schaffen!", bereitet sich auch der Kommentator schon früh auf seine vernichtende Schlussanalyse vor. Er ahnt noch nicht, dass man die beispiellose Aufholjagd zum 7:3 Sieg schon kurze Zeit später als eines der seltensten Wunder der Fußball-Geschichte bezeichnen wird. So geschehen am 19. März 1986 beim UEFA-Cup-Rückspiel zwischen Bayer 05 Uerdingen und Dynamo Dresden.

Noch heute ärgere ich mich darüber, das Spiel beim Stand von 1:3 zur Halbzeit ausgeschaltet zu haben. Mit einer unglaublichen Energieleistung zwischen der 58. und 87. Minute hatten sich die Männer der Grotenburg-Kampfbahn einen Platz in der Kategorie der ewigen Fußball-Wunder erobert. Nicht einmal ein 5:3 Sieg hätte damals aufgrund der Hinspielniederlage zum Weiterkommen gereicht. „An den Wundern erkennt man die Heiligen", sagt ein französisches Sprichwort. Hatte Gott

Bruno Pezzey beim UEFA-Cup-Sieg der Eintracht 1980

hier etwa seine Hand im Spiel, so wie einige Monate später etwas weiter westlich, im heißen Mexiko? „Tor gut, ein bisschen Diego und ein bisschen Hand Gottes", der legendäre Ausspruch des argentinischen Nationalheiligen „San Diego", Weltmeister im Dribbeln und Schummeln. Natürlich konnte die Zeitlupe, wenn auch erst beim 12. Mal, die Aufklärung bringen.

Doch womit haben wir es nun bei einem echten Fußball-Wunder zu tun? Eigentlich heißt es

Diego Maradona zeigt Peter Shilton die „Hand Gottes" (England – Argentinien, WM 1986)

doch immer, dass nur Gott für Wunder zuständig ist. Aber kümmert es Gott überhaupt, was die Erdlinge Woche für Woche in ihren Schicksals-

spielen zusammenkicken, oder liebt er die Fußballer gar so sehr, dass er sich ihnen vielleicht in solchen Wundern zu erkennen geben will? Oder ist am Ende doch alles nur schnöder Zufall? Interessanterweise ist das Wort „Zufall" in der Fußballersprache verpönt und verboten; bei Spie-

lern wie bei Reportern. Alles macht Sinn. Die Analyse deckt schonungslos Tatsachen auf, und Statistiken können fast alles belegen. Doch der Fußball wäre längst nicht so beliebt, wenn es nicht ab und an auch diese wunderlichen Ereignisse gäbe, die selbst von Günther Netzer nicht zu erklären sind.

Nehmen wir doch einfach mal die lustigen Dänen. 1992 wurden sie aufgrund des Balkankrieges in letzter Minute an Stelle von Jugoslawien zur Europameisterschaft nachnominiert. Wenige Tage vor Turnierstart musste die dänische Delegation ihre Spieler in ganz Europa von den Stränden und Urlaubsorten zusammentrommeln, um überhaupt eine EM-taugliche Elf auf die Beine

„Es werde dunkel" – OFC-Fans bejubeln den Lichtausfall in Mannheim

stellen zu können. Angesichts des Kanonenfutters in Form von Minigolf spielenden Dänen rieben sich alle laktatgeprüften Turnierfavoriten schon genüsslich die Hände. Doch der darauf folgende Durchmarsch der gutgelaunten Fastfood-Dänen bis ins Endspiel, in dem Deutschland mit 2:0 weggefeiert wurde, bereitete Dänemark am 26. Juni einen „Nationalfeiertag des Fußball-Wunders." Wer bei einem solchen Spiel dabei war, hat

Relegationsspiel zum Aufstieg in die Regionalliga am 6. Juni 1997:
Offenbacher Kickers – Memmingen: Lichtausfall in der 89. Minute beim Stand von 2:3. Das Wiederholungsspiel gewinnt Offenbach mit 2:0 und steigt auf.

2. Mai 1984 das **6:6 im Pokal** zwischen Schalke 04 und Bayern München mit Olaf Thons Hattrick.

Deutschland – Frankreich bei der WM 1982 in Sevilla (am 8. Juli 1982):
...beim Stand von 1:3 in der Verlängerung scheint alles verloren, doch Rummenigge verkürzt auf 2:3 und Klaus Fischer ermöglicht mit Fallrückzieher das dramatische Elfmeterschießen... 3:3 n. Verl. (8:7 n. Elfm.)

Am 21. Dezember 1983 wieder in Sevilla:
Spanien muss im entscheidenden EM-Qualifikations-Spiel gegen Malta mit 11 Toren Unterschied gewinnen, um an Stelle von Holland noch zur EM 84 fahren zu können. Als es zur Halbzeit 1:1 steht, jubeln die Holländer über ihre EM-Teilnahme. Zu früh gefreut, denn die Spanier erzielen ab der 65. Minute noch die benötigten 11 Tore (!) zum 12:1 Sieg.

Eintracht Frankfurt 5:1 Sieg gegen Bayern München im UEFA-Cup-Halbfinale am 22.4.1980.

Färöer gegen Österreich 1:0 (12. September 1990). Quali Euro ´92. Kennen sie etwa Torkil Nielsen, den Schützen des goldenen Tores? 20.000 Menschen feiern auf den Straßen von Torshavn ihre Helden, mehr als die Hälfte der Bevölkerung.

Eintracht Frankfurt benötigt im letzten Spiel der Saison am 29. Mai 2000 einen Sieg gegen Kaiserslautern mit vier Toren Unterschied, um nicht abzusteigen. Fjoertofts Treffer in der letzten Spielminute zum 5:1 bleibt für die Eintracht unvergessen...

Noch ein Norweger und die Nachspielzeit: **Ole Gunnar Solskjaer**, Edeljoker von ManU, zerstört Bayern Münchens Champions League Traum am 26. 5. 1999 in der 3. Minute der Nachspielzeit, sprich 92.17 Minute. Zuvor hatte Teddy Sheringham, ebenfalls in der Nachspielzeit (90.35), zum 1:1 ausgeglichen...

21. Juni 1978 in **Cordoba**: Österreichs Hans Krankl und Reporter Edi Finger besiegen Deutschland mit 3:2 („I wird narrisch!")

größte Chancen, von den Fans den Titel eines Fußball-Gottes verliehen zu bekommen. Einmal mehr spiegelte sich also hier die Geschichte von „David gegen Goliath", die auch recht inflationär für sämtliche Wunder der DFB-Pokalrunden herhalten muss. Der Pokal hat seine eigenen, wunderbaren Gesetze, heißt es.

Und die Schwerkraft gilt für einen Moment als aufgehoben, wenn die Davids aus Geislingen, Vestenbergsgreuth und Trier den bayrischen Riesen Goliath wieder einmal in die Knie gezwungen haben. Im alttestamentlichen Zweikampf der ungleichen Gegner hatte Gott heimlich eingegriffen. Denn David war Gottes verlängerter Arm, als es damals darum ging, seine eigenen Interessen zu wahren und Israel zu beschützen. Und so traf die Steinschleuder den gotteslästernden Riesen genau in den Winkel.

Und exakt in dieser Frage liegt der Schlüssel zu den Geheimnissen aller Fußballwunder verborgen: Verfolgt Gott auch im Fußballgeschäft eigene Interessen, oder war er es persönlich, der einst den neutralsten aller Sportlermerksätze stiftete: „Der Bessere soll gewinnen"? In der Hoffnung, dass es Gott nicht völlig wurscht sei, wer denn nun auf den Fußball-Thron Europas steigen dürfe, wurde er vor dem Bayernfinale gegen Valencia ganz offiziell gebeten, die Lederhosen anzuziehen. „Der Fußball-Gott muss ein Bayer sein", so klang es auch wenige Tage zuvor nach dem kuriosen Bundesliga-Drama durch ganz Deutschland. Und da, wo man früher angesichts solcher Last-Minute-Geschenke noch vom „Bayern-Dusel" gesprochen hatte, fragt inzwischen sogar die Lichtgestalt höchstselbst, den Blick gen Himmel gerichtet: „Jo, is denn heit scho Weihnochtn?"

Nehmen wir nun einmal an, dass Gott nicht nur Israel-, sondern auch Bayern-Fan wäre. Hätte es für die Schalker dann trotzdem eine Möglichkeit gegeben, ihn noch irgendwie umzustimmen? König David baute dem Herrn einst einen Tempel; vielleicht könnte man ihn ja mit einer extra im Stadion eingebauten Kapelle für die eigene Sache gewinnen – aber so etwas Verrücktes würde nun wirklich kein Verein tun!

Gott umzustimmen, das käme wahrlich einem Wunder gleich. Das Wunder, das den Königsblauen ja leider nach tragikkomischen 4 Minuten und 38 Sekunden versagt blieb. Zu Recht hatte es noch vor dem Spiel geheißen: „Die Hoffnung stirbt zuletzt". Doch wenn Rudi Assauer ab jetzt nicht mehr an den Fußball-Gott glaubt, weil der nicht gerecht gegenüber Schalke war, heißt das dann, dass er all die Jahre zuvor noch an einen (Fußball-)Gott geglaubt hat, der für Gerechtigkeit im Fußball sorgt?

Warum ist dann Burruchagas Schuss im WM-Finale 1986 sieben Minuten vor Schluss reingegangen? Das war wirklich ungerecht, denn Deutschland hatte so bravourös gekämpft und sogar ein 0:2 aufgeholt – jeder, der's gesehen hat, weiß das. Also, was ist nun? Lohnt es sich, auf ein Wunder eines gerechten Fußball-Gottes zu hoffen, oder gibt es ihn überhaupt nicht? Und wenn doch – welches Trikot trägt er, und wie kann man ihn zu einem anderen Club bekehren?

Wir haben gehört, was Kahn dazu sagen würde, als so genannte „Faust Gottes". Der Faust Goethes hingegen sagt: „Ein Wunder ist des Glaubens liebstes Kind."

Von Wundern auf dem heiligen Rasen, vom Glauben und einer nicht nur lieben Kindheit erzählen nun die Protagonisten eines ganz besonderen „Dreamteams"...

Oliver Kahn mit Faust zum Himmel

GERALD „BLONDIE" ASAMOAH

Asamoah – der Liebling

Familie Asamoah rutscht unruhig auf der Couch hin und her, während die Kamera ganz langsam an der deutschen Elf vorbeifährt. Manche singen die Nationalhymne mit, andere scheinen nur zu summen. Jetzt ist sie bei Gerald angelangt; die Lippen fest aufeinander gepresst steht er da mit entschlossenem Blick.

„Ich habe natürlich bewusst nicht mitgesungen, damit ich das Gejohle meiner Schalker Mitspieler im nächsten Training nicht anhören muss", wird er später grinsend erklären.

Für William Asamoah ist es ein komisches Gefühl, seinen Sohn im Trikot mit dem Bundesadler zu sehen, denn es wäre ja beinahe das gelbe ghanaische Trikot geworden. Doch Gerald hat die Einladung Rudi Völlers mit großer Freude angenommen und steht nun vor der Blaskapelle der Deutschen Bundeswehr mit den anderen in Reih und Glied.

„Der schwärzeste Nationalspieler, den Deutschland je hatte", heißt es über ihn. 50 Minuten später erlebt die deutsche Fangemeinde den schwärzesten Torjubel, den es jemals für die Nationalelf gegeben hat. Mit Links tritt Asamoah in seinem allerersten Länderspiel wuchtig ins slowakische Tor und führt einen faustgeballten ghanaischen Freudentanz auf, der es in sich hat.

Was für ein Einstand! Schwarz und weiß, seit jeher die Farben der Nationalelf, bekommen mit Gerald Asamoah nun eine ganz andere Bedeutung. Sein Name scheint Programm. Die Diskussion um den Rassismus in deutschen Stadien hätte keine andere Galionsfigur besser anheizen können als der allseits beliebte, stets gut gelaunte Schalker. „Blondie" hatte ihn Rudi Assauer einst getauft und die BILD kürte ihn mit „Liebling Asamoah" gar zum neuen Darling der Deutschen, der ausgerechnet am Tag der Deutschen Einheit seinen Geburtstag feiert.

2001 war das Jahr des Gerald Asamoah. Sein glanzvolles Länderspieldebüt, die rauschende Ballnacht beim DFB-Pokalsieg in Berlin – und in der Wahl zum Fußballer des Jahres erreicht er einen hervorragenden 3. Platz hinter Oliver Kahn und Ebbe Sand.

Nur eines hat ihn in damals sehr hart getroffen: Die verpasste Meisterschaft. Die Enttäuschung darüber saß lange Zeit sehr tief: „Dieses Drama in letzter Sekunde kann ich so

Tore gegen Kahn zählen doppelt – Gerald trifft beim 3:2-Sieg über Bayern München

Steckbrief

Geboren am 3. Oktober 1978 in Mampong (Ghana)

Freundin Linda

Vereine

Werder Hannover

Hannover 96

Schalke 04

Erfolge

DFB-Pokalsieger 2001 mit Schalke 04

„Meister der Herzen" 2001

Deutscher Nationalspieler

schnell nicht vergessen. Ich war noch nie so unglücklich", sagt Asamoah. Und trotzdem hat er sich im Gegensatz zu anderen als guter Verlierer erwiesen. Von „Dusel-Bayern" war die Rede, vom „gekauften Schiedsrichter". Doch Gerald beteiligt sich in diesen Tagen nicht an dieser Diskussion um die Schuldfrage und um die Ungerechtigkeit des Fußball-Gotts.

„Es gibt keinen Fußball-Gott, sondern nur den einen Gott im Himmel, und der weiß genau was er macht."

Die Aussage eines Fußballers, der anscheinend genau weiß, wovon er spricht. Wenn man bedenkt, dass seine Karriere 32 Monate zuvor schon so gut wie beendet schien ...

Rivalen, aber Freunde – mit Otto Addo vom BVB.

Der „Prinz von Deutschland"

Schlusspfiff im Zweitligaspiel von Hannover 96 gegen FC St. Pauli. Der 27. September 1998 wird für mich ein ganz besonderer Tag bleiben, aber nicht nur, weil wir 3:0 gewonnen haben. Während ich nach meiner Auswechslung kurz vor Schluss in Richtung Kabinengang laufe, spüre ich immer wieder ein heftiges Stechen in meinem Bauch. Ich bleibe am Spielfeldrand stehen und verharre für einen Moment in gebückter Haltung. Ein Gefühl von Übelkeit schleicht in mir hoch. „Wahrscheinlich hab ich vor dem Spiel mal wieder zu wenig gegessen", dachte ich mir damals und ging mit den Jungs feiern. Zwei Tage später ließ ich mich vorsichtshalber dann doch bei unserem Vereinsarzt durchchecken. Seine trockene Diagnose traf mich unerwartet und wie ein Blitz: „Sie haben eine Herzwandverdickung. Sie können nie wieder Fußball spielen."

Als ich im September 1998 mit dieser Diagnose konfrontiert wurde, brach für mich in einem Moment eine ganze Welt zusammen. „Ich glaube, ich werde verrückt", ging es mir damals die ganze Zeit durch den Kopf. Meine Karriere, die gerade erst gestartet war, sollte jetzt so plötzlich vorbei sein? All meine Pläne und Ziele, die ich vor mir hatte, hingen auf einmal am seidenen Faden.

Fußballspielen war von je her meine größte Leidenschaft gewesen und seit einiger Zeit auch mein Beruf. Ich war gerade erst 20 Jahre alt und wirklich zu jung, um die Schuhe an den Nagel zu hängen. Eine schwierige Situation für mich damals, und sie sollte zum absoluten Knackpunkt meiner Karriere werden. Doch der Reihe nach ...

Ghana – meine erste Heimat

Mit 12 Jahren war ich nach Deutschland gekommen, und natürlich träumte ich wie viele andere Jungs in Ghana davon, eines Tages Fußballprofi zu werden.

Meine Kindheit in Mampong (etwa 3 Stunden von der Hauptstadt Accra entfernt) war wie ein einziges Abenteuer. Mein Vater musste aus politischen Gründen – es gab 1978 einen Putsch in Ghana – leider sehr früh das Land verlassen. Als er nach Deutschland floh, war ich gerade mal ein paar Monate alt. Meine Mutter verließ Ghana ein Jahr später, und so wuchsen meine beiden Schwestern und ich bei meiner Großmutter auf. Sie hatte in Mampong ein kleines Restaurant mit dem Namen „1000 Steps". Fast so schön wie das „Whistle Stop Café" im Film „Grüne Tomaten". Der Name kam von den vielen kleinen Stufen, die man zu dem Laden hinaufsteigen musste.

Unsere Oma Mary war total lieb. Sie hat immer versucht, uns das Beste zu geben, und natürlich konnte sie sehr leckere Gerichte kochen. Am liebsten aß ich bei ihr Foufou. Das ist eine Art Kartoffelpüree mit Stärke, dazu Suppe und Fleisch. Aber sie konnte auch sehr streng sein, wenn man ihre Spielregeln nicht befolgte.

Einmal bekam ich aus Deutschland von meinen Eltern nagelneue Fußballschuhe geschickt. Zum Spielen wollte ich die gar nicht anziehen, da ich es nur gewohnt war, barfuß zu spielen. Doch als Torpfosten waren sie eigentlich ganz gut. Blöderweise vergaß ich, sie damals mit nach Hause zu nehmen, und Oma war natürlich stinksauer. Zur Strafe musste ich eine Woche lang barfuß zur Schule gehen.

Manche Strafe habe ich mir als Lausbub auch selbst eingebrockt. Es war für uns Knirpse strengstens verboten, im nahegelegenen See alleine schwimmen zu gehen. Natürlich haben wir drauf gepfiffen und sind immer heim-

Asamoah mit seinen Freunden Tony Yeboah und Sammy Kuffour

Flasche nix leer – Gerald spielt immer volle Pulle!

lich gegangen – bis zu dem einen Mal, als mir jemand heimlich meine Kleider, die draußen lagen, wegnahm und zu meiner Oma brachte. Splitternackt musste ich nach Hause laufen, um dort den nächsten Ärger zu kassieren.

Träume und Realität

Wenn meine Kumpels und ich nicht gerade irgendeinen Blödsinn ausheckten, waren wir den ganzen Tag auf dem Bolzplatz und haben unsere Stars imitiert. Mein größtes Idol war damals Aduro vom Erstligaclub „Kumapim Ashanti". Irre stolz war ich, wenn die komplette Mannschaft von Kumapim ab und zu bei meiner Oma zum Essen einkehrte. Meine Helden konnte ich mir dann ganz aus der Nähe angucken und sie bewundern. Unvergessen bleibt für mich das Spiel gegen „Kotoko Ashanti", einer der erfolgreichsten und größten Vereine Ghanas. Unsere Jungs von Kumapim waren klarer Außenseiter und fertigten die Elf aus Kotoko in einem wahren Torrausch mit 5:0 ab! Danach feierte das ganze Dorf mit 6.000 Menschen die halbe Nacht durch. Die Spieler wurden bejubelt und mit weißem Puder beworfen (ein ghanaischer Brauch).

Von da an stand für mich fest, dass ich auch Fußballer werden wollte.

Doch erst mal stand für mich das Internat auf dem Programm. Mit 10 Jahren zog ich nach Accra ins Haus meiner Eltern, in dem ich gemeinsam mit einigen Cousins und Tanten wohnte. Meinen Vater kannte ich nur von Telefonaten und einigen Fotos. Meine Mutter kam, wenn es finanziell möglich war, alle paar Jahre zu Besuch. In der Zwischenzeit versorgte sie uns sehr gut per Luftbrücke. Ich habe mich damals immer total auf ihre Pakete mit Bällen, T-Shirts und Süßigkeiten gefreut.

Schon sehr früh musste ich lernen, selbstständig zu sein. Im Internat mussten wir zum Beispiel unsere Wäsche selber machen und auch für unser eigenes Essen sorgen. Manchmal musste ich sogar um halb fünf aufstehen, um die Kaninchen zu füttern. Ein gutes Vorbereitungsprogramm für die Bundesliga, vielleicht schlage ich ja deswegen so viele Haken auf dem Platz ;-).

Wir waren in 15-Mann-Zimmern untergebracht und hatten natürlich jede Menge Spaß miteinander. Unsere Trainingslager heute sind dagegen harmlos. In der Schule war ich eigentlich ganz gut und wurde sogar zum Klassensprecher gewählt. Religion hat mir immer sehr gut gefallen, da ich immer gerne etwas von Gott und Jesus gehört habe. Nur Französisch war nicht gerade eines meiner erfolgreichsten Fächer. Tu comprends?

Jeden Sonntag wurden wir als Kinder in unsere schönsten Klamotten gesteckt, um im Gottesdienst (eine evangelische Kirche) zu glänzen wie die Pfauen. Es war auch immer wieder ganz schön dort, vor allem das Singen, aber trotzdem

Asamoahs Top 3

Schauspieler
1. Wesley Snipes
2. Sandra Bullock

Urlaubsländer
1. Ghana
2. Ghana
3. Ghana

Essen
1. Jalouf
2. Spätzle
3. Kartoffelpuffer mit Apfelmus

TV
1. Stefan Raab
2. MTV

Bibelverse
1. Johannes 3, 16
2. Psalm 95
3. Psalm 71

Filme
1. Passagier 57
2. American Pie
3. Shaft

Trainer
1. Fanz
2. Slomka
3. Stevens

Legendäre Spiele
1. WM 1986 Argentinien – England 2:1
2. Bayern – Schalke 3:2 (2001)
3. Hannover 96 – 1. FC Köln 6:1

Musiker
1. 2pac
2. Janet Jackson
3. Jarule

Stadien
1. Bernabeau in Madrid
2. Arena auf Schalke
3. San Siro

Gegenspieler
1. Rehmer
2. Waldoch
3. Nemec
4. Otto Addo

Internet

Muss ich passen

habe ich sehr oft auf die Uhr gelinst, wann ich endlich wieder auf den Fußballplatz konnte. Dabei wollte meine Mutter nicht, dass ich Fußball spiele, und noch viel weniger, dass ich eines Tages Profi werde. Sie hatte immer Angst wegen der Verletzungsgefahr und wünschte sich, dass ich Ingenieur oder Arzt werden würde.
„Kwasi, lass doch das Fußballspielen", hat sie immer wieder zu mir gesagt. Kwasi ist der zweite Name meines Vaters, und da mich auch meine Oma und andere so nannten, dachte ich eine Zeit lang wirklich, dass es mein zweiter Name wäre. Dabei heiße ich Gerald „Kwabena". Man bekommt in Ghana immer den Wochentag der Geburt als zweiten Namen. „Kwabena" heißt Dienstag und „Kwasi" Sonntag. Das ist also sozusagen jede Woche eine kleine Geburtstagserinnerung.
Na ja, die Mama ist heute trotzdem ganz zufrieden mit mir.

Linda trainiert ihren Gerald auch zu Hause

Abschied

1989 kam mein Vater nach Ghana. Eine unvergesslich schöne Zeit für mich. Ich war so stolz, einen so tollen Vater zu haben, und wir unternahmen damals einige Wochen lang alle möglichen Dinge, die ein Sohn eben nur mit seinem Vater erleben kann. Als er wieder nach Deutschland zurückflog, wünschte ich mir so sehr, für immer bei meinen Eltern sein zu können.
Ein Jahr später, im November 1990, sollte es soweit sein. Wir Geschwister wussten immer, dass wir eines Tages auch nach Deutschland kommen konnten, aber wir hatten keine Ahnung, wie viele Jahre bis dahin vergehen würden. Als uns meine Mutter anrief und erzählte, dass uns unser Vater in einigen Wochen abholen würde, waren wir total aus dem Häuschen. Je näher der Termin kam, desto weniger gut konnte ich nachts einschlafen. Ich lag manchmal stundenlang wach und dachte darüber nach, wie es wohl sein würde, in Deutschland zu leben. Man erzählte sich hier vieles über Deutschland, und als Kinder hatten wir ein ganz verrücktes Bild davon. Zum Beispiel hatten wir irgendwann davon gehört, dass der Sand an deutschen Stränden purer Kakao wäre. Und so hatten wir alle eine Art Traum-Vorstellung vom Gelobten Land.
An meinem Geburtstag, am 3. Oktober, gab es eine riesige Abschiedsparty, die traurig und lustig zugleich war. Alle Geschenke, Bälle, Shirts und alle möglichen Dinge verschenkte ich gleich wieder weiter an meine Freunde – ich war total aufgeregt und durcheinander. Meine heutige Verlobte Linda war damals auch auf der Abschiedsparty dabei und weinte, wie viele andere auch.
Am Tag der Abreise wurden wir von vielen Freunden und Bekannten zum Flughafen Accra begleitet. Ich konnte es kaum glauben, zum ersten Mal in meinem Leben in ein echtes Flugzeug steigen zu dürfen. So lief ich

durch den Zoll und bestieg den Flieger ganz ehrfurchtsvoll zur Besichtigung, um Minuten später mit einem breiten Grinsen wieder zu meinen Freunden zurückzulaufen. Es war tatsächlich unser echtes Flugzeug. Man sagte mir vor dem Abflug, dass es in Deutschland sehr kalt sein würde, und so steckte ich meinen Pullover und die dicke Jacke in meinen Koffer, um sie dann später während des Fluges wieder rauszuholen. In Ghana hatten wir 35 Grad. Natürlich fror ich mir nach acht Stunden Flug den Allerwertesten ab, als man mir erklärte, dass der Koffer mit meiner Jacke nicht zugänglich wäre. Eine unvergessliche Reise in eine neue Welt.

Neue Heimat – Regen und Cowboys

In Düsseldorf wurden wir von meinem Vater abgeholt. Alles war so neu und interessant, dass ich erst im Auto merkte, dass ich dringend mal für kleine Jungs musste. Doch draußen war es so saukalt, es regnete dazu noch stark, dass ich auf keinen Fall bei dieser Kälte aussteigen wollte. So saß ich hinten im Auto, presste meine Nase an die Scheibe, um ja nichts zu verpassen, und kniff ganz fest die Beine zusammen. Ich ließ mir nichts anmerken, bis wir in Hannover ankamen. Alle kamen uns entgegen, um uns zu begrüßen, doch ich lief schnurstracks, ohne ein Wort zu sagen, an allen verdutzen Gesichtern vorbei ins Haus, um die Toilette zu suchen.

Das war mein Einstand in Deutschland. Natürlich gab es in den nächsten Tagen jede Menge zu bestaunen. Die Cowboy-Filme im Fernsehen, die mich stundenlang in ihren Bann zogen, das ungewohnte deutsche Essen und der unglaubliche Luxus, den dieses Land zu bieten hat. In Ghana haben wir auf den Häusern Dächer aus Aluminium, sodass man, wenn es nachts regnet und die Tropfen auf das Dach prasseln, so ein wohliges Gefühl beim Einschlafen hat. In Deutschland

Asamoah von A bis Z

ANGST
Habe ich nur vor Hunden
BÜCHER
Lese die Bibel und sonst sehr wenig
COMEDY
Gucke ich sehr gerne, wie z.B. Stefan Raab und „Der Prinz von Bel Air“
DAMALS
Als ich noch jung war
ELTERN
Sehr wichtig, denn ohne die wäre ich wohl kaum hier, oder?
FREUNDE
Kann man nur einen sehr guten haben, Timo
GESUNDHEIT
Sehr wichtig
HEIMAT
Heimat, wo ist eigentlich meine Heimat? Ghana oder Hannover?
IDOLE
Yeboah
JUGEND
Kann man vieles lernen
KINO
Am liebsten lustige Filme
LEIDENSCHAFT
Schlafen und Feiern
MUSIK
Höre ich ständig, auch im Auto
NIEMALS
Sag niemals nie
OFT
Auf dem Fußballplatz oder am Handy – typisch Fußballer oder?
PLÄNE
WM-Teilnahme und Erfolg mit Schalke
QUALITÄT
Ich kann sehr leckere Spaghetti kochen
RUHM
Kann lästig sein.
SCHWÄCHE
Bin manchmal unpünktlich
TRAUM
Eine Familie zu gründen
UNGERECHT
Dass es Behinderte gibt
VERRÜCKT
Mein Bruder Luis hat ab und zu mal echt scharfe Sachen drauf
WICHTIG
Mein Glaube an Gott und meine Familie
X-X
Blonde
YOGHURT
Auch Blonde, Quatsch: Milchreisjoghurt und Erdbeer
ZEUGNIS
Meist befriedigend außer Sport. Obwohl, die Hasen habe ich im Internat eigentlich immer sehr gut gepflegt – da war ich sozusagen Projektleiter

saß ich nun vor dem Fenster, beobachtete den Regen und wunderte mich dabei, dass man ihn nicht hören konnte.

Sehr vieles war total ungewohnt für mich. Mit meinem Bruder Luis, der in Hannover aufgewachsen war, musste ich eine Art neue Sprache mit Händen und Füßen erfinden, damit wir uns verständigen konnten.

Eines Tages sah ich, wie sich meine Mutter eine Zigarette selber drehte, etwas, das ich vorher noch nie gesehen hatte. Ich lief daraufhin zu meinem Vater und sagte ihm, den Tränen nahe, dass ich mit Mutti nicht in die Stadt gehen wollte, weil sie Hasch raucht. Ich glaube, meine Familie lacht sich noch heute über diese Geschichte tot.

Mein erster Bissen von einer Pizza beim Italiener um die Ecke landete mit einem „Bäääh" ausgespuckt direkt auf der Straße. Die Vorzüge der europäischen Küche konnten meinen Gaumen nur langsam überzeugen, zur Freude von Luis, der so zu doppelten Portionen kam.

Nach einigen Wochen der Eingewöhnung begann dann meine Schulzeit. Ich kam in die 6. Klasse der Orientierungsstufe der Birkenschule, und mein Deutsch wurde von Tag zu Tag besser. An der Schule war ich der einzige schwarze Junge, aber das ist für mich nie zum Problem geworden. Fabian Ernst, der heute bei Werder Bremen spielt, war in meiner Klasse, hat mir sehr viel erklärt und geholfen und wurde zu einem echt guten Freund für mich.

Gibt es Zufälle?

Meinem Cousin und besten Freund Sammy Abu verdanke ich den Start meiner Fußballerkarriere. Er hat mich damals zum Training der C-Jugend des BV Werder Hannover mitgenommen. Als Abu ein Jahr später, 1994, zu Hannover 96 wechselte, wollte ich mitkommen, aber man sagte mir, dass ich für die B1 nicht gut genug sei. An einem Nachmittag machte ich mich also auf, um beim Training für die B2 mitzumachen. Ich kam zu spät zu unserem Treffpunkt und wollte schon wieder nach Hause gehen, als ich zufällig einen Spieler der B1 traf. Natürlich ließ ich mich leicht überreden, zu deren Training mitzukommen und machte dort wohl einen so guten Eindruck, dass mich Trainer Mirko Slomka tatsächlich fragte, ob ich nicht bei ihnen bleiben wollte.

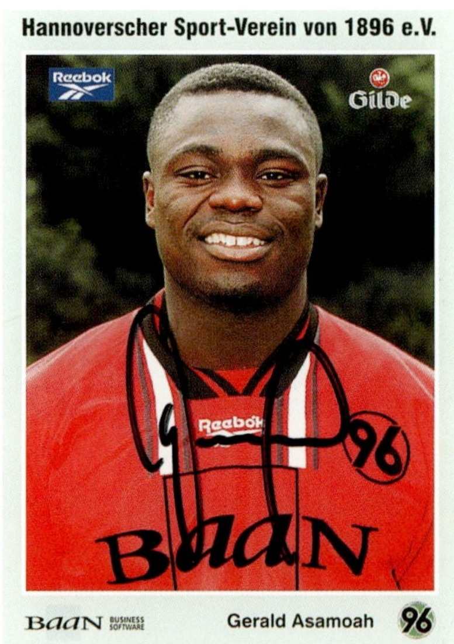

„Ziemlich kurios, wie ich hier gelandet bin," dachte ich damals. Ich fragte mich, ob es einfach Zufall war, oder ob vielleicht etwas anderes dahinter steckte.

Eines Tages habe ich bei uns zu Hause die Bibel meiner Mutter auf dem Tisch herumliegen sehen und dachte, ich könnte ja mal einen Blick hineinwerfen. Was ich damals las, hat mich irgendwie bewegt und ins Nachdenken gebracht. Ich hatte vorher noch nie bewusst in der Bibel gelesen, und das sprach mich so an, dass ich von da an immer häufiger die Bibel meiner Mutter auslieh. Irgendwann habe ich sie dann einfach ganz behalten, aber ich glaube, meine Mutter war mir nicht wirklich böse darüber.

Niedersachsens Perle

Ein Jahr später, 1995, folgte eine ebenfalls sehr erfolgreiche A-Jugend-Saison, und so durfte ich bereits in meinem zweiten Jahr als Newcomer bei den Herren in der Regionalliga mittrainieren. Fabian Ernst und Rafael Schäfer gehörten ebenfalls zu den Auserwählten. In der 2. Mannschaft durfte ich mir die erste Spielpraxis auf höherem Niveau holen.

Blöderweise kassierte ich in einem Spiel eine rote Karte für einen Schubser, der mir als Ellenbogencheck ausgelegt wurde. Ich war damals echt sauer, da ich dazu noch eine 4-Wochen-Sperre erhielt. Aber mein Motto war schon immer: „Gott weiß, was er tut".

Dadurch angestachelt trainierte ich damals wie ein Blöder, weil ich diese Zeit wenigstens nutzen wollte, und ich war nicht schlecht überrascht, als Trainer Fanz von den Profis mir nach einem Training mitteilte, dass ich ab jetzt zum 18-er Kader der 1. Mannschaft gehören sollte. Ich bin damals an jenem Abend nach Hause geflogen und hatte ein unglaubliches Glücksgefühl in mir. Wenn Menschen einem vertrauen und einen fördern, dann kann das ungeahnte Kräfte freisetzen. Es war eine absolute Ehre für mich, nun zu einer solchen Mannschaft mit Spielern wie der Torwartlegende Sievers, Addo (heute BVB), Rasiejewski (heute Frankfurt), Linke, Kovacec und anderen zu gehören.

Vor dem Derby gegen Ricklingen kam Trainer Reinhold Fanz zu mir und meinte, dass ich zwar im Kader dabei wäre, aber nicht spielen würde. Er wollte mich damit beruhigen, und so saß ich ganz entspannt auf der Bank und hatte sogar mein Trikot in der Kabine gelassen. Als der Trainer dann in der 2. Halbzeit ohne jegliche Ankündigung: „Du kommst rein" sagte, dachte ich erst, er meint jemand anderen. Aber er wollte mich tatsächlich einwechseln. Mit einem verdutzten Gesicht lief ich mich warm und schaute noch blöder aus der Wäsche, als ich bemerkte, dass ich ja gar kein Trikot anhatte.

Gut, dass mich unser Zeugwart damals gerettet hat und mir schnell mein Trikot aus der Kabine holte. Sechs Minuten nach meiner Einwechslung sorgte ich mit einem Kopfball zum 2:0 für unseren Sieg im wichtigen Derby.

Mittwochs darauf ließ mich Fanz im DFB-Pokal gegen die 60-er aus München sogar von Anfang an ran. Obwohl wir nach hartem Kampf und meinem schönen Kopfballtor knapp mit 1:2 verloren, wurde ich innerhalb einer Woche zum totalen Medienereignis der niedersächsischen Sportszene.

Das Einzige, das uns 1996 verwehrt blieb, war der Aufstieg. Aber dafür wurde ich im Auswärtsspiel in Cottbus reichlich beschenkt. Die Fans von Energie waren so begeistert von meinem Auftritt im Stadion der Freundschaft, dass sie mich unter stürmischem Jubel mit Bananen bewarfen. Auch eine Erfahrung, die ich heute als schwarzer Nationalspieler Deutschlands nicht missen möchte – danke, Cottbus.

1997 wurde ich zu Niedersachsens Fußballer des Jahres gewählt, meine 22 Tore trugen maßgeblich dazu bei.

Träume und Tränen

Ein weiteres Jahr später schien es, als ob wir den Aufstieg in die 2. Bundesliga gegen Tebe Berlin durch eine 0:2-Pleite im Hinspiel vertan hätten.

Kaum einer traute uns im Rückspiel einen 3:0-Sieg gegen die starken Berliner zu. Bis auf meine beiden Cousinen Edna und Esther. Die beiden Mädels hatten wenige Tage vor dem Spiel geträumt, dass wir gewinnen würden. Damals haben sie mich immer ganz nett in eine Kirche in Hannover mitgenommen und dort mit mir gebetet. Hauptsächlich durch die beiden habe ich gelernt, auf meine Beziehung zu Gott acht zu geben und ihm zu vertrauen. Warum also sollten sie mit einem solchen verrückten Traum nicht Recht haben? Ich war damals so überzeugt von unserem Aufstieg, dass ich sogar mit meinem Mitspieler und Freund Otto Addo um 50 DM gewettet habe. Gut, dass ich zum Gewinn der Wette selbst beitragen durfte. Ein ausverkauftes Haus im

Aus Asamoahs privatem Sprüche-Archiv

„Auf Schalke"

Asamoahs Dreamteam

Niedersachsen-Stadion ließ neue Hoffnung schöpfen und mein Flugkopfball sorgte für das 1:0. Tatsächlich machten wir auch noch das 2:0 und besiegten TeBe im Elfmeterschießen.

Eine echte Bilderbuchkarriere schien sich damals für mich anzubahnen – bis zu dem Tag, an dem ich nicht mehr wusste, wo oben und unten ist.

Nachdem mir der Arzt gesagt hatte, dass ich nie wieder Fußball spielen könne, stand ich unter Schock. „Was hat mein Leben jetzt noch für einen Sinn?", habe ich mich damals verzweifelt gefragt. Es war doch alles so gut gelaufen! Alle meine Träume schienen auf einen Schlag zu platzen. Als dann kurz darauf noch mein bester Freund Sammy Abu bei einem Autounfall starb, war mein absoluter Tiefpunkt erreicht.

Ich war in diesen Tagen wie ohnmächtig. Trauer, Wut und Enttäuschung wechselten sich ab. Wenn ich in dieser Phase nicht Gott gehabt hätte, wäre ich kaputt gegangen. Ich wusste, dass mir Menschen in dieser schwierigen Situation nicht mehr helfen konnten, und habe damals begonnen, Gott um Hilfe zu bitten.

Die Dinge änderten sich natürlich nicht sofort, die Trauer um meinen Freund blieb, aber meine Einstellung veränderte sich von diesem Tag an. Ich hatte damals keine Ahnung, was meine Gebete bewirken würden, doch ich ahnte, dass es das Beste ist, mein Vertrauen ganz auf Gott zu setzen.

Herz ist Trumpf

Einige Zeit später flog ich zu einer weiteren Untersuchung in die USA, nach Washington. Ich wusste, dass meine Cousinen, meine Familie und viele gläubige Freunde für mich beteten. Meine Bibel war außerdem auch ein wichtiger Trost; ich habe damals viel im Buch Hiob gelesen, dem ja noch sehr viel schlimmere Dinge passiert sind. Hiob hat Gott immer weiter vertraut, trotz aller schlimmen Umstände. Das wollte ich auch tun.

Alles vergeblich – der Schock im Großformat

Nach einem weiteren Herz-Check saß ich im Behandlungsraum der untersuchenden Ärzten in Washington und war dermaßen aufgeregt, aber auch gleichzeitig gefasst auf das, was sie mir sagen würden. Vielleicht gab es ja doch noch einen Funken Hoffnung für mich. Der Chefarzt sah mich freundlich an und begann, die Untersuchungsergebnisse zu analysieren. Er erklärte mir, dass ich doch noch eine Chan ce hätte, weiter Fußball zu spielen. Mein Herz sei stark genug für eine Belastung im Spitzensport, aber es bliebe eben ein gewisses Restrisiko, mit dem ich leben müsste.

Hoffnung – das ist es was die Menschen brauchen, und wenn es nur ein Funke ist, an den sie sich klammern können. In der Bibel heißt es: „Gott wird den glimmenden Docht nicht löschen und das geknickte Rohr nicht abbrechen".

Ich erinnerte mich daran, was mir mein Pastor vor vielen Jahren in Ghana gesagt hatte: „Du wirst Fußballprofi, und du wirst eines Tages einen Rekord brechen." Ich weiß bis heute nicht genau, was er damit gemeint hat. Aber was ich seitdem weiß, ist, dass man sich auf Gott verlassen kann und dass er unsere Gebete hört, egal wie schlimm unsere Situation auch sein mag.

Ich bin von Washington zurück nach Hause geflogen und habe mit meinem „neuen Herzen" und meiner neuen Hoffnung einen Neuanfang mit Gott gemacht. Dem Restrisiko gab ich von nun an einen Namen: „Gott". Er ist es, dem ich voll und ganz vertraue.

Der Defibrilator, ein Wiederbelebungsgerät, der nun immer am Spielfeldrand der Schalke-Arena steht, erinnert mich immer wieder an die Erlebnisse von damals. Auch wenn diese Zeit für mich sehr schwer war, möchte ich sie nicht missen, denn sie hat mich näher zur Liebe Gottes gebracht.

Mit einem Bier alleine

Ein paar Jahre sind inzwischen vergangen, ich taumele freudentrunken mit einem riesigen Humpen Bier in der Hand in unsere Kabine. Draußen feiern uns zig-tausend blau-weiße Schalker als Deutschen Meister 2001.

Wir haben soeben Unterhaching mit 5:3 besiegt und Bayern die Meisterschaft in Hamburg mit 0:1 vergeigt. Zumindest denke ich in diesem Moment, dass es so ist, bis ich die Gesichter meiner Kollegen sehe. Auch sie haben Bierkrüge in der Hand, aber es ist merkwürdig ruhig in der Kabine. Die Blicke sind alle auf einen Bildschirm in der Ecke gerichtet. Als ich darauf die Bayern-Trikots erkenne, entfährt mir ein leises „Oh, nein", und ich drehe mich um, um wieder raus auf den Rasen zu gehen, wo die Meisterfeier immer wildere Züge annimmt. Ich hatte nicht die Nerven, die letzten Sekunden in Hamburg auf den Schlusspfiff zu warten. Wie weit ich gekommen bin, als ich die entsetzten Schreie hörte, weiß ich nicht mehr. Zumindest fand ich mich kurz darauf in unserem leeren Massageraum wieder, mit meinem Bier in der Hand und der Gewissheit, dass dieser Moment die bitterste Enttäuschung meiner jungen Laufbahn sein sollte.

Für 4 Minuten waren wir Deutscher Meister gewesen, und plötzlich war alles nur ein Traum. Trainer Stevens schickt uns kurze Zeit später raus zu den Fans, wo sich erwachsene Männer heulend in den Armen liegen. Ein Reporter fragt mich, ob der Fußball-Gott denn Bayer sei. Ich antworte ihm: „Es gibt keinen Fußball-Gott, sondern nur den einen Gott im Himmel, und der weiß genau, was er macht."

Eine Woche später stehe ich in den Katakomben des Berliner Olympiastadions und suche die Toilette. Vor den Spielen schließe ich mich immer für einen Moment ein, um in Ruhe beten zu können. Auch an diesem Nachmittag bete ich zu Gott, dass er mich bewahren möge, und auch in diesem Moment weiß ich, dass er alles richtig machen wird, egal wie es ausgeht.

Um 17:15 Uhr stehe ich mitten auf dem Rasen, höre den Abpfiff des Schiedsrichters und darf mich ab jetzt DFB-Pokalsieger 2001 nennen. Ich bleibe stehen und bedanke mich bei Gott für seine Liebe und dafür, dass ich Fußball spielen darf.

Ich hatte da natürlich noch keine Ahnung, dass dieses Glücksgefühl kurz darauf mit meinem ersten Länderspieltor für Deutschland sogar noch zu toppen war. Und ich hätte auch nicht gedacht, ein Jahr danach schon wieder an derselben Stelle im nächsten Pokalfinale zu stehen. Wenige Minuten später stehe ich wieder mit einem Bier alleine in einem leeren Raum des Stadions. Doch diesmal nimmt uns keiner mehr den Pokal weg, und ich bin lediglich zur Dopingkontrolle ausgelost worden. Mit ein paar Bier geht es besser, wenn man auf Kommando pinkeln soll, nur danach ist man erst mal völlig bedüdelt.

Während ich genüsslich mein Sieger-Bier schlürfe und auf das Kommando „Wasser Marsch" warte, muss ich an Forrest Gump denken: „Das Leben ist wie eine Pralinenschachtel; man weiß nie was man bekommt."

ADHEMAR

Adhemar – der Komiker

Gesundheit 10 : Hunger 0

Schuhgröße 34 hat Ayeska, die Tochter von Senhor „Ferreira de Camargo Neto", aber sie hat längst nicht so einen harten Schuss damit wie ihr Papa Adhemar. Denn wenn der kleine Brasilianer aus 35 Metern abzieht, heißt es schon mal in Deckung gehen – unglaublich wuchtig für einen „abgebrochenen Riesen" mit gerade mal 1,68 Metern.

„Im Jugendtraining habe ich erst nach zwei Jahren kapiert, dass die Medizinbälle gar nicht zum Schießen da sind." Ein verrückter Typ, ein Lebens-Künstler, der in Brasilien dafür bekannt ist, auch in seinen Nebenjobs als Radiomoderator und als Kellner in einer bekannten Soap Opera zu glänzen.

Und auch beim Training ist er immer einer der Besten – wenn es darum geht, als Allererster unter die warme Dusche zu kommen.

„Unglaublich kalt hier", haucht er im Vorbeigehen in die frostige Stuttgarter Luft. „Katastrophe", schiebt er mit seinem typisch verschmitzten Grinsen nach. Während Frau Alina und die Kinder bei 36 Grad mit Longdrink am brasilianischen Pool sitzen, kämpft sich „Adi" durch den schwäbischen Winter. Der VfB hatte ihn während der Winterpause verpflichtet, um etwas gegen die Sturmflaute im Abstiegskampf zu unternehmen. Bei Eiseskälte im Januar 2001 beginnt auch sein „Kapitel Bundesliga" ...

„Als ich aus der Hitze São Paulos ins kalte Deutschland gekommen bin, stieg ich aus dem Flugzeug aus und wunderte mich, dass man hier in Deutschland die Flughäfen mit so viel Schaum reinigt. Das war meine erste Begegnung mit Schnee." Weil dem Brasilianer immer so kalt war, stellte der Platzwart sogar extra für ihn eine Heizung unter die Ersatzbank. „Das war eine echt tolle Idee, dachte ich jedenfalls zuerst – aber meine Nocken unter den Schuhen sind dadurch zerschmolzen, und kalte Füße hatte ich immer noch."

Als er in seinem allerersten Spiel für den VfB Stuttgart gegen Kaiserslautern auch noch die Bekanntschaft mit einem Riesen macht, ist seine Kämpfernatur endgültig erwacht:

„Ich glaube, dieser Lokvenc hat Schuhgröße 50, und ich fühlte mich wie David gegen Goliath."

Adi erfindet das „Reifen-Surfen"

Kuranyi und Adhemar imitieren Barthez und Blanc

ADHEMAR

Steckbrief

Adhemar Ferreira de Camargo Neto

Geboren am 27. April 1972 in Tatui

Verheiratet mit Aline

Kinder Ayeska + Kaynan

Erfolge

Brasil. Vizemeister mit São Caetano 2000

Torschützenkönig 2000

Vereine

Estrela Porto Feliz

São José

São Bento Sorocaba

Ponta Grossa

São Caetano

VfB Stuttgart

Trotz frostigen Klimaschocks legt er mit seinen drei Toren gleich ein „eiskaltes" Debüt aufs Parkett und gibt verblüfften Fans und Medien sein ungewöhnliches Lebensmotto preis. Aber was soll der Spruch „Gott ist treu" eigentlich bedeuten, fragen ihn seitdem die Fußballfans. In solchen Augenblicken bekommt er dann immer ganz schmale Augen und erzählt von den Drogen und manch anderen Tiefpunkten seines Lebens. Und von dem Gott, der ihn aus all dem gerettet hat.

Mit sieben Toren in elf Spielen wird er selbst hingegen Stuttgarts Retter im Abstiegskampf und spielt sich in die Herzen der schwäbischen Fans. Doch als die nächste Saison für ihn mit einer echten Tor-Flaute beginnt, findet er sich oft auf der Ersatzbank wieder. Und Brasilianer hassen die Ersatzbank. Während er in den anschließenden Winterurlaub zu seiner Familie in São Paulo fliegt, fragt sich ganz Stuttgart, ob er überhaupt wieder zurückkommen wird. Doch er enttäuscht seine Fans nicht und startet sein Comeback – diesmal mit der ganzen Familie –; vielleicht auch um allen ein weiteres Mal zu zeigen, dass Gott treu ist.

„Hallo, ich bin Ihr Kapitän“

„Habt ihr das gesehen? Genau wie Zico, oder?“ Während ich mein fünftes Tor an diesem Nachmittag bejuble, versuche ich mir nichts anmerken zu lassen. „Andauernd diese blöden Schmerzen“, schimpfe ich leise vor mich hin. Mit 8 Jahren habe ich meine erste große Leidenschaft entdeckt – den Fußball. Meine Schulgröße dürfte damals auch nicht viel kleiner gewesen sein als heute. Und obwohl ich immer sehr starke Schmerzen beim Fußballspielen hatte, konnte man mich kaum von unserem Dorfplatz runter bekommen. Eines Tages stellten die Ärzte die Ursache meiner ständigen Schmerzen fest – ich war an einer schweren Art von Rheuma erkrankt, und man riet mir, diesen Sport dringendst zu unterlassen.

Trotzdem bin ich damals heimlich immer weiter zum Fußballspielen gegangen. Wenn ich dann nach Hause kam, bin ich einfach schnell auf die Toilette verschwunden, um meine verschwitzten Sachen zu verstecken und später zu waschen – so sehr habe ich den Fußball geliebt.

Als ich 11 Jahre alt war, hat es meine Mutter dann irgendwann mitbekommen und ist zu einem Missionar in die Stadt gegangen. Sie gab ihm mein Trikot und erzählte ihm von meiner schweren Krankheit und fragte, ob er etwas für mich tun könnte. Dieser Missionar hat damals mein Trikot genommen und zu Gott gebetet, dass er den Besitzer dieses Shirts bitte heilen möge. Als Kind habe ich mir darüber gar nicht so viel Gedanken gemacht, ich wollte nur wieder ohne Schmerzen spielen können. Meine Mutter war zu diesem Zeitpunkt keine Christin, aber wandte sich trotzdem in ihrer Hilflosigkeit an diesen Missionar – bemerkenswert. Das Gebet hat damals tatsächlich geholfen, und ich konnte kurze Zeit später wirklich alles ohne Schmerzen machen. Das war für uns ein echtes Wunder, und wir haben uns alle sehr darüber gefreut – nur schade, dass man Gott, wenn man ihn nicht mehr braucht, so schnell wieder vergisst. Das ist wohl die Krux in unserem Leben.

Überraschende Karriere

In meiner ganzen Jugend habe ich nie ernsthaft daran gedacht, dass ich als Fußballer eine Chance hätte, weit zu kommen. So hat es bis zu meinem 19. Lebensjahr gedauert, bis meine Karriere startete. Ich war gerade in der Bundeswehr/Armee in Tatui, und ein Freund namens Ednilson sprach mich darauf an, ob ich nicht Lust hätte, an einem Sichtungslehrgang für talentierte Fußballer teilzunehmen. Ich dachte, dass es mit 19 Jahren für mich viel zu spät für so etwas wäre, da die meisten anderen 15-Jährige waren, aber es konnte ja nichts schaden.

So kam ich also mit 12 Talenten aus verschiedenen Städten nach Porto Feliz, einer kleinen Stadt bei São Paulo, die auch heute noch meine Heimat ist. Wir hatten kleine Zimmer mit Hochbetten, und ich werde nie vergessen, wie ich immer totale Angst davor hatte, nachts aus diesem hohen Bett zu fallen. Nach einiger Zeit bekam ich tatsächlich eine Einladung des Trainers, mich bereitzuhalten für „Estrela de Porto Feliz“ in der 5. Liga zu spielen. Denn ein Stürmer drohte auszufallen, da er ein entzündetes Furunkel am Schenkel hatte. Ich war damals sehr aufgeregt und wusste in der Nacht vor dem Spiel nun nicht, ob er mich zu dem 17-Mann-Kader dazunehmen würde oder nicht, denn es war nicht klar, ob Alcir wieder fit werden würde. Natürlich würde eine Berufung noch lange nicht bedeuten, dass ich auch eingewechselt würde, schließlich waren es 17 Spieler, die er zur Verfügung hatte. Ich bekam schließlich kurz vor dem Spiel die Nachricht, dass der Trainer mich mitnehmen wollte. „Also, heute spielst du“, meinte er kurz zu mir. Unser Team war eher eine Seniorenmannschaft, da die meisten zwischen 35 und 40 Jahre alt waren. Mit meinen 19 Lenzen war ich mit Abstand der Jüngste. Nach 10 Minuten habe ich das 1:0 gemacht – und ich glaube, wir haben das Spiel damals auch gewonnen. Das war also mein rühmlicher Einstand in den Liga-Fußball. Im nächsten Spiel habe ich auch wieder getroffen, mit einem Freistoß, und so war ich schnell fester Bestandteil dieser Altherrentruppe in Brasiliens glanzvoller 5. Liga.

Überlebenskünstler

„Oh nein, schon wieder habe ich meine Hausaufgaben vergessen“, fällt mir ein, als ich nach

dem Training gerade unter der Dusche stehe. Wir hatten damals jeden Tag bis 18 Uhr Training – und ab 19 Uhr begann der Unterricht meines Kunst-Studiums. Ich muss zugeben, dass ich die meiste Zeit des Unterrichts geschlafen habe, nicht nur wegen des vielen Trainings, sondern auch wegen der Drogen, die ich in diesen ersten „Profitagen" schnell kennen lernte. Für uns Fußballer gab es Kokain und alles andere sogar kostenlos. Auf jeder Party waren immer irgendein Dealer und sogar Fußballfans, die uns damit versorgten – sozusagen die Vorzüge des Fußballerlebens.

Ich hatte in meinem Studium die Wahl zwischen Geschichte, Geographie, Klima und Kunst. „Na ja, das Klima wechselt doch überall auf der Welt so häufig", dachte ich mir damals. „Aber Kunst ist etwas Dauerhaftes, das immer bleibt. Das wird dann nicht so schwer zu erlernen sein." Also entschied ich mich für Kunst als Hauptfach. Einfache Gedankenspiele eines jungen Fußballers. Leider musste ich sehr schnell entdecken, dass ich gar nicht malen konnte, geschweige denn einen Pinsel ordentlich übers Papier führen. Farbmischung, all diese verschiedenen Stilarten und deren Kombination, das war wirklich nicht leicht. Also ließ ich meine Kommilitonen ständig meine Hausaufgaben erledigen, um so wenigstens über die ersten Runden zu kommen. Abgesehen davon habe ich ja sowieso die meiste Zeit des Unterrichts geschlafen, und so war es auch abzusehen, dass ich nach 3 Monaten die Uni verließ, um einer neuen Berufung nachzugehen.

Irgendwie komme ich mir, wenn ich über meine Jugend nachdenke, wie eine Art Multitalent vor. In der 5. Liga konnte man nur sehr wenig verdienen, und so war ich ständig auf der Suche nach einem Nebenjob. Als nächstes bin ich zum Radio gegangen. Der Sender hieß NOTÍCIAS DE ITAUÍ, und ich war dort ein Jahr lang Mädchen für alles. Ich habe die Bankgeschäfte erledigt, war für die Werbung des Senders zuständig, und manchmal saß ich tatsächlich vor dem Mikrofon, habe Liedwünsche moderiert und den Kasper gespielt. Erst vor kurzem hab ich mal wieder bei einem Heimatbesuch in Brasilien den „Reporter" gemacht.

Adhemars Top 3

Schauspieler
① Arnie Schwarzenegger
② Tom Hanks
③ Charlton Heston

Urlaubsländer
① Porto Feliz
② Tokio
① Berlin

Essen
① Churrasco
② Krabben
① Kokos-Pudding

Autos
① Mercedes
② Porsche
① Fiat

Bibelverse
① Matthäus 6,33
② Johannes 10, 10
① Psalm 23

Filme
① Die 10 Gebote
② Das Leben Jesu (Zefirelli)
③ Armageddon

Trainer
① Zagallo
② Jair Picerni
③ Carlos Alberto Parreira

Legendäre Spiele
① São Caetano – Fluminense 1:0 (mein Tor aus über 30 Metern)
② WM 1982 Brasilien – Italien 2:3
③ WM 1994 Brasilien – Italien 3:2 n. Elfm. (0:0)

Musiker
① Aline Barros
② Mattos Nascimento
③ Novo Som

Stadien
① Maracana
② Arena auf Schalke
③ Gottlieb-Daimler Stadion

Gegenspieler
① Baiano
② Kuffour
③ Jorginho

Internet
① www.bundesliga.de
② www.jesus.de
③ www.chamada.com.br

Eine halbe Stunde lang war ich bei Radio Globo als „DJ Adhemar" landesweit zu hören. Das hat echt Spaß gemacht – vielleicht ist das ja DER Job für mich nach meiner Fußballerkarriere? Schickt Eure Liedwünsche schon mal an die VfB-Geschäftsstelle. Einige Jahre später spielte ich sogar in einer bekannten brasilianischen Soap einen verrückten Kellner. Aber das ist eine andere Geschichte.

Meine Karriere als Fußballer ging wellenförmig weiter. Von Estrela, was übrigens Stern bedeutet, wurde ich im nächsten Jahr zu den Amateuren von Corinthians São Paulo ausgeliehen. Zwei Monate lang durfte ich sogar bei den Profis mittrainieren, bis ich mich dann leider verletzte.

In der folgenden Zeit musste ich schmerzlich erfahren, dass der Abstieg im Fußball sehr schnell vonstatten geht – so fand ich mich durch meine Verletzung also bald wieder bei meinem alten Club Estrela in den Niederungen des brasilianischen Fußballs. Doch in der folgenden Saison sind wir immerhin als Zweiter in die 4. Liga aufgestiegen, und so wurden manche Beobachter auf mich als jungen Stürmer aufmerksam.

Party ohne Ende

Es war eine gute Lehrzeit für mich, und ich wusste, dass ich in diesem Alter nichts mehr zu verlieren hatte. Das war 1993, ein sehr wichtiges Jahr für mich, denn ich lernte im Estrela-Team meinen Freund Ita kennen, der dann auch mein Zimmernachbar war. Gut, dass wir zur Stammelf gehörten und so ein Doppelzimmer für uns hatten, denn die Amateure mussten in 12-Mann-Zimmern schlafen. Mein Programm damals war ein recht hartes: Als Nachtmensch war ich nach dem Training immer bis in die frühen Morgenstunden unterwegs. Von Disco zu Disco, von Frau zu Frau und natürlich auch von Droge zu Droge. Das gesamte Programm der harten Drogen gehörte recht bald zum Alltag meines Jungprofidaseins. Ich wundere mich heute noch darüber, wie ich jeden Tag einen kompletten Kasten Bier alleine trinken konnte und dazu noch Kokain konsumierte, ohne daran zu sterben. Ich glaube, dass dieser Tod für Drogenabhängige langsam aber sicher kommt. Wenn ich morgens um 6 aufs Zimmer kam, um mich noch ein bißchen hinzulegen, stand mein Freund Ita gerade auf. Er konnte es nicht fassen, was für ein Leben ich führte, denn er hatte als gläubiger Christ eine ganz andere Vorstellung von dem, was „Leben" bedeutet. Aber ich bewundere bis heute seine Geduld und Freundschaft, die er mir gegenüber zeigte. Während ich mir morgens noch einen Pornofilm reinzog, legte er sich während des Frühstücks eine Kassette mit christlicher Musik in den Kassettenrekorder. Manchmal war ich noch so benebelt, dass ich aus lauter Wut versuchte, das Radio kaputt zu machen. Unfassbare Szenen, die sich da manchmal zwischen uns abgespielt haben. Und trotzdem hatte Ita weiter die Nerven, mir von einem Gott zu erzählen, der selbst solche Chaoten wie mich lieben würde. Ich habe ihn zwar immer belächelt und ihm geantwortet, dass meine Pornos doch viel interessanter seien als seine Bibel, aber insgeheim merkte ich, wie die Gespräche mit ihm in meinem Herzen gespeichert blieben.

Mein wildes Leben ging jedoch immer so weiter, und es wurde sogar immer schräger. Irgendwann machte ich auch die Bekanntschaft mit Prostituierten, und ich glaube, es gibt nichts, was ich in diesen Jahren nicht ausprobiert habe.

Gibt es einen Gott?

Eines Tages kam Ita mit einer Kassette zu mir, die er mir schenken wollte. Es war ein Konzert des bekannten brasilianischen Gospelsängers Mattos Nascimento. Er erzählte zwischen den Liedern immer wieder aus seinem persönlichen Leben und davon, dass er früher als Sänger einer berühmten Rockband selbst Alkoholiker und schwer drogenabhängig gewesen sei. Eines Tages habe er wohl während eines Fluges ein Traktat gefunden, in dem die Rede davon war, dass man im Leben alles gewinnen könnte, aber am Schluss vielleicht seine Seele verlieren würde. Ein Spruch aus der Bibel (Matthäus 16, 26). Er begann darüber nachzudenken und wurde später tatsächlich Christ.

Als ich in meinem Zimmer diese Kassette hörte, dachte ich, dass einiges, was der Gospelsänger während des Konzerts erzählte, sehr gut auch auf mein Leben zutraf. Drei, vier Monate lang erzählte mir Ita immer wieder von Jesus und von Gottes Liebe. Irgendwie wusste ich damals schon, dass es für mein Leben

Adhemar im Estrela-Shirt parodiert Diego Maradona

sehr wichtig sein könnte, aber ich hatte nicht die Lust und die Kraft, das rauschende Nachtleben, das ich damals mit all den Frauen und Drogen führte, aufzugeben. Manchmal ging ich sogar mit in seine Kirche – peinlich zu erzählen, dass ich selbst dort immer wieder einschlief. Nicht, weil die Predigt so schlecht gewesen wäre, sondern weil mich mein Lebensstil mehr und mehr auslaugte und ich tagsüber dauernd müde war. Als Ita einige Monate später aufhörte, Fußball zu spielen und den Club verließ, war ich plötzlich alleine. Ich merkte recht bald, wie er mir fehlte und wie mich seine Erzählungen von Jesus über Wasser gehalten hatten. Aber ich war auch froh, dass sich in dieser gemeinsamen Zeit ein kleiner Keim in meinem Herzen gebildet hatte, sodass ich neugierig geworden war, noch mehr von diesem Gott zu erfahren.

Hin- und Hergerissen

1994 wurde ich an den Zweitliga-Club São José ausgeliehen. Hier lernte ich zum ersten Mal die christliche Sportlervereinigung „Atletas de Cristo" kennen. Eine Art Sportlerkirche, die durch Menschen wie Ayrton Senna oder Jorginho überall in Brasilien bekannt ist. Sie organisieren Treffen mit Sportlern aus allen Sportarten, feiern Gottesdienste und bieten Bibelkreise für Neugierig gewordene wie mich an. Deren Arbeit hat mich damals wirklich sehr fasziniert, sodass ich mir, obwohl ich alles andere als ein Christ war, sogar ein T-Shirt von ihnen kaufte, mit dem Aufdruck „Jesus – meine Nummer 1".

In dieser Zeit erlebte ich im wahrsten Sinne des Wortes, was es bedeutet, hin- und hergerissen zu sein. Ich wollte ja glauben, dass dieser Jesus gut für mein Leben war, und dass er mich verändern und von der Drogensucht befreien konnte. Aber die Angebote und Reize, mein altes Leben weiterzuführen, waren immer stärker als der Wille, etwas Neues zu beginnen. Es ist wie in diesem alten Bild, das jeder kennt: Der gute Engel flüstert in dein rechtes Ohr, was gut für dich ist, und der böse Engel in dein linkes Ohr, was du alles erleben kannst, wenn du tust, was er dir rät. Es war eine Zeit, in der ich genau wusste, dass ich mich langsam für etwas entscheiden musste. Manche Gelegenheiten hat man im Leben nicht so oft. Das ist ähnlich wie im Fußball, wo der Reporter immer so schön sagt, dass es sich vielleicht später rächen wird, wenn man die ganzen Chancen, die man hat, nicht bald einmal nutzt.

Entscheidung im Regen

Chancen hatte ich damals in São José regelmäßig, denn jeden Mittwochabend hielt direkt vor meiner Wohnung ein Bus von „Atletas de Cristo" und hupte laut, um die Sportler, die zum Gottesdienst wollten, mitzunehmen. Ich hatte immer eine blendende Ausrede, zu Hause zu bleiben, da gerade um die Zeit immer Fußball im Fernsehen live übertragen wurde. Doch eines Abends wollte es Gott wohl anders. Schon am Nachmittag kündigte sich langsam ein schweres Gewitter an, sodass sich der Himmel über San Jose immer mehr verdunkelte. Und dann begann es plötzlich zu regnen und zu schütten wie aus allen brasilianischen Kübeln gleichzeitig. Die Straße wurde zum Fluss, die Leute flohen in ihre Häuser, und schon kurze Zeit später war in der gesamten Region Strom-

Adhemar von A bis Z

ANGST
Habe ich keine

BÜCHER
Die Bibel und über Gospel

COMEDY
Adhemar

DAMALS
Habe ich einmal zusammen mit vielen Hühnern in einer Tonne geschlafen, während meine ganze Familie nach mir suchte

ELTERN
Fantastische Eltern habe ich

FREUNDE
Jesus, Marcelo Bordon, Claudecir

GESUNDHEIT
Wichtig

HEIMAT
Immer da, wo ich gerade lebe

IDOLE
Mein Sohn Kaynan

JUGEND
Gute Phase und schöne Erinnerungen

KINO
„Apokalypse – die Offenbarung" und „Das Finale"

LEIDENSCHAFT
Den heiligen Geist zu haben

MUSIK
Gospel, aber bloß nicht selbst singen

NIEMALS
Anderen weh tun

OFT
Gott suchen im Gebet und Lobpreis

PLÄNE
Ein Waisenheim gründen in Porto Feliz

QUALITÄT
Gott qualifiziert uns

RUHM
Wenn Andere deine Arbeit gut finden

SCHWÄCHE
Ich kann schlecht nein sagen

TRAUM
Eine Welt ohne Kriege zu sehen

UNGERECHT
Manchmal mein Trainer

VERRÜCKT
Alles, was mit Elektronik zu tun hat

WICHTIG
Gott, Familie und dann die Arbeit

X-X
Meine Rippe, ist so wichtig wie Eva dem Adam

YOGHURT
Natürlich

ZEUGNIS
Schule hieß: „Super, in der Pause wird gekickt."

ausfall. So saß ich also alleine in meiner dunklen Wohnung und wartete an diesem Abend vergeblich auf die Fußballübertragung im Fernsehen. Nun hatte ich genügend Zeit nachzudenken, und so erinnerte ich mich an all die Gespräche, die ich mit Ita über Gott geführt hatte. Alles, was ich über Gott gehört hatte, kam mir immer wieder in den Kopf, und ich begann, darüber zu grübeln, wie Gott denn in Wirklichkeit ist. Ob er dieser alte, strenge Mann ist, vor dem sich so viele Menschen fürchten, oder eher der strahlende Jesus, zu dem die Kinder auf den Bildern in der Kirche immer fröhlich hinrennen. Ob er mir den ganzen Mist, den ich bisher in meinem Leben fabriziert hatte, all die Drogengeschichten und die vielen Frauen, wirklich verzeihen könnte. Vielleicht war aber all das Gerede von einem lieben Jesus doch nur ein Märchen. Meine Gedanken wurden jäh durch eine laute Autohupe unterbrochen. Ich wunderte mich, dass bei diesem Unwetter draußen überhaupt ein Auto fuhr, doch dann wurde mir klar, dass es ja Mittwochabend war – Zeit für den „Atletas de Cristo"-Bus. Er stand also ein weiteres Mal vor meiner Tür und wartete auf die Fußballer aus der Nachbarschaft. Die Fernseher-Ausrede funktionierte an diesem Abend nicht, und so entschloss ich mich zum ersten Mal, einzusteigen. Als wir losfuhren, wunderte ich mich zwar, dass ich außer dem Fahrer der einzige Fahrgast war, aber ich wollte jetzt nicht mehr zurück. An diesem Abend hatte ich ausgerechnet mein „Jesus – meine Nummer 1"-T-Shirt an, und das sollte tatsächlich Folgen haben. An diesem stürmischen Abend waren circa 30 Leute in die kleine Kirche in São José gekommen. Kaum hatte ich den Raum betreten, kam ein älterer, freundlich blickender Herr auf mich zu, der Pastor der Gemeinde, und begrüßte mich freundlich. Seine Augen wanderten auf meinem Shirt auf und ab, dann sah er hoch zu mir, hielt kurz inne und fragte mich, ob Jesus denn wirklich meine Nummer 1 sei.

Ein Moment, den ich in meinem Leben nie vergessen werde. Diese Frage traf mich mitten ins Herz, und ich wusste, dass ich ihm nicht etwas Billiges wie „Ja, klar", entgegnen wollte, also sagte ich nichts. Ich stand da vor ihm, und alles andere im Raum schien wie grau neben mir zu versinken. Ich sah auf einmal verschiedene Bilder meines Lebens, wie man es immer von Menschen erzählt, die gerade den Tod vor Augen haben. Bilder aus der Kindheit, Szenen mit den vielen Frauen, Erinnerungen vom Drogenrausch, all das kam auf einmal hoch, und ich wusste, dass es eigentlich Gott war, der mir diese Frage stellte. Mir wurde in diesem kurzen Moment, der mir später wie eine ganze Weile vorkam, klar, dass ich dieses alte Leben beenden wollte. Ich stand da, hatte das erste Mal den Mut gehabt mit in diese Kirche zu kommen, und nun wollte ich auch zu Gott gehören. Ich sah dem Pastor in die Augen und sagte entschlossen: „Ja!" Das war der Moment meiner Entscheidung für Gott. Von dem Gottesdienst selber weiß ich gar nicht mehr so viel, aber dieser Moment und der Entschluss, „Ja" zu sagen, war die wichtigste Entscheidung in meinem Leben. Seither hat sich mein Leben komplett um 100 Prozent verändert. Ich bin ein neuer Mensch geworden, genau so, wie es die Bibel in Hesekiel 11, 19 beschreibt: „Ich nehme dir dein altes, steinernes Herz weg und gebe dir ein neues, fleischernes Herz." Das war im Februar 1994, mitten in der heißen Karnevalszeit.

Krisenzeiten – gute Zeiten?

Was danach folgte, war erst einmal eine sehr schlimme Zeit für mich. Meine Freundin und heutige Frau Aline konnte nicht glauben, dass ich jetzt immer in die Kirche ging und dachte, ich würde sie mit anderen Frauen betrügen. Und auch im Team von Estrela haben mich einige ausgelacht und mich mit „Da kommt der Pastor" begrüßt. Viele konnten es einfach nicht fassen, dass ein so verrückter Kerl wie ich auf einmal in der Bibel las und die Kirche besuchte. Wenige Wochen später war auch noch unser Club total pleite, und ich bekam noch nicht einmal mehr mein Gehalt bezahlt. Ich musste also einen neuen Verein suchen und wieder einmal bei Null beginnen. Das

Bordon ist begeistert von Adhemars außergewöhnlicher Autogrammkarte

adidas
debitel
19

Problem dabei war aber, dass der Manager von Estrela die kompletten Vertragsrechte an mir besaß und mich auf keinen Fall ausleihen wollte. Er rief mich an und meinte, dass ich nur die Chance auf einen Wechsel hätte, wenn mich ein Verein komplett aus dem Vertrag herauskaufen würde. Ansonsten müsste ich eben weiter in der 5. Liga spielen. Das war im ersten Moment schon ein kleiner Schock für mich. Dass mich mein Schwiegervater damals aus diesem Knebelvertrag freikaufte, war ganz gut, aber einen neuen Club hatte ich dadurch trotzdem nicht. Dafür, dass ich mich gerade erst für Gott entschieden hatte, schien mächtig viel schief zu gehen.

In der Bibel las ich dann davon, dass man, wenn man sich auf dem richtigen Weg befindet, oft ziemlichen Gegenwind bekommt. Da hieß es, dass es sich auch lohnt, Gott in der Krise zu vertrauen und dass man Geduld haben müsste. Wie zum Beispiel in Jakobus 1, 12: „Selig ist der Mann, der die Anfechtungen erduldet. Denn nachdem er sich bewährt hat, wird er die Krone des Lebens empfangen welche Gott verheißen hat denen, die ihn lieb haben".

Ich wollte Gott unbedingt beweisen, dass ich es ernst mit ihm meinte, und so haben mich diese Anfechtungen, damals ohne Arbeitgeber dazustehen, sogar noch in meinem Glauben gestärkt. „Jetzt erst recht", habe ich mir damals gesagt.

Aline und deren Mutter haben das Ganze aber anders gesehen. Sie rieten mir, in meiner Situation einen Manager aufzusuchen, um einen Vereinswechsel in die Wege zu leiten. Ich wollte aber keinen Manager haben, da ich davon überzeugt war, dass Gott mir auf irgendeine Art und Weise helfen würde, und antwortete ihnen mit einem Grinsen: „Ab heute ist Jesus mein Manager." Die beiden Frauen erklärten mich natürlich für verrückt, und wir hatten einen wunderbaren Streit im Haus.

Am nächsten Vormittag um 11 Uhr klingelte das Telefon, und die Verantwortlichen von São Bento Sorocaba boten mir einen Vertrag an, bei dem ich doppelt soviel verdienen konnte wie bisher. Ich schlug ein und spielte so ein Jahr für São Bento in der 3. Liga.

Ich wollte natürlich weiterhin Fußballprofi werden und mit den Besten der Liga in der „Primera" spielen, aber ich hatte mir vorgenommen, in dieser Sache nichts eigenständig zu unternehmen, sondern weiterhin auf die Führung Gottes zu vertrauen. Es heißt im Psalm 32, 8:

„Ich sage dir, was du tun sollst, und zeige dir den richtigen Weg. Ich leite dich mit meinen Augen." Wenn ich so etwas lese, weiß ich, dass Gott mich damit herausfordern will, ihm wirklich zu vertrauen, auch wenn es Geduld und echten Glauben braucht. Aber mein Vertrauen hat Gott noch nie enttäuscht.

Gott ist unberechenbar

Im Sommer 1996 sollte es dank meines „neuen Managers" noch steiler bergauf gehen. Eines Tages sagte mir meine Schwägerin, sie hätte einen Anruf von einem gewissen Luis Carlos Ferreira bekommen, der mich sprechen wollte. Ich war erst verdutzt und überlegte, wer das wohl sein konnte. Ich kannte nur DEN berühmten Luis Ferreira, der damals bei Real Madrid so erfolgreich gespielt hatte. Aber warum sollte der ausgerechnet bei mir anrufen? Als er sich kurz danach noch einmal bei uns meldete, war ich wirklich baff. Er sagte nur kurz: „Hallo Adhemar, ich bin Luis Carlos Ferreira, der Co-Trainer von São Caetano, wir wollen dich haben." Das war direkt. Ich dachte damals: „Das ist ja leichter, als ich mir es vorgestellt hatte, die rufen einfach an und ich spiele in Zukunft eben in São Paulo." Aber meine Frau hatte große Probleme mit diesen Wechselaussichten. Sie hatte Angst, in eine so riesige Stadt mit 20 Millionen Einwohnern umzuziehen, dazu noch mit einer enormen Kriminalitätsrate. Was sollten wir also tun? In der Bibel habe ich damals gelesen, dass Gott möchte, dass wir uns um „seine Ziele" kümmern, Menschen Gutes zu tun, dann würde er sich auch treu um unsere Belange kümmern. Das steht in Matthäus 6, Vers 33. Also wollte ich es ganz genau wissen, ob Gott Aline und mich wirklich nach São Paulo schicken wollte. Ich hatte ein Idee: Wenn ich nun das 10-fache dessen verlangen würde, was ich im Moment bei São Bento verdiente, müsste es schon ein kleines Wunder sein, wenn sie mich trotzdem verpflichten würden. Wir wüssten dann ganz genau, dass es richtig ist, dort hinzugehen, abgesehen davon wäre es für uns eine ganze Menge Geld. Wir rechneten aber eher mit einer Absage, und das wäre dann auch okay für uns gewesen.

Bei unserem nächsten Gespräch mit den Verantwortlichen von São Caetano äußerte ich also meinen frechen Gehaltswunsch und war gespannt. Als ich nur ein knappes „In Ordnung, Sie können morgen mit dem Training beginnen" hörte, musste ich mich wirklich zusammenreißen, keinen Jubelschrei loszulassen – es war wie eine bestandene Prüfung!

Ich spielte sieben Monate für São Caetano in der 2. Liga, und zwar so erfolgreich, dass ich daraufhin sogar vom Erstligisten Ponta Grossa ausgeliehen wurde.

Nun begann die Zeit der vielen Trainer und des ständigen Auf und Abs. Meine Freude, in der 1. Liga zu spielen, währte nicht lange.

„Für uns ist jeden Tag Weihnachten!"

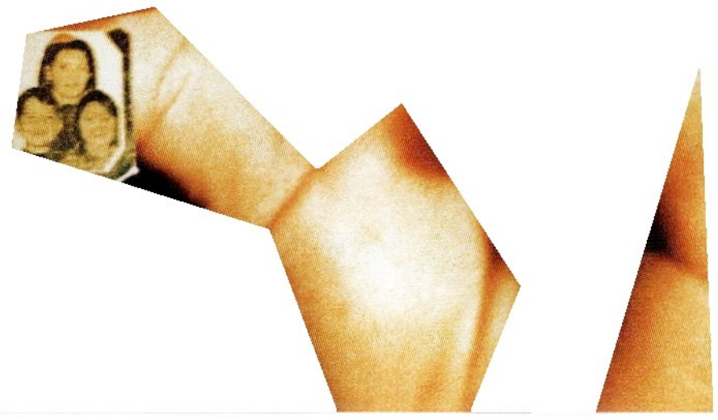

Adhemars Dreamteam

Nach nur 4 Monaten in Ponta Grossa verletzte ich mich und wurde prompt wieder zurück nach São Caetano transferiert. Nach einem Monat Behandlungspause war ich pünktlich zum Aufstiegsfinale gegen „Taubaté São Paulo" wieder fit. Obwohl ich beim 4:1 Sieg bester Spieler des Spiels wurde, saß ich trotzdem beim letzten Spiel zur Meisterschaft wieder nur auf der Bank. Der Trainer behandelte mich damals wie eine Art Co-Trainer und holte sich ständig meinen Rat, anstatt mich spielen zu lassen. Kurze Zeit später wurde er trotz des Erfolges entlassen.
Unser neuer Trainer, Luis Carlos Martinz war ein spiritistischer Typ, der an die Heiligen glaubte. Doch für einen Aufstieg reichte das in der Saison 1998/1999 auch nicht.

Geduldsprobe

Dieses ständige Hin und Her verschiedener Trainer und Vereine war für mich eine harte Zeit. Es war eine Art Reifeprüfung, um in diesem Geschäft, in dem man von heute auf morgen weg sein kann, zu bestehen. Als zum Beispiel 2000 schon wieder ein neuer Trainer, Jair Picerni, damaliger Olympiatrainer, kam, saß ich ein ganzes Jahr lang auf der Bank. In dieser Phase habe ich kurzzeitig sogar die Lust am Fußballspielen verloren. Ich fragte mich damals: „Warum gehst du eigentlich weiter in die Kirche und liest die Bibel? Gott hilft dir doch sowieso nicht." Aber ich habe in diesen Zeiten auch an Hiob gedacht und daran, dass er für seinen unerschütterlichen Glauben belohnt wurde. Also musste ich ein weiteres Mal entscheiden: Vertraue ich Gott und darauf, dass er mich gut im Leben führt, oder gehe ich meine eigenen Wege mit allen Konsequenzen? Ich entschied mich dafür, dass nicht der Trainer, sondern Gott mein „Chef" sein sollte. Ich durfte immer wieder für ein paar Minuten spielen, aber es machte mir nichts aus, und ich akzeptierte alle Entscheidungen des Trainers, ohne zu murren. Trotzdem schoss ich als Joker immerhin noch 9 Tore. Schließlich wurden wir dann sogar Regionalmeister.
Bei den anschließenden Finals saß ich mal wieder auf der Bank – eine weitere Geduldsprobe, denn ich wollte hier unbedingt dabei sein. Im 3. Spiel durfte ich endlich ran, und ich schoß Tore ohne Ende. Mit meinen 22 Toren trug ich wesentlich dazu bei, dass wir Zweiter wurden und so die Chance hatten, in der Relegation um den Aufstieg zu spielen. Ich wurde sogar Torschützenkönig vor Romario, der 20-mal traf.

Das entscheidende Tor

Apropos „Schützen-König": Der absolute Höhepunkt meiner bisherigen Karriere war im Endspiel um den Aufstieg gegen den Erstligisten Fluminense. Das Hinspiel bei uns zu Hause endete unentschieden. Ich schoss eines der Tore zum 3:3. Für das Rückspiel gab man uns als Zweitligist keine Chance, schließlich mussten wir vor 80.000 frenetischen Fans im Maracanã-Stadion antreten.

Unser Team kämpfte bravourös gegen Fans und Gegner an, und so hielten wir in der ersten Halbzeit ein 0:0. Aber es würde uns nichts nützen – um aufzusteigen, müssten wir wenigstens ein Tor erzielen. Die zweite Halbzeit begann stürmisch, und es sah nicht danach aus, dass wir vorne zu einer echten Chance kommen würden. Mein Blick auf die Uhr: Nur noch 17 Minuten! Im Mittelfeld bekomme ich plötzlich den Ball zugespielt. Ich schaue zur Seite, links ist mein Nebenspieler verdeckt, und rechts ist keiner mitgelaufen. Also führe ich den Ball weiter am Fuß, um ihn gleich in besserer Position abspielen zu können. Ich weiß nicht, was mich dann plötzlich geritten hat, an einen Fernschuss zu denken, denn ich stand ja satte 40 Meter entfernt vom Tor – doch ich gab diesem blitzartigen Impuls nach, schaute kurz hoch Richtung Tor und zog einfach trocken und ohne Ansage ab. Ich erinnere mich noch heute sehr genau, wie ich dabei dachte, den Ball nicht richtig getroffen zu haben. „Der geht weit vorbei", so

Originelles Werbeplakat des VfB mit Adi und Quälix

kam es mir vor, als ich dem Ball hinterher schaute. Der Balljunge hinter dem Tor lief schon in die vermeintliche Richtung, in der er den Ball neben dem Tor erwartete. Wie bei manchen „Flatterbällen" üblich, bewegte sich der Ball jedoch wie von Geisterhand gelenkt in einer Kurve wieder auf das Tor zu. Fluminenses Torwart Murilo muss in diesem Moment genauso überrascht darüber gewesen sein wie ich und alle anderen im Stadion, denn irgendwie flutschte ihm der Ball durch die Hände und „Hosenträger" ins Tor. Stille im ehrwürdigen Maracanã-Stadion – ich konnte es nicht fassen. „Der ist wirklich drin", schoss es mir durch den Kopf. „Der ist drin!" Es war wie in einem Traum, den man sich in einem tollkühnen Moment ausmalt, aber nicht ernst nimmt. Genau für solche Momente spiele ich Fußball – was für ein Gefühl. Dafür habe ich Gott aus tiefstem Herzen gedankt. Später sprachen die Reporter davon, dass es vor meinem Jahrhundertschuss nur zwei geschafft hätten, 80.000 Menschen im Maracanã-Stadion in eine Totenstille zu versetzen: 1950 die Mannschaft Uruguays beim WM-Finalsieg gegen Brasilien – und 1970 der Papst bei seinem Besuch. Nun waren wieder alle still. Und noch stiller wurde es Minuten später beim Abpfiff, als unser 1:0 Sensationssieg feststand. Nur wir und unsere wenigen Fans jubelten über diesen Erfolg und über den Aufstieg in die Eliteliga. Als mich die Reporter nach dem Schlusspfiff fragten, ob es das wichtigste Tor meiner Karriere gewesen sei, antwortete ich: „Nein, das wichtigste Tor meiner Karriere war meine Entscheidung, mit Jesus zu leben".

170 Millionen Menschen saßen damals in ganz Brasilien vor den Fernsehgeräten. Gott ist eben treu! Diesen Spruch habe ich übrigens auch schon in Brasilien unter meinem Trikot getragen, der hieß dann auf portugiesisch: „Deus é fiel"

Gott ist treu!

Danach habe ich sehr viele Angebote in Brasilien und aus dem Ausland bekommen. Meine Pastorin sagte sogar damals zu mir: „Du wirst in ein Land gehen, wo Milch und Honig fließen!" Ob sie damit das Schwabenland gemeint hat? Da fließen doch eher Spätzle und Moscht.

Ich dachte aber damals, dass ich mit Sicherheit in Brasilien bleiben würde. Aber auch hier wollte ich abwarten, was Gott „tun" würde.

Ich war gerade mitten in meinem Urlaub, als mich zu Hause mein Direktor anrief. Er fragte mich nicht etwa, ob ich mir vorstellen könnte, zu einem Verein zu wechseln, geschweige denn zu welchem, er sagte nur ganz simpel: „Adhemar, du bist verkauft!" „Einverstanden", sagte ich mir damals – „Im Namen Jesu, ich gehe nach Stuttgart". Meine Frau Alina und unsere Kinder Ayeska und Kaynan blieben erstmal in Brasilien.

Nach meinen vielen Toren am Anfang war „Gottes Treue" schon bald mein Markenzeichen in der Bundesliga geworden. Sogar meine Mitspieler bedankten sich bei mir nach den Spielen und meinten, dass sie es cool fänden, dass ich ein solches Shirt unter dem Trikot trug. Witzig ist auch die Tatsache, dass durch meinen Trikotlupfer die Diskussion um die gelben Karten, die ich deswegen erhalten hatte, neu angefacht wurden. Eine Projektgruppe traf sich sogar extra nach meiner „Präsentation", um diesen Fall zu diskutieren und beschloss, das Trikotausziehen von nun an wieder zu erlauben. Mein damaliger Trainer Ralf Rangnick feuerte unsere Mannschaft kurz vor Spielbeginn sogar damit an, in dem er alle auf mein T-Shirt schauen ließ und meinte, dass wir genau einen solchen Glauben haben müssten, um zu gewinnen. Da war ich schon echt baff.

Doch es kamen dann auch Zeiten, in denen gar nichts lief. Das ist zwar ganz normal im Fußball, aber wenn ich dann frustriert auf der Ersatzbank Platz nehmen musste, dachte ich oft daran, alles einfach hinzuschmeißen.

Aber auch da ist Gott wie ein treuer Freund immer an meiner Seite geblieben. Ich bin heute echt froh, dass er mit einem solchen Chaoten wie mir immer so viel Geduld hat, und bin schon sehr gespannt auf die kommenden Abenteuer im Fußball.

MARCO BODE

Bode
– the Brain

Der Fußball liebt die Phrasen und die Klischees. Vor allem, wenn es um Spieler geht, die in den Interviews mehr sagen als „Ja, gut, äh, sicherlich".
Für manche dieser denkenden Profis müssen dann im Portrait zum achtzigsten Mal die gleichen Wortspiele herhalten, denn sie sind ja die „etwas anderen Profis". Marco Bode hat sich nach 13 Jahren Werder schon längst an „Rasenschach" und „bodenständig" gewöhnt, und eigentlich kann er mit seiner Schublade doch recht zufrieden sein, wenn man da nur an Maurizio Gaudino denkt ... Hier also für alle Phrasenmäher die ultimative Marco-Bode-Schublade:
Das ist der Schach spielende 2,4-Abiturient aus dem Harz, der sich vorstellen könnte, sein Geld als Mathelehrer zu verdienen, wenn er deren Gehälter nicht gerade für absurd halten würde. Wenn er mit völlig verdrecktem Trainingsanzug auf dem Drahtesel den Nachhauseweg einschlägt, freut sich der intellektuelle Saubermann der Bundesliga auf entspannende Abende mit Philosophie und Luca-Sophie.
Zwei Tage nach der Mondlandung geboren, ist er mit den wenigsten gelben Karten seit Menschengedenken und den meisten Werder-Toren aller Zeiten der Mann für's Außergewöhnliche. Damit wäre fast alles gesagt über die vielen Facetten des Bibelkreis besuchenden Intellektuellen von der Weser.
Doch was steckt nun wirklich hinter Marco Bode, und was hat er überhaupt mit Nelson Mandela zu besprechen?

Marco assistiert bei Bierhoffs „Golden Goal"

In seiner letzten Saison für Werder dreht er so auf, als wolle er noch ganz dringend etwas nachholen, das er in den ganzen Jahren Bundesliga noch nicht erreicht hat. Vielleicht die Torjägerkanone oder wenigstens einmal mit einer Roten Karte vom Platz fliegen, um endlich das „Saubermann-Image" abzulegen? Hier outet er sich nun also mit einer ganz persönlichen Statistik und deren merkwürdigen Konsequenzen:

Meine besondere Statistik

„In gewisser Weise bin ich ein Fan von Statistiken. Besonders von solchen, die mehr aussagen, als in dem statistischen Material vorhanden ist – manche meinen, das gilt für die meisten. Wie zum Beispiel Benjamin Disraeli, von dem das Zitat stammt: „Es gibt drei Arten von Lügen: Lügen, infame Lügen und Statistik!" Wir alle wissen, dass die ran-Redaktion von Sat1 die Trendsetter in diesem Bereich sind – trotzdem habe auch ich versucht, einige außergewöhnliche Schlussfolgerungen aus meinem persönlichen Datenmaterial zu ziehen. Ich bin dabei nach folgendem Grundsatz vorgegangen, der auf einem berühmten Zitat von Winston-„No Sports"-Churchill beruht: „Ich glaube nur den Statistiken, die ich selbst gefälscht habe!" [freie Übersetzung des Verfassers!] Herausgekommen sind natürlich Wahrheiten – wer etwas anderes behauptet, ist entweder ein Ignorant oder aber ihm fehlen die nötigen statistischen Grundkenntnisse. Das Datenmaterial und sämtliche Schlussfolgerungen sind von meinem Bruder geprüft und bestätigt worden – und der ist schließlich promovierter Statistiker!

Persönliche Daten

Geburtstag: 23.07.69 – Geburtsort: Osterode am Harz – Gewicht bei Geburt: 3.750 Gramm (oder wie es bei uns auf dem Land hieß: Siebeneinhalb Pfund mit Knochen). – Größe bei Geburt: 53 cm – Alter heute: 32 Jahre – Gewicht heute: 87 kg – Größe heute: 189 cm – Wohnsitz heute: Bremen

Aus den Daten ergibt sich rechnerisch: Eine durchschnittliche Gewichtszunahme von 7,18 Gramm pro Tag (wenn das so weiter geht, werde ich im Alter von 80 Jahren fast eine viertel Tonne wiegen!) Ein durchschnittliches Wachstum von knapp 4,4 Zentimeter pro Jahr oder 5 tausendstel Millimeter pro Stunde. Ungefähr alle 365 Tage bin ich um ein Jahr gealtert. Damit liege ich mehr oder weniger genau im Durchschnitt der bundesdeutschen Bevölkerung! Pro Jahr habe ich mich ungefähr 6 Kilometer von meinem Geburtsort entfernt. Folglich werde ich im Jahre 4657 in Australien leben.

Steckbrief

Geboren am 23. Juli 1969 in Osterode
Lebensgefährtin: Kerstin
Tochter Luca-Sophie
Fernstudium von Mathematik und Philosophie

Vereine

VfR Osterode
Werder Bremen

Erfolge

Europameister mit Deutschland 1996
Europapokal der Pokalsieger 1992
Deutscher Meister 1993
DFB-Pokalsieger 1991 + 1994 + 1999
Alles mit Werder Bremen
Werder Bremens Rekordtorschütze mit über 100 Toren
Länderspiel-Tore: 5

Hallo, Marco Bode! Als erstes möchte ich dich den Lesern vorstellen, die dich überhaupt nicht kennen. Hast du eine kurze Beschreibung deines Äußeren zur Hand?

Ja, eine große Nase mit viel Haaren drum herum.

Über dreizehn Jahre Bundesliga haben dir ein ziemlich privilegiertes Leben ermöglicht. Aber gibt es inzwischen auch etwas, das dich am Fußball total nervt?

Wenn es im Fußball einmal nicht läuft, sind die Reaktionen der Medien oft sehr heftig. Da wird man dann auch schon mal als Vaterlandsverräter beschimpft. Doch wenn immer mehr das Geschäft im Vordergrund steht, führt das eben zu solchen furchtbaren Dramatisierungen bei Niederlagen. Man dürfte über den Fußball auch nie sagen, dass es sich dabei eigentlich um ein Nullsummenspiel handelt. Bei 18 Vereinen wird eben nun mal einer Erster und einer Letzter. Da kann man praktisch alles genauso schreiben wie im Jahr zuvor und nur die Vereine austauschen. Dabei wollen wir doch eigentlich alle nur rausgehen und guten Fußball spielen.

Hier kommt der Mathematiker in dir durch. Du hast an der Fernuni in Hagen einige Semester Mathematik und Philosophie studiert. Bist du ein verkappter Lehrer?

Ein Lehramtstudium in Mathematik und Sport hätte mir sicher auch Spaß gemacht und vielleicht wäre ich ja tatsächlich Lehrer geworden.

Klingt nach durchgehend schönen Erinnerungen an die Schulzeit!

Na ja (beginnt zu lachen), meine Mutter war Sekretärin an unserem Gymnasium und wohl relativ überrascht, als sie eines Tages einen Blauen Brief an sich selbst schreiben musste, da der Schüler Marco Bode mal wieder für Ärger gesorgt hatte.

Also warst du in deiner Schulzeit nicht ganz so ehrgeizig wie im Fußball?

Doch, war ich schon, aber in anderen Disziplinen. Wir haben in den Pausen meist Fangen gespielt. Und da ich aufgrund meiner Schnelligkeit meist einer der Letzten gewesen bin, die gefangen wurden, hatte ich oft die ganze Meute gegen mich. Einmal bin ich bei meiner Flucht auf ein hohes Geländer geklettert, weil mich die Fänger schon eingekreist hatten. Ich drohte ihnen, dass ich vom Geländer springen würde, wenn sie näher kämen. Das Vordach, auf das ich springen wollte, lag eigentlich nur einen Meter drunter, aber was ich nicht wusste war, was sich in drei Meter Tiefe unter dem Vordach befand. Als sie dann doch näher kamen, bin ich gesprungen. Leider durch das Vordach hindurch, um direkt in einem stinkenden Silo zu landen. Natürlich konnte ich mich auch nicht selbst befreien, und so musste ein Bauer gerufen werden, um mich da rauszuholen. Das werde ich nie vergessen.

Aber dafür hast du mit deiner Fußballerkarriere doch wirklich Glück gehabt.

Ich denke häufig darüber nach, dass ich in meinem Leben viel Glück gehabt habe, aber ich nehme die ganze Popularität in Sachen Fußball nicht so wichtig. Ich bin der Meinung, dass man auch sehr glücklich sein kann, ohne prominent zu sein. Auf der anderen Seite gibt es so viele Menschen, die trotz ihres vielen Geldes todunglücklich sind. Es ist sehr wichtig, dass man für sich selbst Dinge findet, die das echte Leben ausmachen. Deshalb beschäftige ich mich auch sehr mit Philosophie und der Suche nach dem Sinn des Lebens.

Durch solche Äußerungen bist du ja bei manchen in der Schublade „der intellektuelle Profi". Stört dich das?

Ach, das ist eben dieses Klischeedenken. Ich bin nun mal so, wie ich bin. Otto Rehhagel hat einmal in einer Spielerbesprechung zu mir gesagt: „Immer, wenn ich Sie sehe, haben Sie irgendwelche Bücher unter dem Arm. Klemmen Sie sich gefälligst einen Fußball unter Ihren Arm, und wenn Sie an einer roten Ampel stehen, dann holen Sie den Ball aus dem Kofferraum und halten ihn hoch." Das war natürlich nicht ernst gemeint, sondern halt so seine Art. Zu Rune Bratseth hat er zum Beispiel immer gesagt: „Rune, ich habe Sie aus dem ewigen Eis befreit, Sie müssen mir ewig dankbar sein!"

„Der Elch" kam aus dem Eis und gründete bei Werder Bremen sogar einen Bibelkreis. Wie kam's, dass du da hingegangen bist?

Rune hat mich eines Tages zu sich nach Hause zum Bibelkreis eingeladen, und ich bin eigentlich nur hingegangen, weil ich dachte, dass es

da etwas zu essen gibt. Nein, Quatsch, ich fand die Idee damals ganz spannend, sich mit Kiwi, Rune und anderen Spielern zu treffen, um über Gott und die Welt zu sprechen. Wir haben da oft sehr kontrovers über die Bibel diskutiert und darüber nachgedacht, ob es wirklich einen Gott da oben gibt. Ich glaube, dass das schon die existentielle Frage ist, mit der sich jeder Mensch beschäftigen sollte.

Was wirst du Gott fragen, wenn du eines Tages vor ihm stehst?

Was war jetzt eigentlich ganz genau der Sinn unseres Lebens?

Einer der schönsten Titel deines Lieblingssängers Van Morrison lautet: „When will I ever learn to live in God?" Würdest du das auch auf dein Glaubensleben beziehen?

Die Stimmung und der Tonfall des Liedes treffen schon eine gewisse Sehnsucht, die ich habe, das Ganze in den Griff zu kriegen und meinen Frieden zu finden.

Singst du auch selber gerne?

Nein, ich kann nicht gut singen. Obwohl, das stimmt nicht. Ich kann überhaupt nicht singen.

Bodes Top 3

Schauspieler

① Morgan Freeman
② Gene Hackman
③ Denzel Washington

Urlaubsländer

① Irland
② Italien
③ Nordamerika

Essen

① Lammrücken à la Mama Gretel
② Wurstgulasch à la Kerstin
③ Mousse au Chocolat

Filme

① Night on earth
② Philadelphia
③ Die Verurteilten

Trainer

Es kann nur einen geben: Otto

Legendäre Spiele

① Werder – RSC Anderlecht 5:3 Landesmeister
② Der 1:0 Sieg mit Deutschland gegen England in Wembley 2000
③ Euro 96-Halbfinale gegen England 7:6 (1:1) Sieg im Elfmeterschießen

Musiker

① U2
② Van Morrison
③ The Pogues

Stadien

① Old Trafford
② Westfalen-Stadion
③ Nou Camp

Gegenspieler

① Didi Beiersdorfer
② Beckham
③ Loddar

Internet

① www.marcissimo.de
② www.amazon.de
③ www.google.de

Schriftsteller

① Brockhaus in 26 Bänden
② Brian Moore
③ Milan Kundera
④ Philip Djia

Aber deiner Tochter singst du doch etwas zum Einschlafen vor, oder?

Beim Einschlafen ist es bei uns eher ruhig, aber dafür fahren wir beim Wickeln und auch den ganzen Tag über unser ganzes Repertoire an Kinderliedern auf. Und wenn uns nichts mehr einfällt, singen wir eben alte Pogue-Stücke wie „Waltzing Mathilda".

Hat „Glück" für dich eine neue Bedeutung bekommen, seit du Vater einer kleinen Tochter geworden bist?

Ja, sicher ist das eine Art von bleibendem Glück, die nicht von Erfolg oder Misserfolg abhängig ist. Wenn ich nach Hause komme und Luca-Sophie mich anlächelt, habe ich ein viel stärkeres Glücksgefühl als bei irgend etwas, das auf meiner Leistung beruht.

Das heißt, du kannst gut mit Niederlagen umgehen?

Ich bin schon sehr ehrgeizig und habe an manchen Niederlagen zu knabbern, wenn ich mal wieder nachts nicht einschlafen kann. Aber ich bin froh, viele andere Interessen zu haben, mit denen ich mich dann sehr gut ablenken kann.

Interessen wie zum Beispiel?

Ich spiele unheimlich gern Schach, ich lese sehr viel, und auch beim Musik-Hören kann ich gut in eine andere Welt abtauchen.

Wie man hört, bist du ein sehr guter Schachspieler. Wie würdest du einem Golfer dein Handicap beschreiben?

Handicaps im Sinn von Schwächen habe ich schon noch einige, zum Beispiel wenn es um die Endphase im Spiel geht, wo dann nur noch Türme und Bauern übrig sind – das ist schon eine richtig komplizierte Geschichte für sich. Von meiner Spielstärke her würde ich mich als passablen Hobbyspieler einschätzen, der phasenweise leidenschaftlich gerne spielt.

Gegen wen würdest du gern mal eine Partie spielen?

Gegen den Besten, Gari Kasparow.

Wie würdest du beginnen?

Mit Weiß beginne ich immer mit e2 – e4.

Deine Lieblingseröffnung?

Die spanische und die schottische.

Ich versteh nur Spanisch!

Ja, Schach ist wirklich kein leichtes Spiel, es gibt zum Beispiel trotz der kleinen Spielfläche mit 64 Feldern mehr Varianten verschiedener Spielfolgen als Sterne im Universum.

Einer deiner liebsten Schleifer, Felix Magath, ist ja auch ein passionierter Schachexperte – warum ist nie etwas aus dem „Kampf der Giganten" Bode gegen Magath geworden?

Wir wollten immer mal gegeneinander spielen, aber ich glaube, wir hatten beide zu viel Angst davor. Wenn ich verloren hätte, hätte er nach meinem Geschmack zu viel Oberwasser bekommen, und umgekehrt. So haben wir es bis jetzt immer vermieden.

Na, dann starte ich hier mal einen offiziellen Aufruf an den Großmeister Magath: „Herr Bode hat hiermit seine Bereitschaft angekündigt, stellen Sie sich der Herausforderung! Sie bestimmen Zeit und Ort. Der Gewinner darf für den Verlierer ein dreistündiges Zirkeltraining seiner Wahl gestalten – an einem öffentlichen Platz. Wir werden darüber berichten ..."

Was ist an Schach überhaupt so faszinierend?

Schach ist eine reine Konzentrationssache. Man muss sehr aufmerksam sein, denn im Gegensatz zum Fußball gibt es hier keinen Zufall.

Heißt das, Fußball ist Glückssache?

Nein, natürlich nicht nur, aber wesentlich mehr als Schach.

In welchem Spiel deiner Karriere konnte man anschließend von Glück reden?

Ich würde es nicht unbedingt als Glück bezeichnen, aber es gab ein Spiel, bei dem es schon wirklich sehr verrückt zuging. In der Champions League spielten wir 1993/94 gegen den RSC Anderlecht. Nach 60 Minuten lagen wir gegen die Belgier schon hoffnungslos mit 0:3 zurück. Die waren nicht nur besser, sondern haben uns im eigenen Stadion regelrecht vorgeführt. Doch als wir dann das 1:3 machten, ging es plötzlich in die andere Richtung, und wir spielten uns beim 5:3 Sieg in einen wahren Rausch. So etwas erlebt man wirklich nur einmal im Leben.

Und wie steht's mit Niederlagen? Kannst du da auch richtig jähzornig werden?

Nein, höchstens früher als Kind, wenn wir in der Familie gespielt haben. Da ging es schon

Bewerbungsfoto für eine Gastrolle in „Night on Earth"

manchmal sehr rau her. Oliver, mein älterer Bruder, konnte auch nicht gut verlieren. Wenn wir sonntags mit unserem Vater zu viert am Skattisch saßen, hat er mir schon mal seine Karten einfach ins Gesicht geschmissen. Einmal bin ich ihm wütend hinterhergerannt und er hat sich feige in sein Zimmer eingeschlossen. Ich habe ihm gedroht: „Wenn du nicht sofort aufmachst, tret ich die Tür ein." Doch er ist von innen nur noch frecher geworden und meinte, dass ich mich eh nicht trauen

Bode von A bis Z

ANGST
Hemmt uns

BÜCHER
Eine tolle Möglichkeit, in eine andere Welt zu tauchen

COMEDY
Oft eine kurzfristige Ablenkung. Loriot und Mr. Bean

DAMALS
War nicht alles besser

ELTERN
Prägen uns

FREUNDE
Sind sehr schwer zu finden

GESUNDHEIT
Eine Voraussetzung, um glücklich zu sein

HEIMAT
Bremen ist längst meine Heimat geworden

IDOLE
Lösen sich auf, wenn man sie sich einmal genauer anschaut

JUGEND
Bald zu Ende (lacht)

KINO
Filme sind wie Bücher, nur einfacher

LEIDENSCHAFT
Etwas sehr Schönes, ich denke dabei an Beziehungen und Erotik

MUSIK
Bringt die richtige Atmosphäre

NIEMALS
„Never say never", aus „Feivel, der Mauswanderer"

OFT
Mahlzeiten, Essen macht Laune

PLÄNE
Müssen häufig korrigiert werden

QUALITÄT
Stiftung Warentest

RUHM
Ein sehr zwiespältiges Thema

SCHWÄCHE
Muss man akzeptieren

TRAUM
Inneren Frieden zu haben

UNGERECHT
Das Elend auf der Welt

VERRÜCKT
Wynton Rufer, der ist vollkommen verrückt

WICHTIG
Toleranz und Respekt vor allen Menschen

X-X
Ich könnte platt sagen „ein ewiges Rätsel"

YOGHURT
Keine ganzen Früchte

ZEUGNIS
Konnte ich zum Glück mit gutem Gewissen nach Hause bringen

würde. Was blieb mir da anders übrig, als die Tür tatsächlich einzutreten? Das gab natürlich schönen Ärger und wir durften beide die Kosten der Tür vom Taschengeld abbezahlen.

Eine tolle Kindheit!

Ja, die war sehr glücklich und ausgefüllt. Schwiegershausen war für mich immer wie ein großer Abenteuerspielplatz. Beim Cowboy-und-Indianer-Spielen habe ich mich als Kind einmal über einen großen Hügel ganz langsam angeschlichen. Als ich oben ankam, hat sich plötzlich vor mir ein riesiger Mäusebussard aufgebaut und drohend seine Flügel ausgebreitet. Kindheit verbinde ich mit vielen Erinnerungen von grenzenloser Freiheit.

Hattest du als Kind einen Lieblingsclub?

Ja, Schalke 04. Ich habe sogar bis zum Abitur noch diesen merkwürdigen Schalke-Strickbeutel mit mir herumgetragen, was eigentlich mehr als peinlich war.

Und heute, als abgebrühter Profi, spürst du da noch manchmal dieses Kribbeln?

Das Kribbeln ist eigentlich meistens noch da, wie zuletzt bei unserem 1:0 Sieg gegen England im Wembleystadion. Das war schon ein irres Gefühl, in dieses altehrwürdige Stadion einzulaufen. Nicht nur, weil es dann nach unserem Spiel abgerissen wurde, sondern weil es einem mit vollbesetzten Rängen wie ein Opernhaus vorkam. Und auch die Euro 96 in England gehört zu den Highlights meiner Laufbahn. Auch wenn ich im Finale nur 20 Minuten gespielt habe, war das alles sehr aufregend. Beim Golden Goal von Oli Bierhoff habe ich im ersten Moment gar nicht begriffen, dass das Spiel zu Ende war.

Und doch bist du die ganzen Jahre Werder Bremen treu geblieben, statt in solchen gigantischen Opernhäusern zu spielen. Manche sagen sogar, dass es ein Fehler von dir war, nicht zu wechseln.

Ich habe die ganzen Jahre immer wieder darüber nachgedacht. Aber letztendlich ist es doch entscheidend, wo man sich am wohlsten fühlt. Bei Werder war das wie eine große Familie, ich habe hier viele Freunde gefunden und wir hatten viele Jahre auch großen Erfolg. Wo also hätte es schöner sein sollen? Abgesehen davon ist Bremen eine der schönsten Städte Deutschlands.

Hast du trotzdem einen großen Traum, den du dir noch erfüllen möchtest?

Ich möchte inneren Frieden haben. Neapel sehen und sterben, davon habe ich noch nie etwas gehalten.

Glaubst du an Gott?

Ich weiß nicht, ob Gott wirklich zu 100 Prozent so existiert, wie er in der Bibel beschrieben ist. Aber ich glaube auch nicht, dass das alles Quatsch ist, was da steht. Da bin ich schon sehr hin- und hergerissen – manchmal glaube ich an ihn und manchmal nicht. Ich bleibe oft an den Fragen hängen, die über das Alltägliche hinaus gehen: „Wo kommen wir her? Hat das hier auf der Welt überhaupt einen Sinn, und wenn ja, wer gibt dem Ganzen einen Sinn? Gibt es nun einen Gott, oder gibt es keinen Gott?"

Machen dir manche Entwicklungen seit dem 11. September Angst?

In den Wochen danach hat sich schon einiges verändert in meinem Sicherheitsgefühl. Das Vertrauen in unsere Vernunft und in die globale Gesellschaft hat dabei einen Knacks bekommen. Ich habe viel gelesen über den Kampf der Kulturen und der Religionen, viel nachgedacht über Versöhnung und das, was die Politiker in dieser Krise vorschlagen. Seit ich Vater geworden bin, mache ich mir auch viele Gedanken darüber, dass unsere Kinder in einer Zeit aufwachsen, in der der Hass zwischen Völkern und Kulturen immer mehr zuzunehmen droht. Es führt zu immer mehr Anschlägen und Kriegen, und da stelle ich schon eine bestimmte Unbehaglichkeit in mir fest.

Was würdest du tun, wenn du Deutschland einen Tag lang regieren könntest?

Ich würde versuchen, alle Kinder des Landes zusammenzubringen und sie zu fragen, was sie sich von dieser Welt eigentlich wünschen. In Bremen unterstütze ich ein Projekt für Kinder und Jugendliche, den „Sportgarten". Hier finden Kinder genügend Platz, um sich auszutoben und kreativ sein zu können. Ich denke, wir müssen uns fragen, was wir tun können, damit sich die nächste Generation besser mit der Welt identifizieren kann, in der sie lebt.

Betest du?

Ja, aber um ehrlich zu sein, fast nur dann, wenn es mir schlecht geht. Oder wenn jemand aus unserer Familie krank ist.

Ist es schwierig, an Gott zu glauben?

Wie kann man sich über Gott hundertprozentig sicher sein? Für mich stellt sich die Frage, wie viel von dem, was in der Bibel steht, wirklich wahr ist, und wie viel nur aus der Sehnsucht der Menschen entstanden ist. Ich bewundere manchmal die Sicherheit, die mein Freund und früherer Werder-Spieler Kiwi Rufer ausstrahlt. Er treibt es natürlich immer gerne auf die Spitze, wenn er mir sagt, dass ich mich eines Tages für Jesus entscheiden muss: „You have to make a decision." Aber wenn ich über etwas nicht ganz sicher bin und nicht genau weiß, wofür ich mich da entscheide, dann lass ich's lieber bleiben. Ich habe eben immer noch viel mehr Fragen als Antworten.

Was fasziniert dich an der Bibel?

Die historische Beschreibung von Jesus finde ich ziemlich spannend. Das Johannes-Evangelium ist mir in seiner Art ein bisschen zu missionarisch, viel besser gefallen mir da die Evangelien von Markus und Lukas mit ihren recht einfachen Beschreibungen. Das ist schon beinahe prosaisch, wie sie über die damalige Situation von Jesus berichten.

Wenn ich dich über den Glauben reden höre, habe ich den Eindruck, es kämpfen bei dir Kopf und Herz miteinander.

Ja, ich bin schon manchmal etwas hin- und hergerissen in dieser Beziehung. Meine Vernunft unterdrückt oft das Emotionale in mir, vielleicht viel mehr, als ich es möchte. Manchmal würde ich mir schon wünschen, emotionaler zu reagieren, aber so bin ich nun mal.

Bist du eitel?

Durchschnittlich eitel, warum?

Weil du von den Hörerinnen eines großen Radiosenders zum erotischsten Fußballer der Bundesliga gewählt worden bist. Hat das deine Eitelkeit bestärkt?

Nein, es hat eher meinen Glauben an die Beobachtungsfähigkeit der Frauen zerstört. Aber ich wurde ja auch von Hörerinnen gewählt, die mich wahrscheinlich noch nie gesehen haben und einfach nur meine Stimme so erotisch finden (herzhaftes Lachen auf beiden Seiten).

Was sind deine Schwächen?

Ich bin manchmal nachlässig, was Verabredungen und Erledigungen betrifft. Und vielleicht ein bisschen zu sprunghaft, wenn es darum geht, Sachen zu Ende zu bringen.

Wie alt möchtest du werden?

Drei- bis vierhundert Jahre alt, das wäre o.k.

Mit welchem Zitat, das du häufig verwendest, sollen wir das Interview beenden?

Ich weiß, dass ich nichts weiß.

Marcos Episoden

Verantwortung

In der E-Jugend hatte ich irgendwann das Kapitänsamt übernommen. Wie es dazu gekommen war, weiß ich nicht mehr, aber an diesem Tag, von dem ich berichten möchte, wollte ich nichts mehr, als es wieder loswerden. Wir spielten ein Turnier auf dem Sportplatz meines Dorfes. Zwischen zwei Spielen blieb ein bisschen Zeit, die zum Beispiel unser Trainer dazu nutzte, irgend etwas zu besorgen. Wir Spieler hatten die Idee, in der Zwischenzeit flippern zu gehen, und da ich mich auskannte, führte ich die anderen in eine Kneipe, wo es einen Flipper gab.

Als wir zurückkamen, stürmte der Trainer auf uns zu und beschimpfte uns ziemlich heftig. Vor allem auf mich hatte er es abgesehen: „Du als Kapitän bist dafür verantwortlich gewesen, für Ordnung zu sorgen. In meiner Abwesenheit solltest du der Mannschaft ein Vorbild sein und nicht die anderen anstiften, in irgendwelchen Kneipen herumzuhängen!"

Bei dieser Attacke traten mir die Tränen in die Augen. Ich wollte mich verteidigen, aber mir blieben die Worte weg. Ich tat nichts weiter, als meine Kapitänsbinde vom Arm zu reißen und wütend und getroffen abzuziehen. Damals lernte ich, dass es schwer genug ist, für sich selbst Verantwortung zu übernehmen, aber noch viel schwerer, auch noch für andere verantwortlich zu sein. Einen Elfmeter zu schießen hat ja auch etwas mit Verantwortung zu tun. Schon in meinem allerersten Spiel, das war mit 7 in der E2-Jugend des VfR Osterode,

verschoss ich einen Elfmeter. Oder sogar einen Siebenmeter, da bin ich mir nicht mehr sicher. Obwohl ich in dem gleichen Spiel vier oder fünf Tore aus dem Spiel erzielte, scheint mich das in all den Jahren doch geprägt zu haben.

Der Autor Peter Handke hat ja mal einen Essay über „Die Angst des Torwarts beim Elfmeter" geschrieben, aber es dürfte bekannt sein, dass der Torwart nun wirklich derjenige ist, der keine Angst hat, denn er kann nur gewinnen. Der Schütze kann nur verlieren. So geschah es auch im Pokalhalbfinale 1992 bei Hannover 96. Ich verschoss den entscheidenden Elfmeter. Tröstlich war, dass vorher mein Kollege und Freund Rune Bratseth ebenfalls vergeben hatte. Als wir am Tag nach dem Spiel aus der Kabine kamen, hörte ich einige Passanten sagen: „Da kommt ja der Verschießer ... oh, sogar alle beide!" Rune und ich sind dann gemeinsam in die Stadt gefahren und haben uns demonstrativ mitten auf den Markplatz in eine Eisdiele gesetzt. Natürlich mussten wir an jenem Tag noch ein wenig Spott über uns ergehen lassen, aber damit war das Thema dann gegessen.

Wie das Leben so spielt, sind wir einige Wochen später dann Europapokalsieger geworden und hatten wieder Grund zu feiern. Übrigens habe ich inzwischen auch ein paar Elfmeter verwandelt, den wichtigsten vielleicht im Pokalfinale 1999 gegen die Bayern. Aber eine Freude ist es immer noch nicht, Elfmeter zu schießen, eher eine qualvolle Prüfung der eigenen Nerven.

Nelson Mandela

Im Dezember 1995 flog ich mit der Deutschen Nationalmannschaft nach Südafrika zu einem Länderspiel. Zwei Tage vor dem Spiel erfuhren wir, dass Nelson Mandela, der südafrikanische Präsident und eine der größten Persönlichkeiten unseres Jahrhunderts, zu unserem Spiel kommen würde. Ich stand als Debütant in der Anfangsformation und sollte tatsächlich vor dem Spiel die Hand Nelson Mandelas schütteln! Dann ging allerdings manches schief, und meine Begegnung mit Mandela verlief sehr viel komischer, als ich es erwartet hatte.

Jürgen Klinsmann, unser Kapitän, ging zusammen mit Mandela an den aufgereihten Spielern entlang und stellte seinem Begleiter jeden Spieler namentlich vor. Als sie mich schließlich erreicht hatten, sagte Jürgen: „And this is Marco Haber, äh, I'm sorry, Marco Bode". Jürgen lächelte mich verzeihungsheischend an (Marco Haber stand ebenfalls im Aufgebot). So weit, so gut, ich schüttelte tatsächlich Mandelas Hand. Er sah mir in die Augen und sagte: „You look just like Steffi Graf!"

Nicht gerade begeistert von dieser Aussage lächelte ich zurück und wusste, dass ich diesen merkwürdig-komischen Moment niemals vergessen würde ...

Probetraining

In der Saison ´87/88 spielte ich für die 1. Herrenmannschaft des VfR Osterode in der Verbandsliga Niedersachsen. Zu dieser Zeit ist dann Werder Bremen auf mich aufmerksam geworden. Im Frühsommer ´88 wurde ich schließlich zu einem Probetraining nach Bremen eingeladen. Werder war gerade Deutscher

„Singing in the rain"

Meister geworden, und ich war ziemlich aufgeregt, weil ich nicht die geringste Ahnung hatte, was mich wohl erwarten würde. Mit mir waren noch zwei andere Spieler in Bremen. Wir waren Konkurrenten, aber auch irgendwie freundschaftlich miteinander verbunden, und sie waren sicher genau so nervös wie ich selbst.

Während des Trainings mit dem Amateurtrainer Kalli Kamp und dem Manager Rolf Behrens absolvierten wir verschiedene Übungen, ohne dass ich hätte sagen können, ob einer von uns besser als die anderen war. Schließlich, zum Ende des Trainings, sollten wir drei noch einen 50-Meter-Sprint machen, und ich vermute rückblickend, dass dieser Sprint, oder besser, die Tatsache, dass ich fünf, sechs Meter vor den anderen ins Ziel kam, das entscheidende Moment für meine Verpflichtung gewesen ist. Denn wie Otto Rehhagel später noch häufig sagen sollte, „ein Meter neunzig kannst du nicht lernen", so kann man sich auch in der Grundschnelligkeit im Alter von 19 oder 20 Jahren nur noch begrenzt verbessern. Kurze Zeit später kam ich dann mit meinen Eltern nach Bremen, um über den Amateurvertrag zu „verhandeln", eine Zivildienststelle zu suchen und die Wohnung anzuschauen, die Werder für mich vorgesehen hatte. Von dieser war ich allerdings ziemlich enttäuscht: ein möbliertes Appartement in einem Plattenbau war wirklich nicht meine Vorstellung von „Schöner Wohnen", aber daran sollte das Ganze dann doch nicht mehr scheitern.

Ihr seid sicher neugierig, wie mein erster Vertrag aussah, oder? Ich bekam 500 DM Gehalt, 500 DM Fahrgeld (netto!) und die Wohnung. Das war nicht viel, aber herzlich wenig! Im Oktober sollten dann aber noch 800 DM Gehalt vom Zivildienst dazukommen, so dass ich tatsächlich von Anfang an schon etwas sparen konnte. Ihr glaubt mir vielleicht nicht, aber über dieses erste eigene Geld, das ich mir damals verdiente, habe ich mich so gefreut wie später kaum noch einmal über etwas!

Taribo West

West – der Pastor

GO WEST

Kurz vor 9 Uhr morgens in Mali. Während sich Taribo West gerade die Zähne putzt, klopft es an seiner Zimmertür. „Guten Morgen, Pastor", begrüßen ihn die morgendlichen Besucher mit einem breiten Grinsen. Jay Jay Okocha, Sunday Oliseh und Victor Agali betreten das Zimmer. Einige Minuten später folgen neun weitere Super-Eagles und es wird langsam eng in dem viel zu kleinen Zimmer des Hotels.

Während sich die kleine Gemeinde auf Betten und Boden niedergelassen hat, kann es endlich losgehen. Pastor Wests Andacht handelt heute von Siegern und Verlierern. „Wer sein Leben gewinnen will, der wird es verlieren. Aber wer sein Leben verliert um meinetwillen, der wird es gewinnen." Er zitiert aus Matthäus 16 und seine Zuhörerschar verfolgt aufmerksam jedes Wort. Schließlich steht man im Viertelfinale des Turniers und alles dreht sich in diesen Tagen nur noch um Sieg oder Niederlage. Doch der Pastor spricht an diesem Morgen des Spiels gegen Ghana nicht vom K.O.-System, sondern von einem ganz anderen Sieg. Nach der Predigt folgen ein paar spontane Acapella-Gesangseinlagen der Gruppe und dann wird gebetet. Eine Szene des Afrika-Cups 2002 in Mali, die sich im Verlaufe des Turniers jeden Morgen in der „Kapelle" des dienstältesten Nationalspielers aufs Neue wiederholt. Auch eine Art Mannschaftsbesprechung!

Schon als junger Streetfighter hat Taribo West in den Armenvierteln von Lagos seinen Gegenüber die Leviten gelesen, nur dass die ihn danach nie wieder sehen wollten. Ein Leben voller Extreme und Widersprüche, so scheint es auf den ersten Blick, wenn man Taribo West betrachtet. Doch wenn der Mann mit den lustigen Zöpfen davon erzählt, wie Gott aus dem kaputten Jungen von einst einen angesehenen Fußballstar und Prediger gemacht hat, dann sieht man in seinen Augen diese tiefe Zufriedenheit.

„Bei all meinen Erfolgen möchte ich niemals vergessen, wo ich hergekommen bin", erklärt er sein soziales Engagement in Nigeria.

„Sunday-Meeting" mit Oliseh

Mit Freund George Weah im Mailänder Derby

Steckbrief

Geboren am 26. März 1974
in Port Harcourt (Nigeria)

Vereine

1989 Ibukumoluwa (später F.C. Obanta)
1990 Sharks Port Harcourt
1991 Rangers of Enugu
1992/1993 Julius Berger
1993–1997 Auxerre
1997–1999 Inter Mailand
1999–2000 AC Mailand
2000–2001 Derby County
seit Winter 2001 Kaiserslautern

Erfolge

1994 Französischer Pokalsieger
(AJ Auxerre)
1996 Französischer Meister
+ Pokalsieger (AJ Auxerre)
1996 Olympiasieger mit Nigeria
1998 UEFA-Cup-Sieger (Inter Mailand)
1998 WM-Teilnahme mit Nigeria
2002 Bronze beim Afrika Cup in Mali
Über 90 Länderspiele für Nigeria

Und so lässt er seinen Worten auch eifrig Taten folgen, wie zum Beispiel die „Taribo West Foundation", die er für notleidende Kinder gegründet hat. Zusammen mit seinem Freund George Weah, dem früheren AC Mailand-Star, organisiert er regelmäßig Benefizspiele und andere Aktionen zugunsten der notleidenden Kinder von Nigeria.

Daneben sponsert West auch verschiedene Jugendturniere, um die Jungs in Lagos von der Straße zu holen und ihnen das traurige Leben zu ersparen, das er selbst als Mitglied einer brutalen Jugendbande geführt hat. „God bless you all", lautet seine obligatorische Begrüßung für Autogrammjäger und Journalisten. Und vielleicht wird manch Pfälzer Paparazzo auf der Pirsch nach einer Story ja bald Mario Basler, Klose und Co. dabei erwischen, wie sie heimlich mit einem „Guten Morgen, Pastor" in der Zimmertür des Zähne putzenden Taribo West stehen. Mit Sicherheit würde die Schlagzeile lauten: „Pastor West verkündet Roten Teufeln das Evangelium."

Taribo als Ronaldos „Schuhputzer"

„Ich habe einen Traum ..."

Was für ein Spiel! Mit einem unglaublichen Tor hatte Marco van Basten Holland zum Europameister 1988 gemacht, und jeder auf dem Bolzplatz versuchte an diesem Nachmittag, den Kunstschuss von der Torauslinie zu imitieren.

Die Übertragungen aus Europa waren immer die Spiele unserer Vorbilder. Hier versuchte ich schon als Kind, mir einige Tricks der großen Stars abzugucken. Holland war mein Team. Was für einen perfekten Fußball diese tolle Truppe doch spielte! Ruud Gullit mit seiner Eleganz und seiner hippen Frisur, das war mein Vorbild. Wahrscheinlich war er auch meine erste Inspiration zum Thema „ausgefallene Frisuren". Ronald Koeman als eisenharter Verteidiger war dagegen mein sportliches Ideal. Wie eine Klette hing er dem Gegner immer im Rücken, genau meine Art von Fußball. Einige Jahre zuvor war ich bereits im Alter von 10 Jahren aus meiner Heimatstadt Port Harcourt nach Lagos gekommen. Mein Vater war Hafenarbeiter und musste für das wenige Geld, das er verdiente, sehr schwer schuften. So träumte ich davon, eines Tages einen ganz anderen Weg gehen zu können als er und meine fünf Geschwister. Ich wollte einmal ein großer Fußball-Star wie Ruud Gullit werden. Und auch wenn es damals für einige sehr naiv klang, so hatte ich mich doch entschieden, Fußballprofi zu werden. In Lagos waren die großen Clubs und wenn man es nach Europa schaffen wollte, hatte man nur dort eine Chance.

So ging ich damals, zwar grün hinter den Ohren, aber mit einem klaren Ziel vor Augen, sehr früh von meiner Familie fort. Wenn man bei einem der vielen Jugendclubs vorspielen wollte, wurden einem immer viel ältere Jungs vor die Nase gesetzt. So musste ich bei manchen Sichtungsspielen immer meine ganze Kraft aufwenden, um mir bei den großen Jungs Respekt zu verschaffen. Wenn man nicht wie ein Terrier an deren Trikot festgekrallt dagegenhielt, wurde man beim Zweikampf oft förmlich durch die Luft geschleudert. Eine ziemlich harte Schule, von der ich jedoch meine ganze Karriere über zehren sollte. Die Beobachter merkten, dass da ein Junge war, der auch von den Älteren Jungs nicht so leicht abzuschütteln war, und so erkämpfte ich mir schon mit 10 Jahren mein erstes Stück Respekt. Ich bekam recht bald die Chance, mich auch in den höheren Ligen meines Alters zu beweisen, und ich erinnere mich noch an manches „Entscheidungsspiel", in dem ich unter Beobachtung stand und kämpfte, als ginge es um mein Leben. Eigentlich ging es auch genau darum, denn ich wusste, dass der Fußball für einen Jungen wie mich die einzige Chance war, aus diesem ärmlichen Leben auszubrechen und es zu etwas zu bringen.

Harte Jugend

Seit meinem Abschied von zu Hause lebte ich bei der Familie eines Freundes und schlug mich mit irgendwelchen Gelegenheitsjobs durch. Lagos ist eine von diesen afrikanischen Städten, in der nur der Stärkere überlebt. Hier zählt quasi nur das Faustrecht. Shomolu, ein sehr gefährliches Pflaster im Osten von Lagos, war seit dem Weggang aus meiner Heimat mein neues Zuhause geworden. Ich wusste damals nicht sehr viel über Straßengangs, und ich ahnte nicht, dass Shomolu quasi eine Art Bronx war. Doch da sich mein Leben als Straßenfußballer die ganze Zeit über irgendwo im Freien abspielte, sollte ich bald mit den Gangs in Berührung kommen.

Die „Area Boys" waren eine der berüchtigten Jugendgangs der Stadt. Wenn man ihnen begegnete, hatte man nur zwei Möglichkeiten: Entweder man wurde ihr Opfer oder man wurde einer von ihnen. Ich war damals absolut auf mich allein gestellt und so entschied ich mich, die Jungs als meine neue Familie anzunehmen. „Lieber hast du sie als Freund als zum Gegner", dachte ich mir damals und begab mich damit auf ein sehr gefährliches Terrain. Einbrüche, Schlägereien, Drogen und Überfälle standen von nun an auf der Tagesordnung. Wir haben Leuten auf der Straße bei spontanen Überfällen ihre Taschen entrissen und uns mit allen möglichen Menschen wegen nichts geprügelt. Nur mit Drogen wollte ich nichts zu tun haben, weil mir klar war, dass dies mein großes Ziel nur zerstören würde.

Wenn wir Geld brauchten, sind wir manchmal auch in die Häuser reicher Menschen eingestiegen. Das Verrückte daran ist, dass es dir von Mal zu Mal weniger ausmacht. Man wird skrupellos und irgendwann schlägt dein Gewissen gar nicht mehr an. Dass wir ganz in

Taribo und die „Ghetto-Kids"

der Nähe der Polizeistation wohnten, störte uns bei unseren Aktionen auch nicht sonderlich.

Doch wenn man sich einmal auf der kriminellen Seite befindet, kann man nicht mehr mit Schutz rechnen. Natürlich waren wir nicht die einzige gefährliche Bande der Stadt, und es kam immer wieder vor, dass man sein Diebesgut bei einem Überfall direkt wieder an eine andere Gang verlor. Ich werde niemals diesen Tag vergessen, als mein bester Freund und ich mit etwas gestohlenem Geld in der Tasche in den Straßen von Lagos unterwegs waren. Wir waren gerade auf dem Weg nach Hause, als uns ein Mann aus unserer Nachbarschaft ansprach. Er war ein Gangster, genau wie wir, doch als Jugendliche waren wir ihm kräftemäßig unterlegen. Er sagte, dass wir ihm sofort unser Geld geben sollten, doch mein Freund weigerte sich. Ich weiß nicht, warum er das tat; vielleicht dachte er daran, noch fliehen zu können. Doch es war sehr dumm von ihm. Als er sich immer noch weigerte, das Geld rauszurücken, stach ihn der Mann einfach nieder, nahm das Geld und floh. Ich war wie versteinert. Er war tot; wirklich tot. Ich wusste nicht, was ich tun sollte, und stand völlig verstört da. Ich hatte überlebt, doch mein bester Freund war vor meinen Augen ermordet worden. Nur wegen ein paar Dollar.

Dieser Moment sollte einen ungeheuren Riss in meinem bisher unbeschwerten Leben hinterlassen. Ich packte meine Sachen und fuhr zurück zu meiner Mutter nach Port Harcourt. Sie war genau so geschockt über mein Erlebnis wie meine ganze Familie, und so musste ich ihr versprechen, mit dem Bandenleben zu brechen.

Lehrjahre

Mein Fußballtalent war damals meine einzige Chance, aus diesem Teufelskreis auszubrechen. Während viele meiner Freunde in Lagos immer tiefer in die Kriminalität abrutschten, versuchte ich mich auf mein Ziel zu konzentrieren.
In den Jugendmannschaften der Region hatte ich bald meinen Ruf als eisenharter Verteidiger weg, der den Gegner quasi noch bis aufs Klo verfolgt. Wenn ich anfangs auch als Stürmer viele Tore geschossen hatte, fand ich mit der Zeit immer mehr Gefallen daran, eifrige Stürmer zu zermürben. Das hing natürlich auch mit den Trainern zusammen, die mich dank meiner robusten Spielart immer gerne als Verteidiger einsetzten.
1989 ging ich zu meinem ersten richtigen Club Ibukumoluwa, der später in F.C. Obanta umbenannt wurde. Ich spielte eine sehr gute erste Saison, so dass ich schon ein Jahr später ein gutes Angebot von den „Sharks" aus Port Harcourt be-

Wests Top 3

Schauspieler
① Chuck Norris
② Victoria (Nigeria)
③ Kevin Costner

Urlaubsländer
① Nigeria (Port Harcourt)
② USA
③ West Indies

Essen
① Pasta
② Fou Fou
③ Reis

Bibelverse
① Genesis
② Psalmen
③ Offenbarung

Trainer
① Bonfere Jo
② Guy Roux
③ Sinclair

Legendäre Spiele
① Olympiasieg gegen Argentinien 3:2
② UEFA-Cup-Sieg gegen Lazio Rom 3:0
③ das Dritte kommt erst noch ...

Musiker
① Alpha Blondie (French Reggae)
② Lucky Duke
③ Magesh Faskeh (Rap)

Stadien
① San Siro
② Ajax-Stadion „De Meer"
③ „Georgia Dome" in Atlanta

Gegenspieler
① Ronaldo
② Okocha
③ Weah

kam. „Gutes Angebot" heißt in Nigeria natürlich, dass ich weniger verdiente, als ein Sozialhilfeempfänger hier in Deutschland bekommen würde. Die Zeit bei den nigerianischen Clubs bezeichne ich als Lehrjahre. Ich konnte in dieser Zeit keine großartigen Titel gewinnen, aber da ich in meinen Mannschaften meist der Jüngste war, konnte ich von den erfahrenen Spielern sehr viel lernen. Bei den afrikanischen Jugendmeisterschaften 1993 auf Mauritius spielte ich ein ganz gutes Turnier und so waren erstmals ein paar westliche Scouts auf mich aufmerksam geworden.

Der Traum wird wahr

Der Tag, an dem „Papa Samba" nach Lagos kam, sollte mein Leben verändern. Er war Senegalese und arbeitete als Scout für den französischen Erstligisten AJ Auxerre. Ich weiß noch ganz genau, wie es sich damals sehr schnell herumsprach, dass ein Scout in der Stadt war, der sich nach begabten Spielern für Europa umsah. „Papa Samba" stellte den Leuten einfach nur zwei Fragen: „Wer ist der beste Nachwuchs-Stürmer im Land und wer der beste Verteidiger?"

Die Leute müssen ihm wohl sehr häufig meinen Namen genannt haben, denn am gleichen Tag noch sollte ich mich bei ihm vorstellen. Er wollte sich von mir und Sonny Nwachukwu, der ihm als bester Stürmer empfohlen worden war, seinen eigenen Eindruck machen. So interviewte er uns ziemlich lange, um uns nach europäischem Fußball-Standard regelrecht zu durchleuchten. Mir war eigentlich egal, was er von mir wissen wollte, er sollte nur merken, dass er es mit einem extraharten Verteidiger zu tun hatte, der für jede Abwehr eine Bereicherung darstellte. Mein strotzendes Selbstbewusstsein muss ihn damals sehr überzeugt haben, denn am 11. März 1993 betrat ich erstmals französischen Boden.

Als ich kurz vor Saisonende zu meinem ersten Einsatz gegen Toulouse kommen sollte, war ich ziemlich aufgeregt. Aber nicht, weil ich so nervös war, sondern weil ich auf diesen Moment ein Leben lang hingearbeitet hatte. Jetzt sollte es endlich soweit sein! Die französische Spielweise lag mir gut, und auch die Begeisterung in den Stadien war viel gewaltiger, als ich es mir vorgestellt hatte. Ich genoss es einfach, in dieser prickelnden Atmosphäre in ein Stadion einzulaufen. Als ich dann gleich in meiner ersten Profisaison auch noch zu meinem ersten Titel kam, war mein Glück perfekt: „Französischer Pokalsieger mit AJ Auxerre", durfte ich mich nun nennen. Guy Roux war ein Glücksfall für mich. Ein Trainer, der schon viele Jahre bei Auxerre das Sagen hatte und dort ohne jeglichen Druck in Ruhe arbeiten konnte. Er hat mich unheimlich gefördert und mir mit seiner väterlichen Art den Einstieg in das Profigeschäft sehr leicht gemacht.

AJ war für mich recht bald wie eine Familie. Ein kleiner Club, dem es schon viele Jahre lang Spaß bereitete, die Großen in Frankreich zu ärgern. In meinem dritten Jahr ärgerten wir nicht nur Paris St Germain und Olympique Marseille, wir ließen zum Erstaunen aller gleich die komplette Belle Etage hinter uns und wurden 1996 Überraschungsmeister und obendrein noch Pokalsieger.

Unbeschreiblich, was sich damals bei uns in der Region abgespielt hat. Die Leute kamen aus den wochenlangen Feiern gar nicht mehr raus. „Leben wie Gott in Frankreich", heißt es ja bekanntlich. Auch wenn ich zu dieser Zeit noch kein gläubiger Christ war, dankte ich Gott spontan dafür, dass er meine Gebete der Kindheit erhört hatte. Ich glaube, man hat als Kind einen besseren Draht zu Gott als mancher Erwachsener. Wenn man dann älter wird, macht man sich so viele Gedanken und Sorgen über dieses und jenes, dass man mit der Zeit seinen Glauben an Gott verliert.

Als Kind hatte ich immer einen reinen Blick auf Gott gehabt. Ich wusste, dass Gott mich hört und dass er für mich sorgen wird. Gerade in meiner Gang-Zeit habe ich oft erlebt und gespürt, wie Gott seine Hand schützend über mich gehalten hat. Es war natürlich großer Mist, was ich mit den Jungs gemacht hatte, aber ich wusste immer, dass Gott mich da eines Tages herausbringen würde. Doch von Jahr zu Jahr hatte ich diesen Draht nach oben immer mehr verloren und mich nur noch über sportliche Erfolge definiert.

Nun stand ich da, in meinem französischen Städtchen, alles feierte unseren Einzug in die Champions League, die Elite Europas, und auf einmal kamen mir die Erinnerungen an die harten Tage in Shomolu wieder hoch. Deine Vergangenheit holt dich immer wieder ein, ganz egal, wie weit du vor ihr davon läufst. Ich wusste in diesem Moment nichts von Heilung und dass es wichtig ist, über manche Dinge, die im Leben falsch liefen, Buße zu tun und Vergebung zu erhalten. Aber ich spürte, wie manche Erinnerungen plötzlich in der schönsten Feierstunde auftauchen und zur Last werden können. Erfolge können Schuldgefühle leider auch nicht übertünchen.

Gold für Nigeria

Wir hatten einen riesigen Spaß im olympischen Dorf. Eine bunte Schar von Menschen aus aller Welt – eigentlich war es fast schon schwierig, sich bei all diesen Begegnungen, die man hatte, noch auf Fußball zu konzentrieren. Ich war zu höheren Ehren berufen worden und spielte mit stolzgeschwellter Brust für die Nationalmannschaft Nigerias mein olympisches Turnier.

Wir waren alle überwältigt von dem, was sich in Atlanta abspielte. Als Zuschauer bei anderen Sportarten fühlte man sich oft eher als Tourist denn als Sportler. Vielleicht ist das der Grund, warum wir so oft bei unseren Spielen Rückständen hinterher rennen mussten. Aber dadurch bewiesen wir der Welt auch, dass wir ein Team mit Herz waren. Man konnte uns nur schlagen, wenn man bis zur letzten Minute fightete. Wir waren so heiß auf diese Goldmedaille, dass wir einen Rückstand nur als Aufforderung sahen, die restlichen Minuten wirklich bis zum Umfallen zu kämpfen.

Olympiasieger zu werden, diese Chance bekommt man nur einmal im Leben. Vielleicht hatte ich das Glück, dass ich in einem Team von Kämpfern stand. Okocha, Kanu, Oliseh ... alles Charaktere mit einem Kämpferherzen. Doch unsere Gegner waren nicht weniger beherzt als wir. Im Viertelfinale mussten wir gegen Ghana mal wieder einem Rückstand hinterherlaufen. 3:2 endete diese packende Begegnung für uns. Im Halbfinale gegen Brasilien lagen wir sogar schon mit 1:3 hoffnungslos zurück, um uns dann noch einmal an unser großes Ziel zu erinnern. Ich habe selten ein Spiel erlebt, in dem der Wille zu gewinnen so stark war, dass man uns trotz des Rückstandes beinahe bremsen musste. Wahrscheinlich hätten wir an diesem Tag auch ein 0:5 aufgeholt. Mit einem Golden Goal schlugen wir den Turnierfavoriten Brasilien mit 4:3 und standen im Endspiel.

Nach dem Spiel waren wir so ausgelaugt, dass wir kaum noch die Kraft hatten, uns über die Finalteilnahme gegen Argentinien zu freuen. Das Finale im ausverkauften Stadion war ein einziges ohrenbetäubendes Gänsehautgefühl. Als unsere Nationalhymne gespielt wurde, schossen mir so viele Gedanken durch den Kopf.

Zu Hause in Nigeria war das ganze Land auf die größte Fete seit Jahrzehnten vorbereitet, alle waren so gespannt, ob wir tatsächlich die Goldmedaille mit nach Hause bringen würden. Natürlich wollten wir unser Volk nicht enttäuschen, doch als wir mal wieder in Rückstand gerieten, war das fast schon

Die frommen „Super Eagles" kurz vor dem Anpfiff

West

von A bis Z

ANGST
Gott hat uns nicht einen Geist der Angst gegeben, sondern der Liebe und Kraft

BÜCHER
Da ich Pastor bin, muss ich natürlich jede Menge lesen, auch Biografien

COMEDY
Bill Cosby und Will Smith, die muss man einfach lieben

DAMALS
War ich ein Ungläubiger, doch ich wurde gerettet. Kann man nachlesen in Matthäus 16, 26

ELTERN
Ich liebe meine Eltern und danke Gott für sie

FREUNDE
Sind gut und sind schlecht

GESUNDHEIT
Ich bete, dass Gott mir Gesundheit für meinen Beruf gibt

HEIMAT
There is no place like home

IDOLE
Gullit, Koeman, Boli

JUGEND
Sehr viele schöne und harte Geschichten

KINO
Habe leider sehr wenig Zeit dafür, aber auch nicht so großes Interesse daran

LEIDENSCHAFT
Immer in Gottes Nähe zu sein, denn ohne Gott lebt man nicht richtig

MUSIK
Ich liebe afrikanische Musik wie Zaiko, aber auch Reggae

NIEMALS
No regrets – nichts bereuen

OFT
Viel zu oft bin ich am Telefon

PLÄNE
Ich arbeite an vielen Projekten für Gott, wie zum Beispiel meine Mailänder Gemeinde

QUALITÄT
Ist zu wissen, worum es im Leben eigentlich geht

RUHM
Ehre, wem Ehre gebührt

SCHWÄCHE
Der Mensch ist beschränkt

TRAUM
Da ich ein Kind Gottes bin, liegt das Beste noch vor mir

UNGERECHT
Die Welt ist voller Ungerechtigkeit, man muss dagegen anbeten

VERRÜCKT
Manchmal ist es gut, verrückt zu sein, weil ein Mann ohne Charakter verloren ist

WICHTIG
Man muß eine eigene Persönlichkeit entwickeln

X-X
Frauen sind toll, aber seit Gott sie schuf, hat er keine Pause mehr gehabt

YOGHURT
Banane

ZEUGNIS
Gut in Wirtschaft, jedoch schlecht in Mathematik

Routine. In einem wahren Fußball-Drama besiegten wir die Gauchos mit 3:2 und wurden Olympiasieger.

Unser Empfang in Lagos wenige Tage später sollte zu einem einzigen Triumphzug durch das Land werden. Die Menschen waren so stolz auf uns. Viele wirklich arme Menschen hatten für kurze Zeit vergessen, dass sie ein Leben weit unter dem Existenzminimum führten. Wir gaben ihnen für einige Momente ein Stück des olympischen Glanzes. Natürlich wird einem in solchen Momenten auch bewusst, wie privilegiert wir im Westen eigentlich sind. Wir leben hier ein Leben wie in einem Traum und vergessen dabei die Realitäten um uns herum.

Falsche Götter

Inzwischen spiele ich Fußball, um anderen Menschen helfen zu können, doch das war nicht immer so. Ich glaube, jeder Mensch braucht Situationen im Leben, die ihn aufwachen lassen. Die ihn merken lassen, was das „eigentliche" Leben ausmacht.

Mein naiver Traum vom Fußballprofi sollte in erster Linie mir dienen. Vielleicht noch meiner

Familie, aber alles andere interessierte mich lange Zeit nicht. Als Fußballer lebt man in einer Art rosa Blase, die nicht viel mit der Realität des Lebens zu tun hat. Man lebt und träumt so lange, bis man einen Menschen trifft, der es schafft, einen aus diesem Traum aufzuwecken.

Gott will uns Menschen zeigen, worauf es wirklich ankommt im Leben und was abgesehen von Punkten und Toren wirklich zählt. Und dabei benutzt er oft Menschen. Witzigerweise hat er ausgerechnet meine Schwester benutzt, um mir die Augen zu öffnen. Man muss dazu wissen, dass Frauen in Afrika nicht so viel zu melden haben. Aber dazu gleich mehr.

Mein Wechsel nach Mailand war das Sahnehäubchen auf meiner bisher traumhaften Karriere. Nach 4 erfolgreichen Jahren in Frankreich war ich zu einem der Lieblingsclubs meiner Kindheit, Inter Mailand, gewechselt. Als ich bei meinem ersten Training der Mannschaft vorgestellt wurde, realisierte ich erst richtig, in was für einem der Top-Team ich zukünftig spielen sollte. Leute wie Ronaldo, Vieri, Baggio usw. waren dabei, ein echtes Weltklasseteam!

In meiner Heimat wurde „Taribo West" spätestens nach unserem 3:0 Sieg im UEFA-Cup-Finale gegen Lazio Rom zum täglichen Topthema der Gazetten. Und ich musste bemerken, wie groß doch der Unterschied zwischen Auxerre und Mailand ist, wenn es um friedliches Arbeiten geht. In Mailand hast du schon eine Schlagzeile, wenn dein Akku im Handy leer ist – man ist hier nicht nur Fußballer, sondern gleich Superstar. Das macht es einem natürlich nicht gerade leicht, auf dem Boden der Realität zu bleiben. Aber Gott würde sich in einer sehr kuriosen Art und Weise darum kümmern, dass ich nicht zum arroganten Fußballschnösel werden sollte ...

Eines Tages hatte er die verblüffende Idee, mir ausgerechnet meine Schwester „vorbeizuschicken". Sie hatte angerufen, dass sie mich besuchen wolle, und schwupps, schon stand sie vor der Tür. „Du musst ja sehr stark sein, um in einer solchen Bude wohnen zu können!", begann sie, nachdem sie erst mal meine neue Wohnung bestaunt hatte. Ngozi war Pastorin und sie hatte ein ganz feines Gespür für metaphysische Geschehnisse. Ich hatte keine Ahnung, wovon sie sprach. „Gefällt dir mein Haus nicht?", fragte ich sie. Sie sah mich mit einem sehr besorgten Blick an und schüttelte dabei den Kopf. Es dauerte eine ganze Weile, bis sie mir antwortete, und mir schien, als ob sie sich die richtigen Worte dafür überlegen würde. „Nein, es ist wunderschön! Doch dein Haus ist total besessen von rituellen Dingen, ich kann es regelrecht spüren." Rumms, das hatte gesessen. So etwas hatte mir zuvor noch nie jemand gesagt und nur weil sie nun mal meine Schwester war, warf ich sie nicht direkt aus dem Haus. Ich spürte, wie mir das Blut in den Kopf stieg und ich muss wohl eine ganze Weile lang einfach nur dagestanden haben. Tausend Gedanken schossen mir dabei durch den Kopf. Wie konnte sie das meinen, wieso war hier irgend etwas besessen?

Sie versuchte mir zu erklären, warum sie dieses merkwürdige Gefühl hatte, und fragte, ob ich hier manchmal rituelle Praktiken durchführte. Klar, ich war wie jeder andere Fußballer total abergläubisch und hatte hier und da ein paar Glücksbringer, Amulette und Gebetssteine. Aber das war doch normal. Je mehr sie mir ihren Eindruck schilderte und von religiösen Kräften sprach, desto besser begriff ich, was sie damit meinen könnte. Ich hatte mich auf mancherlei okkulte Energien eingelassen, ohne wirklich zu wissen, was es damit auf sich hatte. Ich zündete immer vor den Spielen eine Kerze an und betete mit einem angeblich magischen Stein, den mir einmal jemand aus Israel mitgebracht hatte.

Sie erklärte mir, dass es verschiedene Kraft-

quellen gäbe, an die man sich wenden konnte. Nicht jede religiöse Handlung und jedes Gebet würden sich automatisch an Gott richten. Mir war nie bewusst gewesen, dass ich durch meine Art, die Heiligen und Gott zu beschwören, tatsächlich einen okkulten Aberglauben betrieb.

Doch es sollte noch schlimmer kommen. Sie versuchte mir klar zu machen, dass ich durch meinen Aberglauben bestimmte Geister in mein Haus eingeladen hatte. Die berühmten „Geister, die ich rief", die man dann nicht mehr losbekommt. „Ich habe einen weißen und einen schwarzen Hund gesehen", sagte sie zu mir. In diesem Moment war ich heilfroh, dass ich zum Training musste. Das war alles eine Nummer zu heftig für mich! Wenn es irgendein Mensch gewesen wäre, der mir so etwas erzählte, hätte ich lauthals gelacht und ihn für verrückt erklärt. Aber das Schlimme daran war, dass es meine liebe Schwester war, die ich sehr schätzte und für absolut normal hielt. Dazu noch war sie Pastorin und wusste genau, wovon sie sprach.

Als ich zum Training fuhr, wusste ich nicht, wo mir der Kopf stand. Auf der einen Seite war ich total irritiert und hatte keine Ahnung, was ich tun sollte. Auf der anderen Seite war ich froh, dass sie so ehrlich gewesen war. Denn wenn es wirklich stimmte, dass ich auf dem besten Wege war, mit dunklen Mächten in Kontakt zu kommen, war es an der Zeit, damit aufzuräumen.

Als ich zurückkam, war meine Schwester gerade von ihrem Mittagsschlaf aufgewacht. Ich war gespannt, was sie mir raten würde, doch erst mal erzählt sie mir von ihrem Traum, den sie gerade gehabt hatte. Sie träumte davon, wie jemand versucht hatte, sie in diesem Haus mit einem Seil langsam umzubringen. Ihr bleiches Gesicht ließ mich ahnen, wie intensiv der Traum gewesen sein musste. „Lass uns sofort beten", sagte sie nur. Wir senkten unsere Köpfe und beteten zu Gott. Ich war nie ein großer Beter gewesen, aber in diesem Moment wusste ich, dass es das Beste wäre, Gott um Schutz zu bitten. Während meine Schwester Gott darum bat, alles Dunkle aus meinem Leben wegzunehmen und mir seine Freude zu geben, spürte ich ganz langsam ein warmes Gefühl in mir aufsteigen.

Es war, als ob sich eine Last in mir lösen würde. Doch dann traute ich meinen Ohren nicht. Ich hörte plötzlich, wie in der Küche die Tür ständig auf und zu ging, wie sich im Wohnzimmer die Schranktüren öffneten und schlossen! Ich traute mich nicht, den Kopf zu heben. „Es könnte ja auch der Wind sein", dachte ich, doch in diesem Moment begannen plötzlich alle Türen gleichzeitig wie wild zu schlagen. Ich konnte es echt nicht fassen! Was ich da sah, war wie in einem schlechten Film, doch das hier war die Realität.

Meine Schwester schien davon nicht sonderlich beeindruckt, so, als ob sie mit dieser Reaktion gerechnet hatte. Während sie immer weiter zu Gott betete und ihn bat, diese Geister zu vertreiben, verstummten die Geräusche so plötzlich, wie sie gekommen waren. Es war wieder still. Und irgendetwas schien sich im Raum tatsächlich verändert zu haben. Ich spürte auf einmal Gottes Kraft wie noch nie zuvor in meinem Leben. Es war, als ob er plötzlich in meinem Herzen war, mit all seiner Liebe. Ein tiefer Friede, der mich wie ein warmer Strom durchfloss. Ein Gefühl, wie neu geboren zu werden.

„Du wirst Pastor", sagte, sie zu mir. Und ich wunderte mich in diesem Moment noch nicht einmal mehr über ihre Aussage. Nach dem, was ich eben mit eigenen Augen gesehen hatte, konnte ich nicht mehr daran zweifeln, dass Gott existierte und einen Plan für mich hatte. Wenn er wollte, dass ich Pastor wurde, dann würde er schon wissen warum.

Beruf und Berufung

Von diesem Tag an hat sich mein Leben um 180 Grad gedreht. Ich habe zum ersten Mal begriffen, wie sehr Gott die Menschen wirklich liebt und dass er sogar seinen Sohn Jesus sterben ließ, damit wir Sünder Vergebung erleben können.

Meine Schwester hatte absolut recht, ich sollte Pastor werden, um den Menschen mehr von Gottes Liebe zu erzählen. Also fing ich an, die

Bibel zu lesen. Klar, ich hatte auch schon vorher eine Bibel, wie wahrscheinlich die meisten Menschen. Aber ich hatte so gut wie nie darin gelesen, wie sollte ich also etwas über diesen Gott wissen können? Ich verschlang die Bibel regelrecht und war total fasziniert davon, wie viel gute und weise Dinge man darin entdecken konnte. Ich wollte mehr von diesem Gott kennen lernen, der mich mein Leben lang begleitet hatte, ohne dass ich es wusste.

Wenn ich nach dem Training früher meist Stunden vor der Glotze verödet hatte, so waren es nun fromme Bücher, die ich bis tief in die Nacht hinein las. Geschichten von Menschen, die viele unglaubliche Dinge mit Gott erlebt hatten. Biografien über Christen, die durch außergewöhnliche Taten zu Vorbildern für viele wurden. Ich werde heute noch unheimlich inspiriert durch solche Berichte von „Glaubenshelden" und möchte genauso viel Gutes für Menschen tun wie sie. „Gott will, dass allen Menschen geholfen werde und sie zur Erkenntnis der Wahrheit kommen." Das steht in 1. Timotheus 2,4. Ich hatte selbst erlebt, wie ich durch Gottes Liebe ein anderer Mensch wurde.

Nachdem mir meine Schwester die Augen für Gott geöffnet hatte, warf ich den ganzen Aberglauben über Bord und hielt mich allein an der Liebe Jesu fest. Erst ab diesem Moment wusste ich, was „frei sein" wirklich bedeutet. Von diesem

„Preach it" Taribo

Glück wollte ich den Menschen erzählen und ich glaube, viele meiner Mitspieler bei Inter Mailand bemerkten, dass ich nun mit Gott lebte, auch wenn ich kein Wort gesagt hatte. Man muss es dir in deinem Leben und Alltag auch ansehen können, dass du Gottes Liebe gefunden hast. Wenn dir einer die tollsten Dinge von Gott erzählt, aber dabei einen völlig tristen Eindruck macht, dann fragt man sich schon, ob er wirklich von Gottes Liebe und Freude erfüllt ist oder nur einer komischen Theorie nachhängt. Natürlich macht man auch als Christ, Fehler und ich mache auch als Pastor bis heute jede Menge Fehler. Aber ich weiß, dass Gott mir meine Schuld vergibt , wenn ich es wirklich bereue und nicht mit seiner Vergebung spiele (1. Johannes 1, 9). Manchmal sind auch Spieler aus meiner Mannschaft auf mich zugekommen und haben sich mit mir lange über den Glauben an Jesus unterhalten. Mit Roberto Baggio und

Wests Dreamteam

Christian Vieri hab ich lange Gespräche über Gottes Liebe geführt. Aber auch mit wildfremden Menschen auf der Straße. Je länger ich nun als Christ lebe, desto mehr genieße ich es, meinen neuen Job auszuüben. Natürlich gibt es keinen Pastor ohne Gemeinde, doch Gott hatte einen ganz originellen Weg mit mir vor ...

Einmal kam eine arbeitslose, völlig verzweifelte Frau zu mir und fragte mich, ob ich ihr bei der Jobsuche einen Tipp geben könnte. Aus dem Tipp wurde meine allererste Predigt, denn ich erzählte ihr, dass sie keine Angst zu haben bräuchte, wenn sie Gott vertrauen würde. Natürlich verschaffte ich ihr auch einen neuen Job, denn allein von meiner Predigt würde sie ja nicht satt werden.

Manchmal saß ich mit mehreren Bekannten und Freunden zusammen und erzählte ihnen Geschichten aus der Bibel. Für viele war es absolutes Neuland, und sie waren erstaunt darüber, wie wenig sie eigentlich über Gott wussten, obwohl sie sogar zum Teil katholisch erzogen worden waren. So trafen wir uns immer regelmäßiger mit

Gute Stimmung in Taribo Wests Gemeinde „Shelter in the Storm" in Mailand

immer mehr Leuten. Manchmal sprach ich auch bedürftige Menschen auf der Straße an und versuchte ihnen in ihrer Situation zu helfen. Auch sie lud ich dann zu meinen ersten Predigten zu mir nach Hause ein. Jeden Dienstag saßen wir also zusammen, hatten uns zuvor bei McDonalds mit „gesundem Essen" eingedeckt und diskutierten über den Glauben an Gott. Je öfter wir uns trafen, desto mehr Leute kamen zu unserem Hausgottesdienst, sodass wir schon nach einigen Monaten in einen Hotelsaal umziehen mussten, den ich extra dafür mietete. Es war eine richtig fröhliche kleine Gemeinde, die sich nun regelmäßig traf. Fast schon eine Art Familie. Es wurde gesungen, gegessen, gebetet und viel gelacht, so wie man eben einen echten Gottesdienst feiert.

Dreißig bis vierzig Menschen kamen mit der Zeit zusammen, und es spielte hier auch keine Rolle, wer man war. Ob Welt-Fußballer wie Georg Weah vom Lokalrivalen AC Milan oder der Penner von der Straße – die Berufssparte interessierte nicht. Einmal sprach ich auf der Straße Prostituierte an, und auch sie kamen in unseren Hotelgottesdienst. Manche gaben ihr Leben auf der Straße auf und wurden Christen, sie wurden von ihren Verletzungen geheilt und begannen ein neues Leben. Wenn ich an meinem freien Tag nach Mailand fliege, um dort zu predigen, dann sind es schon bis zu 400 Menschen, die unsere Gemeinde besuchen. Und es scheinen immer mehr zu werden. Das Wort Gottes ist eine Kraft, die verändert. Genau darum geht es in unserem Leben.

Was wirklich zählt

Wir Menschen sehnen uns nach Veränderung und Liebe. Was bringt es dir, wenn du Erfolg hast im Leben, aber dabei im Herzen unglücklich und leer bist? Ich treffe immer mehr Fußballer, die gerade das erkennen. Die drei Punkte und das Tor am Wochenende machen dich nicht wirklich glücklich. Und für manche Fans sind wir die am meisten zu beneidenden Menschen dieser Welt. Aber ich würde den Menschen am meisten beneiden, der den auferstandenen Jesus Christus an seiner Seite weiß.

Gott, den Schöpfer der Welt, als besten Freund zu haben, ist noch viel faszinierender, als mit Maldini in der Viererkette zu spielen. In den Psalmen heißt es, dass Gott uns den richtigen Weg zeigen will und dass er uns sogar mit seinen Augen leiten will (Psalm 32,8). Ich glaube, dass Gott für jeden Menschen einen guten Plan hat. Er will unser Glück, doch müssen wir auch lernen, seine Stimme in unserem Herzen zu hören.

Und das ist manchmal gar nicht so einfach. Der Wechsel nach Kaiserslautern war eine recht kurze Episode meiner Laufbahn. Hier holte mich meine Vergangenheit wieder ein. Trainer Andy Brehme war immer eines meiner sportlichen Vorbilder gewesen, vor allem während seiner Zeit bei Inter Mailand. In Kaiserslautern habe ich viele gute Gespräche mit interessierten Menschen gehabt, die mich immer wieder gefragt haben, was es denn mit dem Glauben an Jesus eigentlich auf sich hat. Ich glaube, dass es sich schon allein dafür gelohnt hat, in die Bundesliga zu wechseln. Ich bin gespannt, wohin Gott mich in den nächsten Jahren führen wird – eines ist jedoch sicher: Nach meiner Fußball-Karriere werde ich mich zu 100 Prozent um meine Gemeinde in Mailand kümmern und ein Leben als Pastor beginnen.

Faszination Fußball

Beinahe wäre ich auch in den Brunnen am Marktplatz gesprungen. Unsere kleine Stadt stand Kopf. Ich erinnere mich noch sehr gut an diesen Abend des 8. Juli 1990. Wir waren Weltmeister geworden. Wir!

Als wenige Minuten nach Brehmes Elfmeter der Abpfiff erfolgte, sprinteten meine Freunde und ich wie auf Kommando zum Auto, um laut johlend und hupend in die Innenstadt zu fahren. Ich habe mich damals sehr über diesen langen, dröhnenden Stau mit fahnenschwenkenden Menschen auf den Autodächern gewundert. Wie konnte es sein, dass quasi jeder der 10.000 Einwohner auf den Beinen war und sich selbst der ruhigste Zeitgenosse plötzlich zum wilden Fußballfan bekehrt hatte?

Längst war der Brunnen voller planschender, willenloser Bürger, und so feierten wir die ganze Nacht durch eine der schönsten Partys aller Zeiten. Keine Kneipe machte dicht, und die Feierei schien von Stunde zu Stunde ekstatischer zu werden.

Als wir später im Fernsehen die Bilder aus den Großstädten sahen, begriff ich zum ersten Mal, was der Fußball eigentlich bedeutet. Kein anderes Ereignis schafft es, solche Massen, ein ganzes Volk, in einen verzückten Jubeltanz zu versetzen. Kein Politiker, keine Rockband, niemand bringt die Menschen so zum Feiern und Singen. Aber warum ist das so? Warum schauen sich 2 Milliarden Menschen auf der Welt gleichzeitig irgendein Rasen-Spiel an, bei dem 22 Mann einem Ball hinterherlaufen? Was ist es, das sie völlig gebannt vor dem Fernseher auf den bestimmten Schuss warten lässt? Warum umarmen sich wildfremde Menschen an einem lauen

Brehmes Jubel im WM-Finale gegen Argentinien

Toni Polster will den Fußball-Gott gnädig stimmen

Sommerabend auf offener Straße, als wäre es die Millenniums-Nacht oder ihr Hochzeitstag? Menschen, die zum größten Teil noch nicht einmal Fußballfans sind. Vielleicht outen sie ja gerade in solch seltenen Momenten ihre wahren Sehnsüchte. Vielleicht wollen sie wild feiernd zeigen, wie sehr sie das Gemeinschaftliche vermissen und sich nach dem großen Ganzen sehnen, das alle vereint?
Wie ein Rudel Wölfe, die nachts gemeinsam die große leuchtende Kugel am Himmel anheulen, wollen sie sein. Die Sehnsucht nach etwas Höherem als ihrem täglichen Einerlei lässt sie für einen Moment alle Hemmungen abwerfen. Die Sehnsucht nach einem anhaltenden Glück.

Doch gibt es ein Leben nach der WM, fragt man sich als Fußballfan, wenn die rauschende Siegesfeier wieder der unerträglichen Stille weichen muss? „Ob ich die nächste WM überhaupt noch erleben werde?" Manchmal erscheinen einem die folgenden vier Jahre doch unendlich lang. Und in diesem Moment entsteht die Fußballsucht. Man geht Woche für Woche dem „Kick" nach, ob vor dem Fernseher oder im Stadion, und man wartet auf den Goldenen Schuss. Warten und hoffen, schließlich ist ja gerade das das Geheimnis des Fußballs: Man kommt immer wieder, weil man vorher nie weiß, was diesmal passieren wird. Und man wartet auf dieses eine ganz bestimmte, legendäre Spiel. Und Fußballfans können geduldig sein! Sie warten Wochen und Monate, manchmal Jahre, um dieses gemeinschaftliche Glück beim unglaublichen 5:4-Sieg im Derby noch einmal schmecken zu dürfen. „Keine Macht den Drogen", heißt die Parole, dabei sind wir Fußballfans alle abhängig von diesem „Stoff". Ersatzbefriedigung, würden Psychologen lieblos analysieren. Ich würde es eher als Leidenschaft bezeichnen, wenn Fans die letzten Kröten für ein Ticket

„Abfeiern in Rom" mit Litty, Andy und Loddar

ihrer Mannschaft hergeben, nur um wieder einmal durch ein frustrierendes 0:2 im Heimspiel das ganze Wochenende versaut zu bekommen. Der Fußball schafft Leiden ...

Doch Fußballfans sind allesamt strenggläubig, und so kommen sie wieder. Immer wieder, da sie den Glauben an das Große, an das Unberechenbare nicht aufgegeben haben. Nach dem Spiel ist vor dem Spiel – nur drei Tage Frust, bis am Mittwochabend schon wieder das nächste Match steigt. Die Chance, wieder alles gut zu machen. Das Rückspiel testet die Bußfertigkeit der Sünder. „Religion ist das Opium des Volkes." Was hätte Karl Marx wohl zu Sepp Herberger gesagt, als er 1954 die jubelnden Massen in den Straßen Deutschlands sah? „Fußball ist Religion"?

Zumindest ist der Fußball endlich. Er ist ein Spiel mit Zahlen und Regeln. Ein 1:0 genügte, um die WM 90 zu gewinnen. 90 Minuten hat man Zeit dazu. Der kluge Willy Millowitsch, der zu Köln gehörte wie der Geißbock zum FC, wurde 90 Jahre alt. „Mensch, bedenke, dass du sterben musst, damit du klug werdest", heißt es in Psalm 90. Doch was kommt danach?

Wir werden geboren, um zu sterben, der Schlusspfiff folgt dem Anstoß unweigerlich. Das macht den Fußball so ernsthaft, obwohl er eigentlich nur ein Spiel sein sollte. Aus und vorbei. Gewinner und Verlierer, wie im richtigen Leben. Der Spaß gegen den Ernst. Doch wenn es um so viel geht, warum sollen nicht auch im Fußball höhere Mächte beschworen werden? Franz, die Lichtgestalt, ging vor dem Klassiker gegen Holland einst mit dem kompletten DFB-Team zur Messe. Worüber wurde dort mit Gott gesprochen? Waren Rijkaard und seine Bande nicht auch in dieser

Die Kapelle der „Arena auf Schalke" wird eingeweiht

holländischen Messe bei Pastor Jongbloed? Wo wir Deutschen Glückspfennige verbuddeln und daran glauben wie Kinder an den Osterhasen, da sitzen in Brasilien die Fans ernsthaft mit Voodoo-Puppen ihrer Gegner auf der Tribüne und sprechen Flüche aus. Hier ist Fußball längst nicht mehr nur ein Spiel.

Als Brasilien 1950 das WM-Finale (entscheidendes Gruppenspiel) in Rio de Janeiro mit 2:1 gegen Uruguay verliert, versinken 200.000 Zuschauer im Maracanã-Stadion und eine ganze Nation in Trauer. Über 30 Menschen bringen sich an diesem Tag um. Acht Jahre später wird Brasilien dann doch Weltmeister und das Volk erhält einen neuen Nationalfeiertag, um sich ewig an diesen Tag zu erinnern. Ein ganzes Volk im Rausch der Sinne. Der Fußball wird gefeiert, aber warum sagt man eigentlich „Gottesdienst feiern?" Dabei ist die Stimmung in Kirchen doch oft alles andere als feierlich. „Kommt, feiert Jesus", lautete einmal der Slogan einer christlichen Jugend-Bewegung. Doch kann man Gott so feiern und sich über ihn so freuen wie über den Sieg bei einer Fußball-WM? Würde er frenetische Sprechchöre akzeptieren? Und was ist, wenn der Mensch sich bei all den irdischen Vergnügen insgeheim nach seinem Schöpfer sehnt – und es am Ende gar nicht weiß?

Zé Roberto – der Zauberer

Ästhetik" steht laut Wörterbuch für „Schönheitslehre" oder das stilvoll Schöne. Im Fußball steht es für José Roberto da Silva, genannt „Zé Roberto". Wenn Ihre Frau das Ballett oder die Oper liebt und Sie sie zum Fußball bekehren möchten, dann nehmen Sie sie einen Nachmittag mit in die Bay-Arena, um ihr die „Prima Ballerina" der Fußball-Bundesliga zu zeigen. So wie man die Bananenflanke einst Manfred Kaltz zuschrieb, können Sie ihr erklären, warum man im Fußball davon spricht, einen Gegner völlig schwindlig zu spielen, und damit gleichzeitig für einen hohen Absatz der Produkte des Sponsors beiträgt. Wenn Zé Roberto zu seinen Dribblings auf der linken Außenbahn ansetzt, sollte sie ihr Opernglas hochnehmen, um die Schnörkel, Pirouetten, Übersteiger und verdutzten Gesichter der Gegenspieler hautnah zu erleben.

Der „ballverliebte Virtuose", wie ihn der „Kicker" jüngst bezeichnete, ist nicht nur der beste Torvorbereiter der Bundesliga, sondern auch der mit Abstand beste offensive Außenspieler. Er sucht den Zweikampf, der nicht wie Kampf, sondern wie ein Tanz anmutet, um sich Fred-Astaire-like bis zur Torlinie durchzusteppen. Seine Flanken landen präzise auf dankbaren Köpfen, die ihm, den Ball versen-

Ulf Kirsten küsst Roberto den großen Zé

Gipfeltreffen mit Michael Owen

kend, lobend zunicken. Ein Ästhet, der den schnöden Fußball in die Kunst des „BALLets" hineintanzt. Zé Roberto ist natürlich Brasilianer, wen wundert's bei dieser Beschreibung. Aufgewachsen in den ärmlichen Slums von São Paulo, mit fünf Geschwistern und einem ständigen Kampf ums Überleben.

Schuhe zum Kicken auf der Straße gibt es genauso wenig wie einen Job für den Vater. Seine Mutter hat größte Schwierigkeiten, die Familie zu ernähren, und nimmt jede kleine Tätigkeit an, um wenigstens für genug Essen sorgen zu können. Als eines Tages der Vater plötzlich die Familie verlässt und verschwindet, beginnt die erstaunliche Geschichte von José, dem kleinen Jungen aus São Paulo.

Steckbrief

José Roberto da Silva
Geboren am 6. Juli 1974 in Ipiranga
Verheiratet mit Luciana
Sohn Endrik

Vereine

Portuguesa São Paulo
Real Madrid
Flamengo Rio de Janeiro
Bayer 04 Leverkusen

Erfolge

Vizeweltmeister 1998 mit Brasilien
Spanischer Meister 1997 mit Real Madrid
Supercup-Sieger 1997 mit Real Madrid

Kindheit

Ich kann mich an diesen schrecklichen Tag noch genau erinnern: Ich war gerade vom Fußball nach Hause gekommen und lief in die Küche, um mir etwas zu trinken zu holen. Meine Mutter saß auf einem Hocker und weinte mal wieder, weil es Krach mit meinem Vater gab.

Die Favelas von São Paulo waren unser Zuhause. Sicher können sich viele Fußballfans gar nicht vorstellen, dass hoch bezahlte Fußballer aus so armen Gegenden kommen, aber die ersten Jahre meines Lebens waren tatsächlich ein Kampf ums tägliche Brot.

Wir waren zu Hause zu siebt, unsere Wohnung war ziemlich mickrig, und wir hatten noch nicht einmal genug zum Essen im Haus. Wenn wir Kinder einmal etwas Süßes wollten, haben wir uns die Bonbons einfach mit Zucker in der Pfanne selbst gemacht. An unserer Haustür lehnte immer eine alte Gasflasche, weil wir uns kein Schloss leisten konnten.

Geld für Fußballschuhe gab es natürlich auch nicht, und so wurde ich schon recht früh zum echten Barfuß-Kicker mit Ballgefühl. Und wenn ich einmal Schuhe hatte, waren sie meistens vom Vorgänger total ausgelatscht und viel zu groß.

Meine Mutter war immer noch am Weinen. Erst als ich sie nach dem Grund fragte, verstand ich langsam, was passiert war. Mein Vater hatte sich an diesem Tag entschlossen, uns zu verlassen. Ich war gerade mal 10 Jahre alt. Für unsere Familie war das damals ein großer Schock, und es hat bei uns allen einen ziemlichen Knacks hinterlassen. Meine Mutter musste uns von nun an allein versorgen, und so passierte das, was in den Favelas an der Tagesordnung ist: Ich begann zu klauen.

Am Anfang war es natürlich harmlos – hier und da mal was zum Essen, Orangen und Kekse und eben alles, was gut in die kleine Hosentasche passte. Und dann hieß es: Gas geben, um von der Bildfläche zu verschwinden. Meine Schnelligkeit auf dem Platz habe ich wahrscheinlich noch aus dieser „Sprinter-Zeit".

Drogen und Tod

Da wir alle kein Taschengeld bekamen, mussten wir uns immer etwas einfallen lassen, um uns wenigstens Kleinigkeiten zu gönnen. Ich war in einer Clique von 5 Jungs. Eigentlich trafen wir uns immer schon frühmorgens zum Fußballspielen und kamen erst abends völlig erledigt, aber glücklich nach Hause. Je älter wir wurden, desto mehr Blödsinn hatten wir in unseren Köpfen. Drei Jungs begannen irgendwann mit billigen Drogen. In den Favelas schnüffelt man Klebstoff, um high zu werden, aber bei meinen Kumpels wurde es schon bald viel mehr.

Eines Tages gerieten zwei meiner Freunde durch einen Drogen-Dealer an die falschen Leute und rutschten so immer tiefer in die Drogenszene. Wenig später musste ich eine der schrecklichsten Erfahrungen meines Lebens machen. Meine Freunde wurden alle beide von der Polizei erschossen. Ihre Namen waren Lica und Mazola.

Meine Mutter Maria Andrezina hat mir in dieser Zeit sehr geholfen. Sie hat mich getröstet, mir aber auch klargemacht, was für eine Zukunft ich in einem solchen Umfeld zu erwarten hätte. Sie war es, die mich in dieser Zeit immer wieder zum Bolzplatz geschickt hat und mir sagte, dass ich dort besser aufgehoben wäre als auf der Straße. Wie recht sie doch behalten sollte!

Ich habe damals entschieden, mich von nun an von Drogen und Kriminellen fernzuhalten, und das war meine erste gute Entscheidung als kleiner Junge. Wenn ich heute nach Brasilien zurückkomme, treffe ich immer noch meine alten Freunde von früher. Die Lebensumstände haben sich für sie nicht verändert, und so versuche ich, ihnen zu helfen.

Gott überrascht

Meine Mutter arbeitete damals als Krankenschwester und zusätzlich noch in einem Altenheim. Aber trotz ihrer beiden harten Jobs schaffte sie es gerade so, uns 5 Kinder zu ernähren. Es war alles immer sehr knapp, und an eine gute Schulausbildung oder ein Studium war gar nicht zu denken. Irgendwann wusste sie nicht mehr weiter und machte sich auf die Suche nach Hilfe. Nachdem sie vergebens an verschiedenen Stellen um Unterstützung gebeten hatte, besuchte sie sogar eine japanische Kirche, von der sich später herausstellen sollte, dass es eine Sekte war.

Immer wieder ging sie durch die Straßen auf der Suche nach Hilfe für unsere Familie. Eines Tages ist etwas sehr Außergewöhnliches passiert. Meine Mutter war nach langer Zeit mal wieder in eine Kirche gegangen, um sich für einen Moment zu besinnen. Als sie nach Hause kam, schien sie irgendwie verändert zu sein. Soweit wir Kinder das verstehen konnten, erzählte sie uns von einer merkwürdigen Begegnung mit Gott, die sie dort gemacht hatte. Sie sprach von Gottes Liebe für uns, und dass wir jetzt alle auf Jesus vertrauen sollten.

Natürlich haben wir das damals nicht so ganz begriffen. In Brasilien sind die Menschen alle sehr spirituell und erzählen auch sehr oft von irgendwelchen Geistererfahrungen. Aber bei meiner Mutter schien das etwas Anderes zu sein.Denn von diesem Zeitpunkt an beobachtete ich sie sehr genau. Vor diesem komischen Erlebnis war sie immer wieder sehr verzweifelt gewesen und hatte Angst, dass sie es ohne unseren Vater nicht schaffen würde, und sie tat mir dabei sehr Leid. Doch in den folgenden Tagen konnte ich bei ihr sehen, wie der Glaube an diesen Jesus ihr Leben scheinbar wirklich veränderte. Sie wurde auf einmal viel ruhiger und gelassener, und der Glaube schien ihr Kraft zu geben, für uns fünf Kinder noch hingebungsvoller zu sorgen. Es wirkte beinahe, als ob irgend jemand auf unsere Familie aufpassen würde, denn einige Dinge liefen von nun an besser für uns.

Wenn ich anfangs auch sehr skeptisch war, bin ich, je mehr ich sah, wie glücklich meine Mutter

Zé Robertos Top 3

Schauspieler
① Jo Soares (Talkmaster)

Urlaubsländer
① Brasilien
② Spanien
③ Paris

Essen
① Reis
② Schwarze Bohnen
③ Nudeln

Autos
① Mercedes CL 500
② Jeep
③ Porsche

Bibelverse
① Philipper 4, 13
② Lukas 4, 1–13
③ Daniel 6, 16–28

Filme
① Bibelverfilmung von Josef
② Gladiator
③ Der Prinz von Bel Air

Trainer
① Telé Santana
② Alex Ferguson

Legendäre Spiele
① WM 1998 Brasilien - Holland 4:2 (n.Elfm.)
② Brasilien – Bolivien (WM Quali); 3:1, ein Tor von mir
③ Super Copa España Real Madrid – FC Barcelona 4:2

Musiker
① Mano Thutao
② 2pac Shakur
③ Aline Barros

Stadien
① Nou Camp
② Morumbi (FC Sao Paulo)
③ Maracanã

Internet
① www.casabrasil.de
② www.folhauniversal.com.br
③ www.jesus.de/sport

auf einmal war, sehr neugierig geworden, was es denn mit diesem Jesus auf sich hat. Bis zu diesem Moment hatte ich mit Gott nie etwas am Hut gehabt. Also fing ich dann eines Tages einfach damit an, in der Bibel zu lesen – ich hätte ja vorher nie gedacht, wie spannend das war! Ich habe darin entdeckt, dass Gott nicht nur unser Vater sein will – der Vater, den ich nicht hatte –, sondern dass er etwas Besonderes mit meinem Leben vorhat. Mir wurde klar, dass ich bei Gott Kind sein darf und er als liebender Vater immer für mich da ist. Er möchte nicht, dass ich irgendwelche Formeln zu ihm spreche, sondern ich kann ihm einfach alles erzählen, was ich auf dem Herzen habe, wie einem besten Freund. Ich war in meiner Jugend immer sehr besorgt um unsere Mutter gewesen und machte mir viele Gedanken um die Probleme, die wir hatten, doch je mehr ich über Gott nachdachte, desto leichter wurde mir ums Herz. So habe ich also angefangen, mit Gott zu reden, nicht nur, wenn es mir schlecht ging, sondern auch in guten Zeiten, um ihm für so viel Schönes im Leben zu danken.

Erinnerungen

Denn bei aller Armut, mit der wir damals zu kämpfen hatten, danke ich Gott auch heute noch für eine schöne Kindheit voller verrückter Geschichten. Ich erinnere mich an viele tolle Tage mit meinen Geschwistern und Freunden. Natürlich war damals immer irgendein fußballartiger Gegenstand mit dabei.

Mein ältester Bruder Robson – ich war von 5 Geschwistern der Zweitjüngste – war ein sehr cleverer Bursche. Er organisierte oft irgendwelche Spiele mit unserer Mannschaft gegen eine Auswahl eines benachbarten Stadtviertels. Was wir alle nicht wussten war, dass er dabei immer mit dem Wortführer der anderen Partei auf unseren Sieg wettete. So war ich also, ohne es zu ahnen, schon sehr früh ein Spieler, der mit Fußball Geld verdiente. Wenn auch nur für meinen Bruder, denn unsere Mannschaft gewann eigentlich fast immer. Es hat dann auch Jahre gedauert, bis das damals aufgeflogen ist, und wir hatten uns immer gewundert, warum mein Bruder immer so viel Geld besaß, dieser Schurke.

Bevor ich abends in die Schule ging, habe ich tagsüber oft in einer Firma für Schreibmaschinen im Büro ausgeholfen. Schon als kleiner Steppke habe ich oft zu Gott gebetet, dass er mir dabei hilft, Fußballprofi zu werden, denn ich wollte meiner Mutter eines Tages helfen können.

Die Fußball-WM 1990 war ein absolutes Highlight für uns. Ich erinnere mich, dass wir an unseren Fenstern immer irgendwelche Tücher hängen hatten, denn unser alter Fernseher hatte so ein schwaches Bild. Wir hingen natürlich die ganzen Wochen mit großen Augen vor der Glotze, um Zico und Maradona und die anderen spielen zu sehen. So wie die wollten wir spielen können! Und im Tor wollte jeder Toni Schuhmacher mit der wilden 0Lockenfrisur sein. Heute ist er unser Torwarttrainer bei Bayer; wenn ich das damals schon gewusst hätte ...

Als Kind war ich eigentlich immer sehr ruhig, manche sagen sogar schüchtern, und so ge-

Zé Robertos „Schnipsel-Jagd"

José, Endrik und Luciana

noss ich es, stundenlang alleine mit meinem Drachen im heißen Wind zu spielen. Meine Augen waren vom vielen In-die-Sonne-gucken ständig entzündet, und ich hatte immer Schnittwunden in den Händen von der Drachen-Leine.

Abends sind wir oft auf Leuchtkäfer-Jagd gegangen. Wir fingen sie mit Gläsern ein und dachten, wir könnten damit eine Art Glühbirne erfinden. Mein Zimmer musste ich mir damals mit drei anderen Geschwistern teilen, aber ich war die meiste Zeit sowieso draußen zum Spielen. Mein kleiner Bruder Kiko war dabei fast immer mein treuer Begleiter. Manchmal gingen wir zusammen mit meinem Vater auf den Markt. Ich ärgerte Kiko oft hinter dem Rücken meines Vaters, sodass er es nicht mitbekommen konnte. Und wenn Klein-Kiko dann genervt schrie, hat er vom Papa sogar noch eine dafür gewatscht bekommen. Das traut man mir gar nicht zu, oder?

Diese Schlitzohrigkeit habe ich mir auf jeden Fall auf dem Platz behalten, und das war auch dringend nötig. Der Vater eines Freundes hat mich damals zu meinem ersten Training eingeladen. Und so wurden die Jugendmannschaften von Portuguesa São Paulo zu meiner ersten größeren Herausforderung, denn sie waren voller junger Talente. Ich wusste, dass ich meiner Familie nur dann helfen konnte, wenn ich es bis nach ganz oben, in die Profiliga, schaffte. Aber ich hatte auch immer wieder Angst, es nicht zu schaffen, schließlich kamen zu den Sichtungslehrgängen 1.000 Jugendliche zum Vorspielen. Davon wurden 25 ausgewählt, von denen wiederum nur sieben oder acht eine Chance bekamen, sich in der Jugendmannschaft zu beweisen. Ich war richtig glücklich, als man mir damals sagte, dass ich den Sprung in die Jugend geschafft hätte. Ein erster Schritt war getan.

Luciana

In dieser Phase begann auch mein Liebesleben, für das ich Gott ebenfalls danken möchte, denn er hat mir dadurch, dass ich meine erste Freundin geheiratet habe, sehr vieles erspart.

Als ich Luciana zum ersten Mal sah, war sie gerade mal 13 und ich 16. Ich sagte damals zu Kiko „Wenn die einmal groß ist, wird sie richtig hübsch sein." Sie wohnte in einem anderen Stadtteil von São Paulo, und ich denke gerne daran, wie wir, wenn ich etwas Geld hatte, zusammen in einen romantischen Kinofilm gegangen sind oder etwas Trinken – natürlich nur Saft; schließlich musste ich

Zé Roberto von A bis Z

ANGST
Niemals
BÜCHER
Bibel
COMEDY
Nicht nur, wenn man auf Platz 1 ist, hat man als Christ viel Grund zu lachen
DAMALS
Drachensteigen
ELTERN
Meine Mutter liebe ich sehr
FREUNDE
Wenige, aber dafür sehr wichtig
GESUNDHEIT
Ohne Gesundheit keine Arbeit
HEIMAT
São Paulo
IDOLE
Gott allein
JUGEND
Tolle Erinnerungen, die oft hoch kommen
KINO
Nur mit meiner Frau Luciana schön
LEIDENSCHAFT
Mein Sohn Endrik
MUSIK
Gospel-Musik immer vor dem Spiel
NIEMALS
Die schlechten Dinge wiederholen, die man einmal getan hat
OFT
Habe ich Heimweh und eine Sehnsucht nach meiner Kindheit, die zwar arm, aber glücklich war
PLÄNE
Gott kann alles tun, deswegen lege ich auch alles in seine Hand
QUALITÄT
Einem Menschen Gutes zu tun hat Qualität
RUHM
Matthäus 16, 26 sagt alles über Ruhm und die Konsequenzen
SCHWÄCHE
Einem Menschen, der Hilfe braucht, nicht helfen zu können, ist eine große Schwäche
TRAUM
Ein Kind zu haben ist für uns mit Endrik wahr geworden
UNGERECHT
Einen Unschuldigen zu verurteilen
VERRÜCKT
Menschen ohne Selbstkontrolle
WICHTIG
Korrekt zu sein und vor allem treu
X-X
Gut, aber schlecht
YOGHURT
Lecker zum Frühstück
ZEUGNIS
Mathe – Katastrophe

als angehender Sportler ja gesund leben. Ich habe damals, wenn ich sie mit meinem alten Käfer abholen kam, oft gedacht, dass ich zu arm für sie sei und so keine Chance bei ihr hätte. Aber echte Liebe sieht eben das Herz und nicht den äußeren Schein.

Aus Jose wird Zé Roberto

Drei Jahre lang spielte ich bei den Amateuren von Portuguesa und verdiente sogar schon ein bisschen Geld; nicht viel, aber immer noch mehr als das, was meine Mutter mit zwei Jobs verdiente. Als ich gerade 19 Jahre alt war, ging ich zusammen mit meiner Mutter, meiner ersten Managerin, zum Präsidium von Portuguesa São Paulo, um dort meinen ersten Vertrag zu unterschreiben.

Einige Monate davor war ich Christ geworden, und ich hatte mir vorgenommen, in meinem Leben und auch in diesem „Geschäft Fußball" einen geraden Weg mit Gott zu gehen. Der Zeitpunkt, eine so wichtige Entscheidung zu treffen, war genau richtig, denn ich war gerade dabei, meinen Eintritt in die verlockende Welt des Profisports zu unterschreiben. Wenn ich mich damals nicht für ein Leben mit Gott entschieden hätte, wäre mein Leben völlig anders verlaufen.

Ich habe sehr oft erlebt, wie Jungprofis vielen Versuchungen erlegen sind. Sie bekamen sehr schnell alles, was sie sich wünschten, und so hatten sie oft mehrere Frauen gleichzeitig, haben ihr Geld aus dem Fenster geschmissen und ihr Leben vergeudet. Viele sind damals an ihrer plötzlichen Popularität gescheitert, und ich glaube, dass es auch heute noch sehr vielen Profis so ergeht. Ich bin froh, dass ich Jesus mein Leben schon so früh anvertraut habe.

Rauf und runter, hin und her

Das Jahr 1994 war voller Emotionen und Ereignisse. Als wir uns alle über den Beginn meiner Fußballerkarriere freuten und darüber, dass es mit unserer Familie langsam bergauf ging, starb meine ältere Schwester mit 33 Jahren während der Geburt ihrer Tochter. Wir waren alle sehr schockiert und traurig, aber wir erlebten zum ersten Mal als Familie, dass Gott auch der Tröster seiner Kinder ist, wie es in den Psalmen so oft steht. Die kleine Meirieli ist durchgekommen und lebt heute bei meiner Mutter.

Meine junge Karriere entwickelte sich sehr steil nach oben. Eigentlich begann sie so richtig mit einem Kracher im Estadio Murikubie. Wir spielten auswärts bei Cruzeiro Belo Horizonte, als mir eines der schönsten Tore meiner Karriere gelang. Ich bekam den Ball in unserer eigenen Hälfte und sah keinen Spieler, den ich anspielen konnte. Als ich an der Mittellinie stand, hielt ich einfach mal auf gut Glück drauf, und mein Schuss landete aus über 40 Metern im Torwinkel.

Dazu machte ich auch noch ein sehr gutes Spiel für uns und staunte nicht schlecht, als ich wenige Wochen später ein Angebot bekam, zu einem Verein nach Europa zu wechseln. Als ich gesagt bekam, dass es sich um Real Madrid handelte, fiel mir erst einmal die Kinnlade herunter.

„Die wollen dich wirklich haben, du musst ja richtig gut sein", schoss es mir damals durch den Kopf. Das einzige Problem war, dass Lucianas Eltern dagegen waren. Wir waren zwar schon drei Jahre befreundet, aber eben noch nicht verheiratet, und so wollten sie Luciana nicht mit mir gehen lassen. Natürlich überlegt man als Fußballer bei einem solchen Angebot nicht lange, und so fand ich mich kurz darauf im Flieger nach Spanien wieder. Allein und ohne Luciana, aber mit dem Kopf voller Träume und Erwartungen. Apropos Kopf, ich muss zugeben, dass es einem schon zu Kopf steigen kann, wenn man plötzlich im Trikot der weltbesten Mannschaft fotografiert wird und Spieler wie Raul, Hierro, Roberto Carlos und Seedorf zu seiner Mannschaft zählen darf.

Die erste Zeit in Madrid war super – das Training, die Fans, die Euphorie und vor allem das Stadion. Manche Fußballer träumen davon, ein Mal in ihrem Leben im Bernabeau-Sta-

Zés Autogrammkarte bei Real Madrid

dion spielen zu dürfen. Und ich sollte nun hier alle zwei Wochen auflaufen dürfen! Zu meinem ganz perfekten Glück wurde ich in dieser Zeit auch oft in das Team der brasilianischen Nationalmannschaft berufen.

Ich muss heute sagen, dass das alles für einen so jungen Spieler wie mich einfach zu viel auf einmal war. Statt auf Wolke Sieben zeigt sich der wahre Charakter eines Menschen ja erst dann, wenn die ersten Probleme auftauchen. Sie kamen in Form von Auswechslungen und Bankschmoren.

Nachdem ich mir am Anfang wirklich Hoffnung auf einen Platz in der ersten Elf gemacht hatte, zeichnete sich immer mehr ab, dass Trainer Heynckes mehr auf Amavisca für meine Position setzte. Natürlich hätte ich in dieser Situation auch einfach etwas Geduld haben können, denn im Fußball kann sich so etwas bekanntlich sehr schnell ändern. Doch dadurch, dass ich nicht regelmäßig spielen durfte, war auch mein Platz in der brasilianischen Nationalelf in Gefahr (1995 hatte ich mein erstes Länderspiel beim 1:1 gegen Südkorea), und mein absolut größter Traum war zu der Zeit natürlich die WM-Teilnahme in Frankreich. Ich war unzufrieden mit der Situation, mit mir selbst, mit dem Trainer, und Luciana fehlte mir schrecklich.

Leider habe ich damals immer mehr den guten Draht zu Gott verloren, den ich davor noch gehabt hatte. Das kann manchmal sehr schnell gehen, vor allem dann, wenn einem der Erfolg und die verlockenden Umstände zu Kopf steigen und man plötzlich an nichts anderes mehr denkt. Auch nicht an Gott. Je öfter ich frustriert auf der Ersatzbank saß, desto mehr schien es mir, als ob mein Traum zu zerplatzen drohte. Gott ist weise, und man sagt ja über ihn, dass er auch auf krummen Linien gerade schreiben kann. Denn mein Traum vom „legendären Brasilianer bei Real Madrid" sollte tatsächlich sehr bald zerplatzen. Beim spannenden 4:2 Supercup-Sieg gegen Barcelona durfte ich zwar wieder einmal spielen, doch wenige Wochen später stand ich schon auf der Transferliste zurück nach Brasilien.

Rio de Janeiro wollte mich im Tausch mit Savio haben. Irgendwie ging damals alles ganz schnell, und schon war ich wieder zurück in der Heimat. Der ganz große Vorteil war natürlich, dass ich wieder bei meiner Luciana war, und so haben wir in diesem turbulenten Jahr 1997 in São Paulo geheiratet.

Mit Gott zur WM

Bei Flamengo durfte ich wenigstens wieder spielen, und so gehörte ich bei der WM in Frankreich doch noch zum Kader der Nationalmannschaft.

Diese ganze Spanien-Geschichte hat mich eines gelehrt: Ich musste am eigenen Leib erfahren, was es bedeutet, wenn man sich zu sehr auf seine Träume konzentriert und sich selbst und vor allem Gott dabei untreu wird. Gott gönnt uns in unserem Leben alles, aber er will nicht, dass wir unser Herz zu sehr daran hängen und er dann nur noch Mittel zum Zweck wird.

Ich habe mir damals vorgenommen, nie wieder einen Fußballverein über Gott zu stellen. Ich bin im Nachhinein auch sehr dankbar über diese Lektion, quasi als „Verlierer" wieder nach Brasilien zurückgekehrt zu sein, denn so hat mich Gott wieder zurück auf den Boden der Realität geholt. Von da an ist meine Beziehung zu Gott eigentlich noch viel intensiver geworden, und es macht seitdem regelrecht Spaß, nicht immer zu wissen, wohin Gott einen führt, aber im Herzen sicher zu sein, dass es ein guter Weg ist.

Mein guter Weg führte erst mal zur WM nach Frankreich. Ich war super-froh, bei einer so tollen WM – und vor allem bei einem der spannendsten Spiele der WM – dabei sein zu dürfen. Im Viertelfinale trafen wir auf Dänemark und mussten schon früh einem 0:1-Rückstand hinterherlaufen. In einem packenden Spiel und dank zweier Rivaldo-Tore gewannen wir mit 3:2 und standen einige Tage später sogar im Finale. Über den Ausgang gibt es aus meiner Sicht nicht viel zu sagen, außer

„Zé Robertix" und „Calmundix" zu Gast in der Bay-Arena

1904
BAYER

dass Frankreich zu Recht Weltmeister wurde. Was mich während der WM außerdem begeistert hat, waren die abendlichen Treffen mit meinen Mannschaftskollegen im Hotel. Mit unserem Torhüter Taffarel, mit Cesar Sampaio, Bebeto und Alex Dias Ribeiro, die alle zu den „Atletas de Cristo" gehören, trafen wir uns vier Mal vor den Spielen zum Beten und zum Bibel lesen. Während die ganze Welt darüber sprach, wer denn nun Weltmeister würde, tat es ganz gut, in dieser aufgeregten Zeit auf Gott zu schauen. Wir sagten uns damals: „Egal, wer Weltmeister wird, ob wir oder Frankreich, der Titel und die Ehre gehören Gott allein".

Es ist wichtig, mit der richtigen Einstellung in ein solches Spiel zu gehen. In all den Jahren habe ich gelernt, dass mein Lebensglück einzig und allein von meiner Beziehung zu Gott abhängt und nicht vom Ausgang eines Endspiels. Einige Jahre später, in Unterhaching, fiel ich deswegen nicht in ein dunkles Loch, als wir mit Bayer 04 die Meisterschaft praktisch am letzten Tag verspielten. Ich kann nicht tiefer fallen als in die liebende Hand Gottes.

Deutschland – kalt oder warm?

In Rio de Janeiro zu leben und bei Flamengo zu spielen ist für zig-tausende Brasilianer der Lebenstraum. Ich hätte mir einige Jahre als Fußballer dort sehr gut vorstellen können, aber seit meiner Madrid-Erfahrung bin ich total sicher, dass Gott einen konkreten und sehr guten Plan für unser Leben hat, den es herauszufinden gilt. In der Bibel heißt es, dass denen, die Gott lieben, alle Dinge zum Besten dienen.

Deswegen beteten Luciana und ich in dieser Zeit, was denn Gottes Wille wäre. Gott spricht sehr leise, und ich glaube, man kann ihn sehr schlecht hören, wenn man nur alle paar Tage mit ihm spricht, zum Beispiel sonntags, und ihn danach wieder vergisst. Ich spreche eigentlich ständig mit Gott. Er ist mein unsichtbaren Begleiter und Freund.

Nach einiger Zeit wurde uns immer deutlicher, dass wir nicht im gemütlich warmen Rio bleiben und auch nicht nach Spanien oder Italien wechseln sollten, was ich mir sehr gut hätte vorstellen können. Wir hatten das Gefühl, dass Gott uns in Deutschland haben wollte. Bayer Leverkusen hatte großes Interesse, und so saß ich im Sommer 1998 Reiner Calmund gegenüber, um einen Vertrag für die Bundesliga zu unterschreiben. Danach war wieder einmal Umziehen angesagt, ein neues Abenteuer sollte beginnen.

Zé Robertos Dreamteam

Über Deutschland hatte ich von meinem Zimmerkollegen bei der Seleção, dem Ex-Bremer Junior Baiano, schon sehr viel Negatives gehört. Es sollte dort sehr kalt sein, außerdem gäbe es eine große Ausländerfeindlichkeit und ebenso die typischen Klischees. Als ich an einem lauen Sommerabend in Frankfurt landete, wunderte ich mich nicht nur über die warme Temperatur, sondern auch darüber, wie freundlich die Menschen hier alle mit mir umgingen. Wenige Monate später, auf vereistem Trainingsplatz, erinnerte ich mich dann doch wieder an die Kältewarnung Baianos.

Natürlich vermisse ich hier einiges aus der Heimat, wie zum Beispiel die tollen Strände, die Mentalität der Menschen und auch das Essen. Ihr müsst in Brasilien einmal in eine Churrascaria gehen, da gibt es das absolut leckerste Fleisch.

In Leverkusen bin ich eigentlich erst zum kompletten Fußballer gereift. Ich hatte den Vorteil, dass ich mit Emerson einen Landsmann in der Mannschaft hatte, der meine Sprache und meine Spielweise verstand. Heute spielt er beim AS Rom, doch in der Seleção treffe ich ihn immer wieder. Heinz Prellwitz, unser Dolmetscher und

„Vater aller Brasilianer" in Leverkusen, hat mir von Anfang an bei der Integration geholfen. So waren meine ersten vier Jahre in Deutschland sehr erfolgreich, und bis auf unseren Ausrutscher von Unterhaching spielten wir mit Bayer 04 die meiste Zeit einen gute Rolle im Kampf um die Deutsche Meisterschaft. Die Champions League und den Pokal nicht zu vergessen. In Düsseldorf haben wir mit der Missão Evangélica do Brasil eine tolle Gemeinde gefunden, in der wir uns sehr wohl fühlen. Das einzige Problem ist, dass ich den Gottesdienst meistens verpasse, da ich sonntags früh um zehn schon auf dem Trainingsplatz von Bayer stehe – mein privater „Open Air-Gottesdienst". Aber dafür freue ich mich immer auf unsere Bibelkreise, die abends in der Woche stattfinden.

Vertrauen ist alles

Gerade in sehr harten Zeiten ist es wichtig, eine Gemeinde zu haben, die einen unterstützt. Meine Frau und ich haben uns zum Beispiel jahrelang ein Kind gewünscht. Und als Luciana vor ein paar Jahren dann endlich schwanger war, haben wir das Kind nach einer Frühgeburt verloren, später sogar noch ein zweites Kind.

Das war damals wirklich sehr schwierig für uns beide, und wir wussten noch nicht einmal, ob Luciana überhaupt noch Kinder kriegen konnte. Aber trotzdem haben wir in dieser schwierigen Zeit immer weiter auf Gottes Liebe vertraut und an ihm festgehalten. Der Kopf sagt nein, doch das Herz sagt ja, und so entscheiden wir uns auch heute immer wieder neu, Gott mit ganzem Herzen zu vertrauen.

Als dann im Frühjahr 2000 unser kleiner Endrik zur Welt kam, war es für uns ein echtes Wunder. Das hat uns gezeigt, dass Gott unser Vertrauen nie enttäuscht – er prüft uns nur immer wieder, ob wir Geduld haben, ihm auch in unseren Krisen zu vertrauen. Dadurch wächst man im Glauben. Die Josefs-Geschichte im Alten Testament ist eine meiner absoluten Lieblingsgeschichten. Es hilft einem unglaublich, solche Geschichten zu lesen, weil es Kraft gibt und Mut macht, es genauso zu tun. Josef hat sein Vertrauen auf Gott nie verloren, selbst als er unschuldig im Gefängnis landete. Und er hat dazu noch die Größe gehabt, seinen Brüdern, die ihn nach Ägypten in die Sklaverei verkauft hatten, zu vergeben. Josef ist ein echtes Vorbild für mich – so wie er möchte ich leben.

Das Wichtigste im Glauben ist, dass man sich von Gott geliebt weiß, so wie man ist. Das ist die Grundlage meines Glaubens, und das gibt mir Kraft für alle Situationen im Leben. Denn gerade als Profifußballer bist du ständig gefordert, du brauchst immer wieder neue Kraft für die vielen Spiele. Mein Lieblingsvers in der Bibel (Philipper 4,13) handelt von einer besonderen Kraft:

„Ich kann alles durch den, Jesus Christus, der mich mächtig macht."

Dein Zé Roberto

Dirk Heinen

Heinen – der Kölsche Jung

Kann ich deine Handschuhe haben?", fragt der kleine Steppke frech und streckt dabei Leverkusens Torwartlegende Rüdiger Vollborn schon die Hände hin. Er bekommt sie tatsächlich, die beiden nassgeschwitzten Kultobjekte. Natürlich wedelt er sie Stunden später vor den neidischen Nasen seiner Freunde glücklich umher. Alles normal bis hierher. Doch dann folgt eine für einen 11-jährigen recht ungewöhnliche Ansage: „Eines Tages werde ich Rüdiger Vollborn aus dem Tor verdrängen!" Das hat er einmal sogar geträumt. Prophet im eigenen Land – klar, dass die Kumpels darüber in lautes Gelächter ausbrechen würden, deswegen behält er seinen heimlichen Traum für sich.

Doch 12 Jahre später ist es soweit. Trainer Ribbeck trifft am Ende der Saisonvorbereitung von Bayer 04 Leverkusen eine überraschende Entscheidung und setzt „Mister Europacup Vollborn" auf die Bank, um ihn durch den jungen Wilden, Dirk Heinen, zu ersetzen. Der große Lebenstraum ist erreicht – alles andere schrumpft zur Nebensächlichkeit. „Du glaubst doch nicht etwa an Adam und Eva", hatte er einmal Jorginho geantwortet, als der ihn zum Bibelkreis einlud. Doch als seine Schwester innerhalb kurzer Zeit an einem Krebsleiden stirbt, erfährt seine junge Karriere einen ersten Knacks.

Ein Schicksalsschlag, der Dirk Heinen völlig aus der Spur wirft und nach Sinn suchen lässt. Der nervenaufreibende Abstiegskampf und die große Verantwortung auf seinen jungen Schultern lassen ihn erstmals Hilfe bei Gott suchen. Not lehrt Torhüter beten. Nur 9 Minuten vor dem Absturz in die 2. Liga geht der bittere Kelch gerade noch mal vorüber und Heinens Fußballwelt wird endgültig auf den Kopf gestellt, als er nur wenige Monate später mit Bayer 04 schon wieder um die Meisterschaft mitspielt. Die tollen Spiele in der Champions League als Sahnehäubchen obendrauf. Eine Karriere mit Höhen und Tiefen, sowohl sportlich als auch privat. Bei einem schweren Zusammenprall erleidet er einen Schädelbruch, der ihn Monate lang außer Gefecht setzt und ihn dazu noch seinen Stammplatz als Bayer 04-Torwart kostet.

„Everybody was Kungfu-fighting" mit Elber

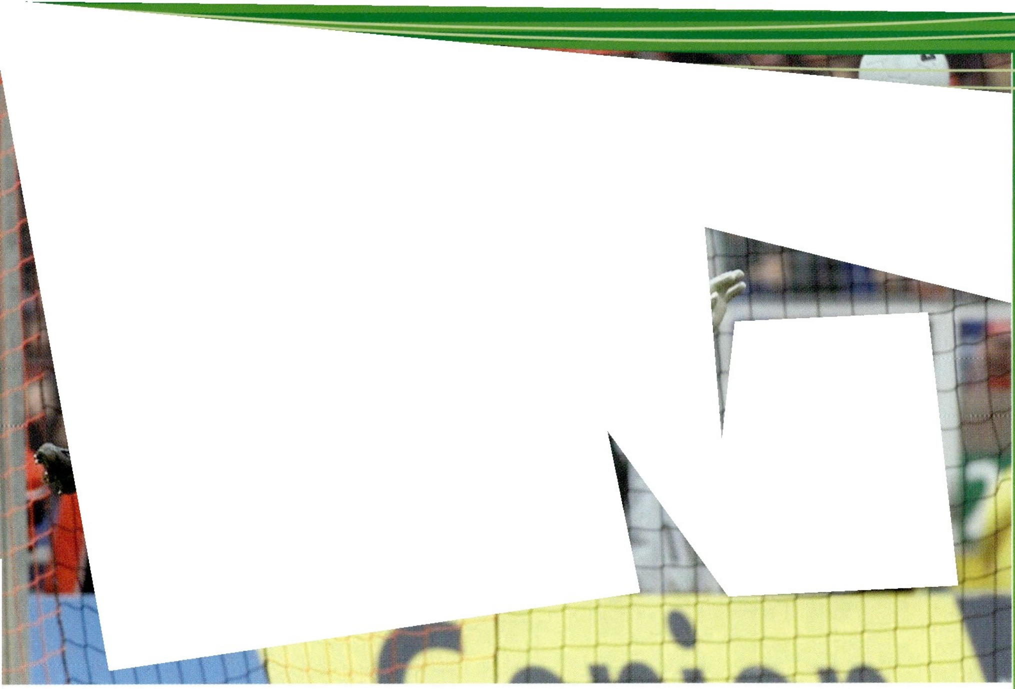

Kurz davor war sein Sohn Cormac zur Welt gekommen und so nimmt er die Krise als wertvolle Auszeit für Papa und Sohn. Typisch Dirk Heinen. Typisch „Kölsche Jung". Einer, der immer versucht, aus schwierigen Situationen das Beste zu machen und der seinen Humor dabei nie verliert. Wie später auch in Frankfurt, wo er mit Abstieg, geplatztem Wechsel, Degradierung, Comeback und Tribünenplatz innerhalb von nur wenigen Monaten alle Facetten und Verfallsdaten eines Torhüterlebens erfährt. „Lobpreis auf der Ersatzbank", antwortet er mit einem breiten Grinsen im Gesicht auf Fragen, was er denn nun mache. Ein Leben in der Achterbahn, rauf und runter, ewig spannend.

Um dem Ganzen zu entfliehen, sitzt er dann oft stundenlang an seinem Schlagzeug und spielt sich in eine Gedankenwelt. Was wird die nächste Zeit bringen? Kennt Gott meinen Weg? Und während er sich mal wieder Blasen an den Fingern holt, spielt er einen langen Wirbel (Tusch) für sich selbst und seinen nächsten großen Auftritt. Vorhang auf für Dirk Heinen!

Paulo Sérgio gewinnt das Duell zweier Freunde

Steckbrief

Geboren am 3. Dezember 1970
in Köln-Zollstock
Verheiratet mit Sandra
Kinder Cormac + Kylie Megan

Vereine

Rot-Weiß Zollstock
Bayer 04 Leverkusen
Eintracht Frankfurt

Erfolge

DFB-Pokalsieger 1997
mit Bayer 04 Leverkusen
Champions League Teilnehmer
1997 und 1998 mit Bayer 04 Leverkusen

„Hair" – The first cut is the deepest

Warum heißt es eigentlich immer, dass Torhüter und Linksaußen verrückt sind?

Ganz einfach, weil man wirklich verrückt sein muss, um ins Tor zu gehen. Wenn du als Kind die Hütte vollgeballert bekommst und trotzdem beim nächsten Spiel wieder freiwillig ins Tor gehst, das ist doch nicht normal, oder? Ich würde meinem Sohn wirklich nie raten, Torwart zu werden.

Wieso bist du dann überhaupt Torwart geworden?

In der E-Jugend haben wir damals immer 8:0 verloren und unser Torwart hat wirklich jeden Schuss durch die Beine gelassen. Da ich der Längste von allen war, musste ich dann eben ins Tor. Davor war ich Linksaußen (lacht).

Hat es was genützt?

Oh ja, ich kann mich noch genau an mein erstes Spiel als Torwart erinnern.Wir spielten damals auf dem Rasen-Parkplatz vor dem Müngersdorfer Stadion gegen Hohenlind. Vor dem Spiel habe ich einige meiner Mitspieler gehört, wie sie über mich getuschelt haben und meinten, dass es mit mir bestimmt noch schlimmer werden würde. Aber wir haben 2:0 gewonnen und ich war der Hero vom „Kölschen Adel".

Kölscher Adel?

Ja, frag mal Dirk Lottner vom FC, der kann das besser erklären. Dirk war mit mir zusammen in der D-Jugend von Zollstock und hat in meiner Nachbarschaft gewohnt. Ich habe ihn immer auf meinem Rad mit zum Training genommen – natürlich musste er immer vorne verkehrt rum auf dem Lenker sitzen, da die BMX-Räder ja keinen Gepäckträger hatten. Grund genug für die Polizei, uns ständig anzuhalten. Sein Spitzname war übrigens Diego, weil er damals so klein und fett war. – Schönen Gruß an dich, Dirk, an dieser Stelle!

Mini-Torwart

Und du warst klein und furchtlos!

Nein, nicht immer. In der Schule gab es eine Zeit lang eine Türken-Gang, die mich immer verprügelte. Mit vier Jungs lauerten sie mir nach der Schule regelmäßig auf, zerrten an meinem Ranzen und verdroschen mich grundlos. Manchmal hatte ich richtig Schiss davor, sie zu treffen, und versuchte auf irgendwelchen Schleichwegen an ihnen vorbeizukommen. Meine Mutter hat eines Tages zu mir gesagt, dass ich mich eben auch mal wehren müsste, und ich hab sie beim Wort genommen. Als die Jungs mir beim nächsten Mal auflauerten, dachte ich, dass sie nur dann vor mir Respekt haben würden, wenn ich den Größten von ihnen plattmachen würde. Ich hab mich dann wie wild und ohne Vorwarnung auf den vermeintlich Stärksten gestürzt und ihn vor den anderen nach Strich und Faden vermöbelt. Es hat tatsächlich geholfen und von da an waren wir die besten Freunde.

Eine Art, schon früh Zweikampfstärke zu lernen?

Ich war schon immer sehr ehrgeizig. Schon mit 10 habe ich davon geträumt, eines Tages der Nachfolger von Rüdiger Vollborn zu werden. Ich hab mir im Fernsehen die Spiele der Junioren-WM angeschaut und mir vorgenommen, eines Tages mein Geld mit Fußballspielen zu verdienen. Man muss hartnäckig genug sein, um ans Ziel zu kommen. Als Balljunge habe ich Rüdiger Vollborn wahrscheinlich 3.000 Mal nach seinen Handschuhen gefragt, bis er sie mir einmal tatsächlich gegeben hat. Ich fand das so toll, dass sein Name darauf gedruckt war.

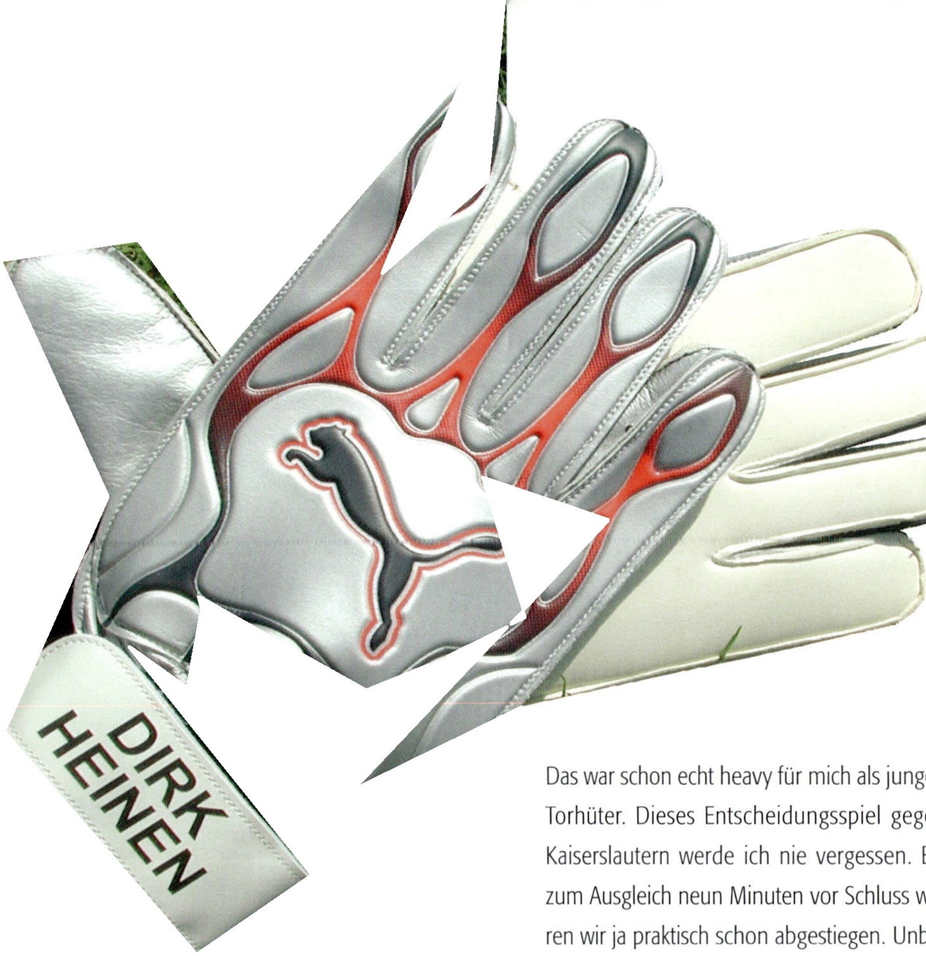

Hast du die Handschuhe noch?

Mein Vater ist der Zeugwart in unserer Familie, bei ihm in Köln müssten die noch irgendwo liegen.

Wie war das, als du die ersten eigenen Handschuhe mit dem Aufdruck „Dirk Heinen" bekommen hast?

Absolut überragend! Vor allem dazu noch gleich in einer Mannschaft mit lebenden Legenden wie Rudi Völler und Bernd Schuster zu stehen. Ich weiß noch, wie der Rudi im Training immer und immer wieder probiert hat, die Torhüter mit seinen Hebern zu foppen. Er hat ständig geschielt, wo ich stehe, und bestimmt tausendmal seinen Heber probiert.

Aber trotz Legenden bist du in deiner ersten Saison 1996 fast abgestiegen...

Das war schon echt heavy für mich als jungen Torhüter. Dieses Entscheidungsspiel gegen Kaiserslautern werde ich nie vergessen. Bis zum Ausgleich neun Minuten vor Schluss waren wir ja praktisch schon abgestiegen. Unbeschreiblich, dieser Druck und die Vorstellung, dass plötzlich alles an dir hängt. Ich bin froh, dass ich gerade in dieser Zeit damals zu Gott gefunden habe.

Gott gefunden – hast du ihn denn gesucht?

Nein, ich würde eher sagen, dass er mich gefunden hat. Meine Schwester Elke ist im August 1994 an Krebs gestorben. Sie war erst 37 Jahre alt und ich bin damals aus allen Wolken gefallen, weil ich sie sehr geliebt habe. Bis zu diesem Moment war der Fußball für mich alles gewesen. Mein ganzes Leben hatte ich darauf ausgerichtet, Fußballprofi zu werden. Und als ich dann am Ziel meiner Träume war, habe ich die erste Zeit alles ausprobiert, was man sich nur vorstellen kann. Aber als dann meine Schwester im Sterben lag, kam mir plötzlich alles so sinnlos vor.

Trotz der Kohle, Autos und Frauen spürte ich zum ersten Mal in meinem Leben, dass da ein riesiges Loch in meinem Herzen war. Und ich hatte keine Ahnung, was ich dagegen machen sollte. Eine Zeit lang habe ich versucht, es einfach zu verdrängen und die Trauer beiseite zu schieben, aber das hilft natürlich nicht wirklich.

Und was hat geholfen?

(grinst und hebt die Augenbrauen dabei) Na ja, Gott hat mir so etwas wie einen Engel geschickt. Wir waren mit Bayer im Wintertrainingslager in Reit im Winkl und saßen an einem Abend mit ein paar Spielern in einer Kneipe. Am Nebentisch saß eine Gruppe aus Irland und Schottland und verbreitete tieri-

Sandra und Dirk im Bibelkreis von Paulo Sérgio – Lachen erlaubt!

Dirks vollgekritzelte Bibel

sche Stimmung. Eine junge Frau kam sogar immer wieder an unseren Tisch und drückte ein paar coole Sprüche ab. Wir haben uns dann ganz gut unterhalten und uns in den nächsten Tagen sogar ein paar Mal getroffen. Es hat damals richtig gefunkt zwischen uns beiden und vor allem hat mir gut getan, dass Sandra nicht nur eine gute Zuhörerin war, sondern auch ganz viel von sich gesprochen hat. Sie hat mir erzählt, dass sie in Irland christlich erzogen wurde und dass ihr der Glaube und die Liebe Gottes sehr viel bedeuten würden. Als das Trainingslager zu Ende ging, haben wir beide gemerkt, dass da etwas zwischen uns entstanden war. Aber nicht nur sie, auch ihre Geschichten über Gott gingen mir nicht mehr aus dem Kopf, und so nahm ich mir vor, in der Bibel zu lesen – abgesehen davon, dass es mich wirklich interessierte, wollte ich Sandra auch beeindrucken und beim nächsten Mal besser mitreden können. Und so habe ich dann Gott entdeckt ...

Haben Fußballer eine Bibel zu Hause?

Ja, ich hatte noch diese kleine grüne Gideon-Bibel aus meiner Bundeswehrzeit und saß dann damit im Flugzeug nach Orlando, wo wir uns auf die neue Saison vorbereiteten. Einige dachten, ich würde in einem Wörterbuch lesen, und waren dann ganz erstaunt darüber, dass es eine Bibel war. Ein paar Reporter begleiteten uns damals in die USA und so hatte ich einige Tage später meine Bildschlagzeile weg: „Der heilige Heinen steht im Bayer-Tor". Dabei hatte ich bis dato eigentlich noch gar nichts von Gott verstanden.

Wie kann man denn Gott verstehen?

Ich glaube, dass man ihn nie verstehen kann, wenn man sich nicht sehr viel mit ihm beschäftigt. Aber man braucht auch Menschen, die einem immer mal einen Schubs geben. Sandra hat mir in erster Linie geholfen, die Geschichte mit meiner Schwester nicht zu verdrängen, sondern bei Gott nach Antworten und Trost zu suchen. Auch wenn ich am Anfang nicht so viel kapiert habe, konnte ich doch zum ersten Mal in meinem Leben einen Frieden in mir spüren.

Einmal war ich in Köln in einem Möbelhaus, um mir eine Küche zu kaufen. Nachdem ich mich von einem Verkäufer beraten lassen hatte, kamen wir plötzlich auch über Gott ins Gespräch. Harry, ein ziemlich verrückter Typ, hat mir damals einfach so davon erzählt, dass er seit einigen Monaten an Jesus glauben würde. Ich dachte damals: Das kann doch kein Zufall sein, dass dir ständig dieser Jesus über den Weg läuft! Auch mein Mit-

Heinen
von A bis Z

ANGST
Habe ich keine, seitdem ich Jesus kenne
BÜCHER
Bibel, am liebsten die Psalmen
COMEDY
Komödien sind meine Art von Kinofilmen, wie z. B. „Die nackte Kanone"
DAMALS
war's schön – heute ist's schöner
ELTERN
Ich bin froh, dass ich solche tolle Eltern habe und vor kurzem bin ich zum zweiten Mal selber Vater geworden
FREUNDE
Das Wichtigste im Leben
GESUNDHEIT
Das Zweitwichtigste im Leben
HEIMAT
Das Drittwichtigste, nein Blödsinn, natürlich Köln
IDOLE
Jesus Christus
JUGEND
Die Schönste, die man sich vorstellen kann in Köln
KINO
Bevor wir Kinder hatten, jede freie Minute
LEIDENSCHAFT
Gott zu dienen
MUSIK
Schönste Nebenbeschäftigung, die ans Herz geht. Am liebsten mit Freunden in der Session
NIEMALS
Würd' ich zum FC Bayern gehen
OFT
Ärgere ich mich über Leute, die schlechte Stimmung verbreiten
PLÄNE
Vergleiche ich mit meinen Zielen – ich frage Gott oft, was er für Visionen für mein Leben hat. Abgesehen davon möchte ich irgendwann einmal einen Big Mac quer in den Mund schieben können
QUALITÄT
Setzt sich auf Dauer immer durch
RUHM
...und Reichtum vergehen, aber die Liebe Gottes nicht
SCHWÄCHE
Gebe ich vor Gott zu, das macht mich stark
TRAUM
Ich hab geträumt, zum FC Bayern zu gehen
UNGERECHT
Dass ich nicht so eine Nase habe wie mein Freund Daniel Ischdonat
VERRÜCKT
Um Torwart zu werden, muss man schon verrückt sein – und mein Sohn Cormac
WICHTIG
Ist, dass man Jesus in seinem Leben findet
X-X
Habe ich jetzt zwei an meiner Seite
YOGHURT
Ehrmann, keiner macht mich mehr an
ZEUGNIS
Bauchschmerzen für meine Eltern

spieler Paulo Sergio hat dann angefangen, mir viel über Gottes Liebe zu erzählen und dass Jesus für mich gestorben ist. Irgendwann habe ich darüber nachgedacht, dass Gott mir all diese Typen vielleicht ganz bewusst über den Weg geschickt hat, weil er wollte, dass ich zu ihm finde.

Aber einige Jahre zuvor wolltest du doch nichts von Jesus wissen, als Jorginho dich zum Bibelkreis einlud.

Das stimmt – ich denke, dass alle Menschen einen gewissen Knackpunkt in ihrem Leben brauchen, um aufzuwachen. Man lebt sein Leben total unabhängig von Gott und denkt, dass man alles ohne seine Hilfe im Griff hat. Das ging bei mir nur so lange gut, bis ich beim Tod meiner Schwester zum ersten Mal diese Sinnlosigkeit im Leben spürte und kapierte, dass ich eigentlich gar nichts unter Kontrolle hatte. Auf einmal merkst du, wie leer dein Leben eigentlich wirklich ist. Je mehr ich damals über Gott nachgedacht und zu ihm gebetet habe, desto mehr habe ich in meinem Herzen gespürt, dass er uns Menschen wirklich liebt. Heute weiß ich, dass ein Leben ohne Gott wie Fußball ohne Ball ist.

Mit Paulo Sergio hast du dann sogar einen Bibelkreis gegründet.

Das war eigentlich nur die Fortsetzung von Jorginhos Idee, denn er war ja mittlerweile zu den Bayern gegangen. Bei einem Trainingslager in St. Gallen sprach mich im Sommer 1995 Friedhelm Waiken, ein Schweizer Missionar, darauf an, wie das denn mit dem Bibelkreis bei Bayer sei und ob ich nicht Lust hätte, mit Paulo Sergio einen neuen Bibelkreis zu gründen. Ich bin an dem Abend zu Paulo gegangen und habe ihm von der Idee erzählt. „Ja, Bibelkreis", hat er mir damals einfach nur mit seiner tiefen Stimme geantwortet und die Gründung war perfekt.

Wie muss man sich einen Fußballer-Bibelkreis denn vorstellen – Abendmahl mit Bier?

Nein, wir trinken nur richtig harte Sachen (lacht). Ach Quatsch, das war bei Paulo immer wie eine große Familienfete. Da kamen viele brasilianische Freunde von Paulo und Merly, und auch einige Spieler wie Heiko Herrlich oder Zé Elias. Ich habe in dieser Zeit immer sehr viel Neues über Gott gelernt und es war sehr spannend zu hören, wie andere von ihrem Glauben an Gott und ihren Erlebnissen erzählt haben. Inzwischen haben Rasi und ich bei der Eintracht ja auch einen Sportler-Bibelkreis eingeführt. Vor allem von musikalischer Seite besteht da so ein reges Interesse, dass wir bei unseren Lobpreis-Sessions schon fast eine Bigband haben.

In Leverkusen wurdest du ja bald „Bibelforscher" genannt, war dir das peinlich?

Nein, ganz im Gegenteil. Seit ich mich für ein Leben mit Jesus entschieden habe, ist mir eigentlich nichts mehr peinlich. Ich weiß, dass Jesus mein Erlöser ist und dass er lebt und immer für mich da ist – das ist nicht peinlich, sondern das Größte, das einem im Leben klar werden kann. Du hast eine persönliche Beziehung zum Schöpfer dieser Welt. Manche brüsten sich ja damit, dass sie diesen und jenen Fußballstar persönlich kennen – aber was ist das schon, wenn man den auferstandenen Jesus Christus zum Freund hat?

Und bei deiner schweren Kopf-Verletzung, fühltest du dich da nicht von Gott verlassen?

Das Verrückte an dieser Geschichte ist, dass ich noch genau weiß, wie ich mit einem gebrochenen Schädel vom Platz getragen wurde und sogar auf der Bahre Gott gedankt habe, dass ich noch lebe. Der Zusammenprall mit Jörg Böhme war wirklich lebensgefährlich und es ging ganz knapp an bleibenden Hirnschäden vorbei ... obwohl (fängt an zu schielen und grinst).

Aber ich habe damals wirklich zu Gott gesagt: „Herr, du weißt alle Dinge, und du weißt auch, warum das jetzt passiert ist. Bitte kümmere du dich um mich." Und einige Wochen später wusste ich wirklich, warum das passiert war. Unser Sohn Cormac war kurz davor zur Welt gekommen und durch meine Auszeit konnte ich so viel wertvolle Zeit mit diesem kleinen süßen Bündel und meiner Frau verbringen, die ich sonst nie gehabt hätte. Diese Zeit möchte ich absolut nicht missen!

Wie warst du eigentlich selbst als Kind?

Ich wollte eigentlich immer Action haben. Am liebsten bin ich mit meinen Jungs durch die Straßen gezogen und habe geguckt, was man denn mal wieder anstellen könnte. Wir sind dann manchmal in einen Tante-Emma-Laden und haben dort Eier geklaut. Andere haben sich zu Hause heimlich Tomaten in die Hosentaschen gesteckt und anderes, was man gut schmeißen konnte, und dann haben wir uns regelrechte Straßenschlachten geliefert. Wie wir danach aussahen, will ich hier gar nicht näher beschreiben.

Eine dreckig-schöne Kindheit ...

Ja, ich glaube, die Waschmaschine lief bei uns ununterbrochen. Und auch unser Fußballplatz in der Zollstocker Jugend war eine Augenweide. Die Spieler auf den Außenpositionen hatten immer ganz normale Kickschuhe an, während die anderen mit „Tausendfüßlern" spielen mussten, da es nur auf den beiden Außenseiten eine Rasenfläche gab und der Rest aus Asche bestand. Einmal regnete es so stark, dass mein Vater mit einer Eisenstange Drainagelöcher in die Pfützen haute, damit wir weiterspielen konnten.

Löcher in die Pfützen?

Ja, damit das Wasser ablaufen konnte, denn unser Platz war auf einem ehemaligen Bombenkrater gebaut.

Heinens Top 3

Schauspieler
① Tom Hanks
② Al Pacino
③ Sean Connery

Urlaubsländer
① Irland
② Kalifornien
③ Neuseeland

Essen
① Italienisch
② Chinesisch
③ der Apfelkuchen von Sandra

Autos
Hauptsache es fährt

Bibelverse
Römer 8, 28 und viele Psalmen

Filme
① Forrest Gump
② Lang lebe Ned Devine
③ Im Auftrag des Teufels

Trainer
① Hitzfeld
② Daum
③ Jackie Charlton
④ Betreuer Reinhard Wolf

Legendäre Spiele
① Mein erstes BL-Spiel gegen Gladbach
② UEFA-Cup-Endspiel 1988 Leverkusen – Espanol Barcelona 3:0 (3:2 i. Elfm.)
③ Champions League Endspiel 1999 FC Bayern – Manchester United 1:2

Musiker
① Phil Collins
② BAP
③ Xavier Naidoo
④ Peter Maffay
⑤ Delirious?
⑥ Garth Brooks

Stadien
① Bernabeu
② Azteken-Stadion in Mexiko
③ Westfalenstadion

Gegenspieler
① Elber ② Raul ③ Klinsmann

Handschuhe
① Puma ② Reusch ③ Uhlsport

Schlagzeug
① Ludwig ② Pearl ③ Yamaha

Internet
① www.kicker.de
② www.jesus.de
③ www.waterford-news.com

Bombenstimmung!

Genau, vor allem wenn mich mein Vater manchmal zu den echten Spielen mit ins Ulrich Haberland-Stadion nahm. Mein erstes Spiel war Leverkusen gegen St. Pauli, in der 2. Liga vor 3.000 Zuschauern. Irgendwann brüllte das ganze Stadion „Schieber, Schieber, Schieber", und ich natürlich voll mit dabei, obwohl ich keine Ahnung hatte, was das eigentlich bedeutet.

Also war Bayer 04 dein Lieblingsclub?

Ja, wobei es sich bei meinen Lieblingsspielern natürlich immer um Torhüter gehandelt hat. Sepp Maier, dann Toni Schumacher und Rüdiger Vollborn.

Und dein legendärstes Spiel?

Das habe ich leider verpasst. Bei der WM 86 hatte ich ein Mädchen kennen gelernt, die mich ausgerechnet am Tag des Endspiels einlud, mit ihr zum Baggersee zu gehen. Ich hab mir damals einiges davon versprochen, doch leider war das dann der totale Reinfall. Was hab ich mich danach schwarz geärgert, dieses Wahnsinnsspiel nur wegen ihr verpasst zu haben!

Und als Spieler?

Da gab es einige, aber am meisten beeindruckt hat mich unser Champions League-Spiel mit Bayer im Bernabeau-Stadion in Madrid. Zur Halbzeit stand es noch 0:0 und ich war praktisch unter Dauerfeuer. Bei jedem Schuss, der auf mein Tor kam, ging dieser unglaubliche „Roar" der Fans durchs Stadion. Ein Meter hinter meinem Tor standen die Real-Fans mit ihren Megafonen und brüllten mir das ganze Spiel über irgendeinen Mist mit „Adolf Hitler" ins Ohr. Auch wenn wir 0:3 verloren haben, war das damals eines meiner besten Spiele.

Wie gehst du mit Niederlagen um?

Natürlich wurmen mich Niederlagen jedes Mal aufs Neue, vor allem dann, wenn ich selbst einen Fehler gemacht habe. Aber prinzipiell ist meine Einstellung dazu, dass Gott mir die Gabe geschenkt hat, Fußball zu spielen, und dass ich dieses Talent zu seiner Ehre einsetze und nicht zu meiner. Das heißt, ich gebe es ihm zurück, aber dann gehören nicht nur die Erfolge, sondern auch die Niederlagen ihm.

Welche wirst du nie vergessen?

Au, jetzt wird's peinlich. Bei einem Spiel in Berlin bekam ich einmal einen ganz harmlosen Rückpass aufs Tor gespielt und wollte ihn lässig über den heranstürmenden Ante Covic zu einem freien Mann schlenzen. Leider traf ich den Ball nicht richtig, so dass er meinen super Schlenzer aus 25 Metern über mich drüber köpfen konnte. Während ich dem Ball hinterher lief und zusehen musste, wie er für mich unerreichbar ins Tor kullerte, überlegte ich schon, wo ich jetzt einen Spaten herbekommen könnte, um mir ein tiefes Loch zu buddeln.

Was war bisher das größte Loch in deiner Karriere?

Es gab einige Phasen, in denen ich beweisen konnte, ob mein Glaube an Gott auch wirklich in schwierigen Situationen trägt. Zum Beispiel als ich nach meiner schweren Kopfverletzung wieder fit war und akzeptieren musste, dass mein Stammplatz für die nächsten 2 Jahre eben von einem anderen eingenommen wurde. Wenn du dann Woche für Woche auf der Bank sitzt, hast du viel Zeit, über dein Leben nachzudenken und Geduld zu üben. Am Anfang ärgerst du dich, doch wenn du damit zu Gott gehst, bekommen die Dinge wieder eine ganz andere Wertigkeit. Ich habe mich damals dafür entschieden, Gott zu vertrauen,

Heinens Dreamteam

Cormac gegen den „Elfmeterkiller“

und ich glaube fest daran, dass denen, die Gott lieben, alle Dinge zum Besten dienen. Einer meiner Lieblingssprüche aus dem Römerbrief. Wie aus dem Nichts kam damals dann das Angebot, nach Frankfurt wechseln zu können. Gott lässt einen nicht im Regen stehen, wenn man ihm von ganzem Herzen vertraut.
Aber auch in Frankfurt gab es Höhen und Tiefen, die ich durchzustehen hatte: Der erfolgreiche Kampf gegen den Abstieg, dann in der nächsten Saison der Abgang in die 2. Liga. Von der Nummer 1 im Tor zur Nummer 4 auf der Tribüne und wieder zurück zur Nummer 1, um dann wieder zur Nummer 2 zu werden, und dann ... das ist eben der Fußball, er steckt voller Überraschungen! Man macht Fehler wie jeder andere Mensch und manchmal hält man auch Bälle wie kein anderer. Wichtig ist nur, dass man bei diesem schnelllebigen Geschäft ein festes Fundament hat, auf dem man sein Leben aufbaut. Klug ist der Mann, der sein Leben auf Fels gebaut hat und nicht auf Sand, damit es nicht umgerissen wird, wenn die Stürme kommen.

Sind Torhüter nicht arme Einzelkämpfer?

Absolut richtig. Vor allem, wenn eine Mannschaft schlecht spielt, dann werden die Fehler meist bis nach hinten durchgereicht, und als Torwart ist man dann oft der Dumme. Es sei denn, die Fehler werden noch eine Stufe weiter gereicht, und dann fliegt meist der Trainer.

Hattest du gute Trainer?

Bei Christoph Daum konnte ich eine ganze Menge mitnehmen und auch in meiner Jugend hatte ich sehr gute Leute, wie zum Beispiel Reinhard Wolf, der zwar nicht mein Trainer war, aber mich wie ein Vater in allem unterstützt hat. Wir sind bis heute noch befreundet. Mein Vater Karl war und ist für mich ein echtes Vorbild in Sachen Fleiß und Durchsetzungsvermögen. Von ihm habe ich Ehrgeiz und Ausdauer geerbt. Ich glaube, er ist bis zum heutigen Tag mit seinen 77 Jahren noch nie richtig krank gewesen.

Also warst du auch ein guter Schüler?

Vergiss es! Höchstens in der Freizeit-AG, in der auch unsere Schulband entstand. Ich war der Schlagzeuger und werde nie unseren legendären Auftritt bei der Demo gegen Atomkraft 1984 vor dem Heeresamt vergessen. Wir spielten auf dem Anhänger eines Trucks mit zwei Keyboards und Schlagzeug – der Bassist hatte leider verschlafen – und ließen uns feiern.

Wie hieß die Band?

Unser Projekt-Lehrer kam vor dem Konzert zu uns und fragte, wie er uns denn nun vorstellen sollte. Keiner hatte so früh morgens eine Idee, und als er dann immer wieder sagte:

„Willkommen auf der Erde“ – Kylies Ankunft wird gefeiert

9

Iren sind Weltmeister – im Feiern

„Mensch, jetzt macht doch mal einen Vorschlag", antworteten wir wie aus einem Mund: „Vorschlag", und unsere Band war geboren.

Gute Noten, schlechte Noten?

Na ja, mittelmäßig. Aber die Schule war immer toll, weil man dort die ganzen Jungs zum Fußballspielen getroffen hat. Wenn die Pause zu Ende war, hat immer einer gefragt: „Was haben wir denn jetzt eigentlich?" Wenn die Antwort „Physik" oder „Mathe" lautete, wurde geschwänzt und weiter gespielt.

Und nie erwischt worden?

Doch, ich musste dann immer hundert Mal in ein kleines Heft schreiben: „Ich darf nicht mit harten Fußbällen auf dem Schulhof spielen." Und trotzdem haben wir natürlich immer weiter gemacht. Manchmal sind wir Panini-Bilder klauen gegangen und haben dann oft stundenlang gegen eine Wand gefitscht.

Gefitscht?

Ja, so haben wir das genannt. Du hattest einen Steher, irgendein Abziehbild, das du doppelt hattest, zum Beispiel Felix Magath, an der Wand stehen, und dann hat man versucht, mit einem Abziehbild diesen Steher umzufitschen. Wenn's klappte, hat man alle anderen Bilder gewonnen, die daneben lagen.

Hattest du auch ein Panini-Bild, das immer als Einziges in der Sammlung gefehlt hat?

Ja, das von Nino Flohe.

Wenn du mit so großer Begeisterung von der Kindheit schwärmst, können sich eure Kinder Cormac und Kylie bestimmt auf einige Abenteuer gefasst machen.

Cormy ist gerade in der Phase, in der ich ihm das Abgrätschen beibringe. Er hat schon kapiert, dass es nichts Schlimmes ist, sich auf dem Fußballplatz schmutzig zu machen, sondern dass es einfach dazu gehört.

Erkennst du dich in ihm wieder?

Wir haben früher immer Evel Knievel gespielt und sind mit unseren BMX-Rädern wie die Bekloppten über meterhohe Feuer im Wald gesprungen, das war Wahnsinn. Manchmal durfte man den Springer dabei in der Luft sogar mit Stöcken abschießen. Man ist dann voll übel gelandet und hat immer so getan, als ob überhaupt nichts passiert wäre, dabei hatten wir alle Schmerzen und blaue Flecken. Ich hoffe nur, dass er das nicht unbedingt nachmacht. Aber er hat jetzt schon das furchtlose Auftreten eines Stuntman.

Gibt es in deinem Kopf schon eine Idee, was nach dem Fußball kommt?

Ich könnte mir sehr gut vorstellen, mit meiner Familie etwas für Jugendliche zu machen. Warum nicht eine Art Farm in Irland, mit Freizeitangeboten für Kids und vielen anderen Möglichkeiten, sich auszutoben. Aber ich würde auch gerne das an die Jugendlichen weitergeben, was mein Leben total bereichert und verändert hat – die Liebe Gottes.

Was würde der „Kölsche Adel" am Ende des Interviews sagen?

„Et hät noch immer joot jejange."

MARCELO BORDON

Bordon – der Herzbube

Schwäbischer Brasilianer mit Herz

Trockene Begrüßung von Trainer Magath: „Kannst du spielen?" Fußballtrainer verstehen keinen Spaß, wenn sie am Tag vor dem Spiel nicht Bescheid wissen. Marcelo Bordon legt die Stirn in Falten und nickt: „Ich denke schon".

Wenn er ganz ehrlich ist, sollte er dem Trainer sagen, dass er bei jedem Schritt tierische Schmerzen im Fuß hat, aber irgendetwas lässt ihn noch zögern. Die Mannschaft braucht ihn, wenn es morgen gegen Schalke 04 geht, und der VfB Stuttgart benötigt in dieser Saison dringend Heimsiege, um nicht wieder bis zur letzten Minute gegen den Abstieg zu spielen.

Am Tag des Spiels sind die Schmerzen morgens beim Aufstehen immer noch da – „Eigentlich macht es gar keinen Sinn, überhaupt aufzulaufen", denkt er sich, aber aufgeben will er auch nicht so schnell. In solchen Situationen betet Marcelo Bordon dafür, die richtige Entscheidung zu treffen. Irgendwie hat er nach diesem kurzen Gebet das Gefühl, an diesem Tag noch etwas ganz Besonderes zu erleben. Er hat Gott um Kraft für seinen Fuß gebeten und dafür, dass er die Schmerzen wegnimmt.

Als er 20 Minuten später aus dem Fahrstuhl in Richtung Frühstücks-Büfett geht, versucht er nicht zu humpeln, aber die Schmerzen sind einfach da. „Nicht aufgeben", murmelt er sich zu und begrüßt seine Kollegen. Beim Mittags-Spaziergang nach der Taktikbesprechung hört er wieder in seinen Körper hinein. „Stuttgart, 13 Uhr, das Haar sitzt – und die Schmerzen sind immer noch da." Langsam macht sich Enttäuschung auf seinem Gesicht breit. „Warum habe ich denn eigentlich dafür gebetet, wenn es doch sowieso nichts bringt?"

Doch Marcelo Bordon will an diesem Tag kämpfen. Körper gegen Geist. Und wenn man ihn spielen sieht und erlebt, wie Bälle und Angreifer an seinem Körper nur so abprallen wie beim Squash, weiß man, dass da einer am Werk ist, der ungern aufgibt. „Einen Brasilianer in eine Hintermannschaft zu integrieren, ist ungefähr so, als würde man einen Roulettespieler bei einer Bank beschäftigen", meint Reporter Rubenbauer. Doch ausgerechnet mit seinem brasilianischen Landsmann Lucio ist Bordon laut „Kicker" der beste Abwehrspieler der Saison. Doch das nützt ihm heute nichts. Die Schmerzen bleiben bis zur letzten Minute, und als Marcelo Bordon um 15:28 Uhr das Spielfeld im Gottlieb-Daimler-Stadion betritt, weiß er, dass es ziemlich schief gehen kann.

Gesunder Menschenverstand gegen Gottvertrauen?

Während er Gegner abgrätscht und hohe Bälle aus dem Strafraum köpft, merkt Bordon,

dass es von Minute zu Minute besser wird. Oder bildet er sich das nur ein? Eins ist sicher: Wenn er sich dafür entschieden hätte, zu Hause zu bleiben, hätte er nicht miterleben können, wie in der 35. Spielminute Seitz` Flanke auf seinem Kopf landet und er mit einem wunderschönen Kopfball zum 1:0 für die Führung gegen Schalke sorgt.

Er hätte verpasst, wie ihn die Zuschauer beim Jubellauf feierten und die Journalisten ihn nach dem Abpfiff zum Spieler des Spiels wählten. Typisch für Bordon. Ein Zweikampf, den der brasilianische Nationalspieler für sich entschieden hat: Der Zweikampf seines Kopfes gegen sein Herz. Herzbube gewinnt.

Steckbrief

Geboren am 7. Januar 1976
in Ribeirao Preto
Verheiratet mit Janaina

Vereine

Botafogo Ribeirao Preto
FC São Paulo
VfB Stuttgart

Erfolge

6 mal Brasilianischer Meister
mit FC São Paulo
7 A-Länderspiele für Brasilien

Begegnung mit einem Engel

Was würden Sie tun, wenn Ihnen eines Tages ein Pastor mit den Worten entgegentritt: „Ein Engel wartet in der Kirche auf dich!"?

Genau das ist mir 1994 in Brasilien passiert. Eines der verrücktesten Erlebnisse, das ich jemals hatte – schließlich passiert einem so etwas ja auch nicht gerade jeden Tag.

Brasilien, muss man wissen, ist ein sehr gläubiges Land – jeder glaubt hier an irgendwelche Geister, Heilige, Verstorbene und verschiedene Götter. Deswegen muss man schon ganz genau hinschauen, wenn man auf das Thema „Glaube" angesprochen wird.

Ich bin damals nicht in die Kirche gegangen, da mir das Ganze natürlich viel zu dubios und verrückt erschien. Aber ich muss zugeben, dass ich später darüber nachdachte und es sogar schade fand, diese merkwürdige Einladung verpasst zu haben. Vielleicht war da wirklich ein Engel gewesen und hatte auf mich gewartet. Hieran sieht man, dass wir Brasilianer alle irgendwie eine geistliche Ader haben und uns viel mit diesen Dingen beschäftigen – zumindest viel mehr als in der westlichen Welt.

Eine Woche später bin ich dann aus lauter Neugier doch zu dieser Kirche gegangen. Ich versteckte mich ganz hinten in der letzten Reihe, damit mich der Pastor nicht sehen konnte. Trotzdem kam er direkt auf mich zu und sagte sofort: „Schade, dass du nicht da warst, du hast den Engel verpasst!"

Während er wieder nach vorne ging, dachte ich: „Nein – wenn es Gott wirklich gibt, dann wird er auch auf dich warten und dir eine zweite Chance geben."

Ich saß nun also in diesem Gottesdienst, hörte den Liedern zu und konzentrierte mich auf Gott – das war nicht einfach, da ich keine Vorstellung davon hatte, wie er war und was er von mir hielt und vor allem, ob es ihn überhaupt gibt.

Während eines Liedes, dessen Text mich sehr ansprach, begann ich einfach zu Gott zu beten. Ich wollte, dass er mir ein Zeichen gibt, dass er immer noch da war und dass ich ihn nicht verpasst hatte. Plötzlich spürte ich eine Hitze in meinen Beinen – zuerst dachte ich, es wäre Zufall, aber auf einmal merkte ich, wie ich mit meinen Füßen immer wieder auf den Boden tappte. Ich versuchte meine Füße still zu halten, aber es ging einfach nicht – das war schon sehr merkwürdig für mich, da ich so etwas noch nie vorher erlebt hatte. Ich hatte tatsächlich die Kontrolle über meine Beine verloren. Es war, wie man es manchmal bei übernervösen Menschen sieht. Aber ich war gar nicht nervös, das hier war etwas anderes.

Mein Gestampfe wurde natürlich auch von anderen Kirchenbesuchern bemerkt, so dass sich einige immer wieder nach mir umdrehten – rund 400 Besucher waren im Gottesdienst; etwas Peinlicheres gibt es eigentlich gar nicht! Aber auf der anderen Seite war ich viel zu sehr ergriffen davon, dass Gott tatsächlich eingreifen kann, wenn man etwas von seiner Größe erleben will, und ich hatte ihn ja quasi herausgefordert.

Natürlich würden manche gleich eine medizinische Erklärung wie „nervöses Muskelzucken" parat haben – aber nur derjenige, der so etwas mal selbst an sich erlebt, kann es auch richtig einschätzen. Es war eine Begegnung mit einer unsichtbaren Größe.

Viele Menschen haben eine gewisse Neugier auf eine unbekannte Macht und wollen erleben, ob es wirklich übernatürliche Dinge gibt. Sie versuchen dann Dinge wie Gläserrücken, Kontakt zu Verstorbenen aufnehmen und all diesen Kram. Aber sie wissen nicht, auf wen sie sich da eigentlich einlassen – es gibt in der unsichtbaren Welt eben nicht nur Gott, es gibt auch die andere Seite. Der Versucher, wie der Teufel in der Bibel genannt wird, hat auch übernatürliche Macht, doch

Taufe auf brasilianisch mit Freund Ricardo

sein Motiv ist nicht Heilung und Erkenntnis des Guten, sondern immer nur das Böse und die Zerstörung des Menschen.

Ich wollte damals wissen, ob es diesen Gott, an den so viele glauben, tatsächlich gibt. Und wenn ja, dann wollte ich auch mehr über seinen Charakter erfahren. Ich glaube, dass sich Gott eben auf diese kuriose Art auf mich eingelassen hat. Es gibt ja unendlich viele Geschichten von so vielen Menschen, die mit Gott die unerklärlichsten Sachen erlebt haben. Viele davon kann man auch in der Bibel nachlesen. Mit normalem Verstand müsste man die eigentlich alle für verrückt erklären. Aber Gott ist eben nicht „normal" – er ist viel größer als unser beschränkter menschlicher Verstand. Gott liebt die Menschen und will, dass sie ihn erkennen.

Als mein „Marschieren" nicht mehr aufhörte, unterbrach der Pastor für einen Moment seine Rede und beruhigte die Gottesdienstbesucher: „Es ist eben der Heilige Geist, der über diesen Jungen gekommen ist. Beunruhigen Sie sich also nicht weiter." Und mit einem Augenzwinkern fügte er hinzu: „Schließlich heißt es doch in der Bibel, wir sollen Gottes Soldaten sein, also lasst ihn marschieren." Als der Gottesdienst zu Ende war, waren meine Beine immer noch nicht unter Kontrolle zu kriegen. Ich musste wirklich über mich selbst und über diese kuriose Situation lachen und kam mir vor wie in einem Film. Wenn Menschen ihr Glück nicht fassen können, machen sie ja spontan Freudensprünge. So in etwa lässt es sich ausdrücken, was ich damals in diesem Gottesdienst körperlich erlebt habe. Es war noch viel schöner als der exzessivste Torjubel. Gott schien tatsächlich auf mein Gebet geantwortet zu haben.

Das war einer der merkwürdigsten Tage in meinem Leben! Schließlich hat man als Profisportler seinen Körper voll im Griff, man kennt die Muskulatur und die Beschaffenheit seines Körpers sehr gut, aber diese Geschichte war einfach unbegreiflich – zu hoch für mich.

Es war in meinem Leben die zweite Begegnung, die ich mit Gott hatte, und ich machte mir wirklich ernsthafte Gedanken darüber, wie ich mehr von diesem geheimnisvollen Gott erfahren könnte.

Das war 1994. Eine wichtige Etappe auf der Suche nach dem Sinn meines Lebens. Das Jahr, in dem Brasilien Weltmeister wurde. Ein Land im Fußballrausch, und ich, ein Träumer, mit dem ganzen Leben noch vor sich, auf der Suche nach einer großen Fußballerkarriere – und nach Gott.

Bordon
Top 3

Schauspieler
① Al Pacino
② Martin Lawrence

Urlaubsländer
① Mexiko
② Brasilien (Natal)
③ Ribeirao Preto

Essen
① Feijoada
② Lasagne
③ Churrasco

Bibelverse
① Matthäus 7, 7
② Johannes 14, 6

Filme
① Im Auftrag des Teufels
② 10 Gebote
③ Apocalypse – die Offenbarung

Trainer
① Telê Santana
② Carlos Alberto Parreira
③ Zagallo

Legendäre Spiele
① São Paulo – Penharol (Chile) 6:1
② VfB – Schalke 1:0 (2001)
③ FC São Paulo – Corinthians 2:2 Freistoßtor Bordon

Musiker
① Cristina Mel
② Adoracao De Guerra
③ Alpha + Omega

Stadien
① Maracana
② Estadio Morumbi
③ Arena auf Schalke

Gegenspieler
① Romario
② Edmundo
③ Rivaldo (bei Palmeiras)

Internet
① www.deusefiel.co.br
② www.bundesliga.de
③ www.kicker.de

Mit dem Suchen und der Neugier fing alles an, denn es heißt ja in der Bibel: „Wenn man Gott von ganzem Herzen sucht, dann wird er sich auch finden lassen“ (Jeremia 29, 13).

First Love

Angefangen hat alles jedoch im Alter von fünf Jahren. Fußball war meine absolute Leidenschaft – am liebsten hätte ich Tag und Nacht gekickt bis zum Umfallen. Meinen ersten Ball habe ich damals sogar mit ins Bett genommen, er war mein wertvollster Schatz.

In der Schule war ich leider oft zu müde, so habe ich nicht viel von dem Stoff mitbekommen. Aber mein Ziel stand schon früh fest: Ich wollte Fußballprofi werden. Alles andere, wie eine Ausbildung oder so etwas, kam gar nicht in Frage. Ich habe damals sogar manchmal schon heimlich meine Unterschrift geübt, wie ich sie später bei den Autogrammen kritzeln würde.

Als mir mein Vater eines Tages sehr teure Turnschuhe schenkte, betonte er, dass sie nur für die Schule gedacht seien und nicht zum Fußballspielen. Schon am selben Abend waren sie so gut wie kaputt von unserem „Extrem-Kicken“, und ich hatte den absehbaren Ärger. Aber das war egal – so lange der Ball rollte, war mir alles andere Wurst.

1986 war meine schönste Weltmeisterschaft in Mexiko. Ich habe mich immer mit meinen Freunden getroffen, um die Spiele der „Seleção“ im Fernsehen zu gucken. Gleich danach sind wir alle wie verrückt nach draußen gerannt, um die Tore alle „original“ und mit großem Gejohle nachzuspielen.

In diesem Jahr kam ich im Alter von 10 Jahren zu meinem ersten großen Club „Botafogo de Ribeirao Preto“. Sie spielten in der 1. Liga und ich war sehr stolz, in der Jugend schon das Trikot meines Lieblingsclubs tragen zu dürfen. Sieben Jahre lang durchlief ich alle Jugendmannschaften sehr erfolgreich bis zu den Profis.

1993 war ich mit 17 Jahren auf dem Sprung in die Eliteliga Brasiliens. Ich spielte bereits 6 Monate für die Profis, und das sehr erfolgreich, sodass recht bald einige Späher aus São Paulo auf mich aufmerksam wurden.

Traum oder Realität

In Brasilien hast du nur eine Chance, nach oben zu kommen: Wenn du einen Entdecker hast, der dich fördert und etwas von dir hält.

Meine Chance war also gekommen. Einer der besten und traditionsreichsten Clubs des Lan-

„Verteidiger trifft Wadenbeißer"

des wollte mich haben – mit keinem geringeren Trainer als dem berühmten Telê Santana.

Ich war damals wie aufgedreht und konnte es eigentlich gar nicht glauben, schon so schnell zu einem solchen Traumclub wechseln zu dürfen. Schließlich war ich ja gerade erst 18 geworden. Auf einmal denkt man, man befindet sich in einem Märchen, in dem alle Wünsche wahr werden.

Mein Traum wurde jedoch sehr abrupt unterbrochen. Nach einem Training hatte ich plötzlich ungeheure Schmerzen im Rücken und war völlig irritiert, da ich noch nie zuvor einen so stechenden Schmerz verspürt hatte. Was mir dann mein Arzt bei der Untersuchung mitteilte, war wie ein absoluter Schock: Bandscheibenvorfall! Der Arzt meinte, dass man dringend operieren müsste.

Ich konnte zuerst gar nicht glauben, was er mir da sagte, und war für einen Moment wie erstarrt. Tausend Gedanken schossen mir plötzlich durch den Kopf. Das bedeutete, dass der Wechsel platzen würde – wer kauft schon einen Spieler, der sich am Rücken operieren lassen muss?

Platzen alle Träume?

Ich erinnere mich noch gut, dass ich wie betäubt aus der Praxis des Arztes wankte, angeschlagen wie ein Boxer nach einem krachenden Punch auf die Nase. Ich wollte es nicht wahrhaben: Warum kam diese schwere Verletzung ausgerechnet jetzt, so kurz vor dem Ziel? Die Träume greifbar vor den Augen und dann das. Ich war enttäuscht, sauer und ohnmächtig zugleich.

Wie konnte Gott so etwas zulassen? Wieso wollte er mir all meine Träume zerstören? Ich war religiös erzogen worden und hatte mein Zimmer nicht nur mit Fußballpostern, sondern auch mit sehr vielen Kruzifixen vollgehängt. Ich wusste zwar nicht viel von Gott, aber irgendwie glaubte ich an ihn und hoffte, dass das gut für mein Leben wäre. Gott war für mich so eine Art Glücksbringer, aber nun schien er mich im Stich zu lassen.

Als ich vom Arztbesuch zu Hause ankam, fiel mein Blick auf all die Kreuze in meinem Zimmer. Ich war wirklich sauer auf Gott und es erschien mir wie Spott und Hohn, dort all diese starren Kruzifixe hängen zu sehen und völlig hilflos zu sein. Ich spürte, wie plötzlich ein gewaltiger Zorn in mir hochkam, und ich nahm eines der Kreuze von der Wand. Im nächsten Augenblick schon landete es mit voller Wucht auf dem Boden. Das nächste Kreuz zerbrach ich in der Hand und auf einmal wütete ich wie in einem Tobsuchtsanfall durch mein Zimmer und zerstörte sämtliche Kruzifixe innerhalb einer Minute.

Bordon von A bis Z

ANGST
Nur vor der Geburt unseres ersten Kindes

BÜCHER
„Die Gott nachjagen" von Tommy Tenney. Ein super Buch über Menschen, die Gott suchen

COMEDY
Big Mama

DAMALS
Eine schöne Jugend

ELTERN
Ein Teil meines Charakters und meiner Entwicklung

FREUNDE
Sehr wichtig

GESUNDHEIT
Bedeutet alles in unserem Beruf

HEIMAT
Alle „Gottessöhne" sind meine Heimat

IDOLE
Jorginho

JUGEND
Viel Power, viel Spaß und jeden Tag mehr über das Leben lernen

KINO
10 Gebote

LEIDENSCHAFT
Missionare in Afghanistan beweisen Leidenschaft für Gott

MUSIK
Gospel – ich singe auch sehr gerne selbst

NIEMALS
Will ich mich aus Gottes Nähe entfernen

OFT
Bete ich zusammen mit meiner Familie

PLÄNE
Habe keine Pläne – Gott hat sie

QUALITÄT
Lebensqualität

RUHM
Und Respekt gebührt Missionaren, die in schwierigen Bedingungen arbeiten

SCHWÄCHE
Habe ich für meine Frau

TRAUM
Entrückung in den Himmel

UNGERECHT
Was sie damals mit Jesus gemacht haben

VERRÜCKT
Die Schnelligkeit beim Motorradfahren

WICHTIG
Gott und Familie

X-X
Mein rechter Arm

YOGHURT
Erdbeer

ZEUGNIS
War unterwegs zur Schule, um es zu bekommen, bin aber 5 Minuten vorher abgehauen

Als ich all die Scherben und zerbrochenen Stücke sah, ging es mir zwar nicht besser, aber ich hatte Gott wenigstens gezeigt, dass ich sauer auf ihn war. Er konnte doch nicht einfach zulassen, dass mein Traum zerbrechen würde.
Komisch, dass ich ausgerechnet in diesem Moment einfach anfing, mit ihm zu reden, so als ob er neben mir in meinem Zimmer saß. Ich hatte das Gefühl, dass Gott mich beobachtete und gesehen hatte, wie ich die Kreuze zerstörte. Irgendwie wusste ich, dass er mich ernst nehmen würde und nicht enttäuscht über meine Wut war. Ich saß da und musste auf einmal weinen. Ich kniete mich auf den Boden zwischen die Scherben und begann zu beten: „Gott, wenn es dich wirklich gibt, dann möchte ich, dass du in mein Leben kommst und mir hilfst. Du siehst doch, dass ich nach São Paulo gehen will, also hilf mir bitte, gesund zu werden, damit es klappt."
Während ich so betete, dachte ich immer wieder daran, was denn wäre, wenn Gott tatsächlich meine Gebete erhören würde. Ich musste bei diesem Gedanken innehalten. Hört Gott mein Gebet? Hilft er wirklich, wenn ich ihm vertraue und mich mit meinen Bitten an ihn wende? Das wäre ja unglaublich, dann könnte man ja für alles Mögliche beten – natürlich in einem gesunden Rahmen. Plötzlich kam es mir nicht mehr vor wie ein Stoßgebet, sondern wie ein Gespräch mit einem Freund. Während ich so auf dem Boden kniete, redete ich also einfach drauflos, alles, was mir so in den Sinn kam. Plötzlich hörte ich mich sagen, dass Gott mir nicht nur mit São Paulo helfen sollte, sondern wenn es sein Wille wäre, wollte ich auch eines Tages in der Seleção, der Nationalmannschaft, spielen.
In diesem Moment war mein Gebet zu Ende, denn ich musste auf einmal schrecklich lachen. Ich lag auf dem Boden und konnte gar nicht mehr aufhören, über mich selbst zu lachen. Es kam mir so vor, als ob ich zwar etwas übermütig und frech geworden war, aber auf der anderen Seite konnte es doch gut sein, dass Gott dieses Gebet erhörte und meinen Herzenswunsch tatsächlich geschehen ließ, wie er es doch in der Bibel immer sagte. Ich hatte auf einmal wieder eine neue Hoffnung bekommen und ich war nicht mehr alleine. Gut gelaunt hob ich an diesem Abend die Scherben auf und ging nachdenklich, aber mit einem Grinsen zu Bett.

Gott hört wirklich zu!

Am nächsten Tag ging ich zu einem anderen Arzt nach São Paulo. Er untersuchte mich und sagte, dass ich einen Monat lang Ruhe bräuchte, aber keine Operation von Nöten sei. Als ich seine Praxis verließ, fühlte ich mich federleicht. Die Schmerzen im Rücken waren zwar immer noch sehr stark, aber ich hatte wieder neue Hoffnung bekommen. Hatte Gott womöglich wirklich mein Gebet erhört? Schließlich sollte ich einen Tag davor noch dringend operiert werden und jetzt war nur noch von einem Monat Ruhe die Rede.
In diesem Monat flatterte auch das konkrete Angebot vom FC São Paulo ins Haus. Und am 17. November 1993 kam dann endlich der ersehnte Anruf des Trainers: Telê Santana wollte mich unbedingt haben.

Selbst die Haustür in Landesfarben

Ich konnte es kaum glauben – trotz dieses blöden Bandscheibenvorfalls schien es tatsächlich zu klappen mit meinem Traum. Ich bekam zwar immer noch sehr viele Spritzen, damit ich überhaupt schmerzfrei laufen konnte, aber ich wollte unbedingt nach São Paulo gehen, und sei es auf einem Bein.
Ich betete an diesem Tag zu Gott und dankte ihm, dass er es wirklich möglich gemacht hatte. In meinem Herzen hatte ich dabei das Gefühl, als ob Gott mir sagen wollte: „Siehst du, es hat doch geklappt. Du hast mir vertraut und ich habe dir geholfen." Ich entschloss mich, von nun an oft mit Gott zu sprechen und mich mehr mit ihm zu beschäftigen.
Übrigens haben damals einige Menschen versucht, mich mit spirituellen Mitteln zu heilen. Voodoo-Zauber ist in ganz Brasilien sehr verbreitet. Und im Nachhinein bin ich sehr froh, dass es nicht geklappt hat, sonst wäre ich womöglich in die okkulte Szene geraten und hätte nie zu Gott gefunden.

Karriereleiter oder Himmelsleiter?

Die ersten 2 Monate konnte ich natürlich nicht spielen. Der Trainer wollte, dass ich wieder hundertprozentig fit werde und gab mir die Zeit, um mich auszukurieren. Ich war also erst mal auf Eis gelegt und unternahm alles, um in der Rehabilitation Fortschritte zu machen. Meine Geduld wurde belohnt und als ich wieder richtig fit war, sollte die erfolgreichste Zeit meiner Karriere beginnen.
Ich gewann mit dem FC São Paulo sechsmal die Meisterschaft und führte das Leben, das ich mir immer erträumt hatte. Ich war gerade mal 20 Jahre alt und besaß schon ein Haus, ein tolles Auto und viel Geld. Schöne Frauen sind dann natürlich auch immer um einen herum. Aber wenn ich heute zurückblicke und den Marcelo von damals vor mir sehe, dann

Viel zu lachen – mit Janaina

sehe ich einen jungen Mann, der alles hatte, was man sich im Leben kaufen kann – bis auf echte Freude. Ein dickes Bankkonto, aber ein leeres Herz.

Mit meiner beruflichen Karriere ging es dabei sogar immer steiler bergauf: 1997 bekam ich tatsächlich die Einladung von Mario Zagallo, für die „Seleção" zu spielen. Gott hatte mein Gebet, über das ich vor einigen Jahren selber so lachen musste, weil ich es für vermessen hielt, tatsächlich erhört. In dieser Zeit liefen die Dinge wie am Schnürchen. Ich bekam die Trophäe für den wichtigsten Spieler der Liga auf meiner Position als Verteidiger überreicht. Die Spiele für Brasilien liefen gut und alles war so, wie ich es mir vor Jahren erträumt hatte.

Das einzige Problem am Erfolg ist, dass man Gott dabei so schnell vergisst. In den Zeiten, in denen es nicht so gut lief und ich verletzt war, hatte ich mich in meiner Not an ihn gewandt. Und Gott ist treu – er hat mich nie im Stich gelassen, sondern hat mein Gebet wirklich erhört. Doch jetzt, wo alles so wunderbar lief, brauchte ich ihn ja nicht mehr so dringend wie damals – dachte ich. Ich vernachlässigte das Beten immer mehr, las nicht mehr in der Bibel und hatte mein Interesse an „dem da oben" mit der Zeit verloren.

Heute weiß ich, dass Gott sich wirklich danach sehnt, mit uns eine Liebesbeziehung zu führen. Wie zwei beste Freunde. Eine Beziehung, in der man sich alles sagen kann, in der man die Gemeinschaft mit dem Anderen genießt, weil sie einen bereichert. Ich glaube, Gott ist sehr traurig, wenn man ihm plötzlich grundlos den Rücken zukehrt wie ein Mann, der seine Frau einfach so verlässt wegen einer anderen. Genau so hab ich Gott einfach immer mehr vergessen. Aber er ist gnädig und hat Geduld mit uns Menschen. Darum hat Gott mir eines Tages auch eine neue Chance gegeben, mich an ihn zu erinnern.

Nachrichten von Gott?

Nach einem Spiel hatte ich auf einmal sehr starke Schmerzen im Fuß und unser Doc sagte mir, dass es sich um einen Ermüdungsbruch handelte. Er meinte damals, dass es etwa 4 Wochen zum Ausheilen brauchen würde. Doch trotz aller Behandlungen wurde der Bruch mit der Zeit immer größer und die Schmerzen wurden immer heftiger. Ich war natürlich sehr verärgert darüber, da ich gerade eine sehr starke Form hatte und erfolgreich spielte.

Eines Tages kam ein Mann, den ich nie zuvor gesehen hatte, zu mir in die Reha. Er stellte sich als Pastor vor und sagte mir folgendes Worte direkt ins Gesicht: „Diese Verletzung an deinem Fuß hat Gott zugelassen, damit du endlich erkennst, wer er wirklich ist und ihn nicht mehr vergisst." Ich erwiderte so etwas wie: „Okay, danke." Und dann verabschiedete er sich auch schon wieder und ließ einen recht dumm dreinblickenden Kerl zurück.

Das „fromme Dreieck" des VfB

Ich war ziemlich verwirrt durch diese eigenartige Begegnung, auch wenn Gott in meinem Leben schon einige verrückte Dinge getan hatte. Vielleicht hatte dieser Pastor ja wirklich Recht und es war eine Botschaft von Gott. Ich wollte wissen, was es damit auf sich hatte, und betete zu Gott. Ich sagte ihm, dass er mir ein Zeichen an meinem eigenen Körper geben sollte, wenn diese Botschaft wirklich von ihm sein sollte. Dann würde ich es glauben.

Mein nächster Arztbesuch offenbarte mir die Tatsache, dass ich wirklich operiert werden musste. Mit einigen Schrauben wurde der Knochen zusammengefügt und mit 18 Stichen genäht. Danach hatte ich erst einmal einen Monat Zeit, um über diese Geschichte nachzudenken. Und nicht nur darüber, sondern auch über meinen Lebenswandel und darüber, dass ich Gott nur ernst nahm, wenn es mir schlecht ging, und ihn ansonsten wie einen Glücksbringer oder Maskottchen behandelte.

Mir wurde klar, dass ich mich entscheiden musste, eine gerade Linie in mein Leben mit Gott zu bringen. Entweder würde ich mit ihm leben oder ohne ihn. Aber dieses ständige Hin und Her war einfach nicht ehrlich. Dieses Leben mit Kompromissen und dem Wissen, dass manche Dinge zwar falsch sind, ich sie aber trotzdem tat – all das wollte ich ändern.

Gott arbeitet an unserem Charakter

Mein Gebet, dass Gott mir ein Zeichen an meinem Körper schicken sollte, hatte ich beinahe vergessen. Doch irgendwann, als ich so da saß und mir den operierten Fuß anschaute, habe ich es auf einmal kapiert. Ich schaute mir die große Operationsnarbe über dem Knöchel an, strich mit meinem Finger darüber und dachte mir: „Die wirst du ein Leben lang haben." In diesem Moment begriff ich, dass dies ja exakt das Zeichen an meinem Körper war, um das ich Gott gebeten hatte. Diese Narbe war neu an meinem Körper und Gott hatte sie zugelassen. Ich würde mein Leben lang immer durch den Blick auf meinen Fuß daran erinnert werden, dass Gott manchmal auch schmerzhafte Erfahrungen zulässt, damit wir wieder auf den Boden kommen und zu seiner Liebe finden. Er will einfach, dass wir ihn nicht vergessen.

Das war für mich wie eine Erleuchtung. Ich wollte von nun an mit Gott leben, ohne Kompromisse. Ich nahm mir vor, ihm von diesem Tag an zu vertrauen, egal was kommen sollte, und darum zu kämpfen, diese Liebesbeziehung mit ihm aufrecht zu erhalten und ihn nicht zu vergessen. Seitdem ist er mein Vater. Ich singe manchmal ein Lied, in dem es heißt: „Gott ist viel größer als unsere Gedanken". Wir Menschen sind einfach begrenzt. Auch wenn wir das Internet haben und durch die Luft fliegen können, auch wenn uns scheinbar nichts unmöglich erscheint – um Gott zu begreifen, sagt Jesus, müssen wir wieder wie die Kinder werden.

Natürlich bekommt man auch immer wieder Kritik zu hören, wenn man ein kompromissloses Leben mit Gott führt. Manche Freunde aus meiner Disco-Clique konnten nicht verstehen, dass ich auch mit einer einzigen Frau zufrieden sein konnte. Sie fanden meine neue Einstellung lang-

Bordons Dreamteam

weilig. Aber es gab auch einige, die es faszinierend fanden und mich darum beneideten, dass ich die Kraft zum Treusein aufbrachte.

Ich glaube, es geht vielen Menschen so, dass sie eigentlich mit Gott leben wollen und gerne einen starken Glauben hätten, aber sie schaffen es einfach nicht, da sie ihn immer wieder vergessen und ihn irgendwann ganz aufgeben. In der Bibel heißt es, dass der Glaube wie ein Wettlauf ist, bei dem man nicht aufgeben soll, bis man erfolgreich im Ziel ist (1. Korinther 9, 24).

Kampf zwischen Gut und Böse

Es ist auch ein Kampf gegen das Böse. Der Teufel, dessen größter Trick es ist, dass die Menschen nicht an ihn glauben, will nicht, dass wir Gottes Liebe erkennen. Er will, dass wir im Leben versagen und irgendwann aufgeben.

Ich kann den Film „Im Auftrag des Teufels" mit Al Pacino und Keanu Reeves sehr empfehlen. Das ist nicht nur irgendein Film, sondern er zeigt den Kampf zwischen Gut und Böse genau so, wie er im Leben läuft. Es passiert jeden Tag irgendwo auf der Welt, denn der Teufel ist sehr aktiv.

Nach den Terroranschlägen vom 11. September 2001 hat mich jemand gefragt, ob ich jetzt nicht mehr so an Gott glauben könnte wie davor. Ich habe ihm gesagt, dass dies alles schon in der Bibel steht und ich in meinem Herzen weiß, dass Gott viel größer und souveräner ist, als es viele annehmen. Es heißt in der Offenbarung, dass die Liebe vieler Menschen zu Gott immer schwächer werden wird. Und auch die Liebe untereinander, sodass sich die Länder immer heftiger bekämpfen werden.

Als ich am 11. September zu Hause die Bilder am Fernseher verfolgte, war ich natürlich sehr geschockt. Ich musste spontan an die Entrückung denken, von der die Bibel ja spricht, und wie es wohl sein wird, wenn Jesus wiederkommt. Manchmal denke ich auch über den Himmel nach und darüber, wie es da oben wohl sein wird. Eine goldene Straße, die durch das neue Jerusalem führt – das muss echt irre sein. Ich stelle mir vor, wie ich mit Gott dasitze und wir gemeinsam von einem riesigen Apfel essen. Und dann werde ich mich mit ihm über alles Mögliche unterhalten. Ich werde mich vor allem bei ihm bedanken, dass er immer zu mir gestanden hat und mit meinen vielen Fehlern sehr gnädig umgegangen ist. Das schätze ich sehr an Gottes Charakter, dass er ein gnädiger und liebender Vater für mich ist. Im Himmel wird es nie Nacht sein, sondern immer hell und warm.

Spaßvögel unter sich – mit Adhemar

Glück für alle Menschen

Aber Gott hat uns Menschen ja seinen Sohn Jesus geschickt, damit wir durch ihn die Power haben, dieses Leben gut und zufrieden zu führen und anderen Menschen dabei zu helfen, ebenfalls ein glückliches Leben zu haben.

Die Straßenkinder in Brasilien fristen ein trauriges Dasein zwischen Bergen von Dreck und täglicher Lebensgefahr. Viele sterben einen grausamen und unnötigen Tod. Aber es gibt in Brasilien inzwischen eine Bewegung, die das Evangelium von der Liebe Gottes in allen Landesteilen verbreitet. Das gibt den Kindern Hoffnung und sie sehen, dass sich Menschen liebevoll um sie kümmern.

Jorginho hat zum Beispiel schon einige Waisenhäuser und Schulen gegründet, um den Straßenkindern ein besseres Leben zu ermöglichen. Ich werde auch wieder an Weihnachten hinunterfliegen und viele Geschenke für die Straßenkinder mitnehmen. Wir, denen es gut geht, müssen ihnen durch diese kleinen Gesten zeigen, dass wir sie nicht vergessen haben.

Brasilien hat auch viele andere Probleme wie die hohe Kriminalitätsrate, Korruption oder den weit verbreiteten Spiritismus und Voodoo-Zauber. Dabei suchen die Menschen in all diesen Dingen eigentlich nur ihr Glück. Die Frage ist natürlich, wo man das echte „Glück" finden kann. Für mich ist es die Tatsache , dass ich Jesus und diesen tiefen Frieden im Herzen habe und weiß, dass ich eines Tages ewig mit ihm leben werde. Und bis es so weit ist, habe ich Jesus in meinem Alltag als den besten Begleiter, den man sich wünschen kann: „Fürchte dich nicht, ich stehe dir bei! Hab keine Angst, ich bin dein Gott! Ich mache dich stark, ich helfe dir, ich schütze dich mit meiner siegreichen Hand!" (Jesaja 41, 10)

Christian Brand

Brand
– der Künstler

Fußball ist Kunst

My name is Christian Brand!" Wenn Christian Brand sich eines Tages in Englands Premier League vorstellen sollte, dann werden die Fans beim Klang seines Namens sicher breit grinsen. „Christliche Marke", bedeutet er aus dem Englischen übersetzt.

Und wenn man sich seine Vita anschaut, dann scheint er wirklich eine Art Sonder-Marke der Bundesliga zu sein. Schließlich erwarten die Fans von einem Fußballprofi nicht unbedingt, dass er in einen Bibelkreis geht und eine regelmäßige Kolumne für den „Spiegel" schreibt. Mit dem „Logbuch eines Fußballprofis" hat er sich in über hundert Kolumnen längst einen Namen in deren Online-Ausgabe gemacht. Genauso bei manchen Trainern seiner Laufbahn – doch da vielmehr als „unbequemer Profi", was ihn ebenso nervt wie das ständige Klischee vom Gitarre spielenden, langhaarigen Fußballer mit Köpfchen.
Doch wie sieht sich der Denker und Lenker des Mittelfelds eigentlich selbst? Als Philosoph, als Headbanger, als Dogmatiker, als Linksfuß, als Rocker, als Zweifler, als Kopfballungeheuer, als Romantiker? Passt das überhaupt alles zusammen? Zu viele Kopfbälle zerstören Hirnzellen, sagen einem die Mütter schon in der E-Jugend. Gut, dass er mit seinen 1,68 Metern an die hohen Bälle kaum ran kommt – also dürfte noch genug Potenzial in seinem Oberstübchen sein, um für uns jetzt exklusiv nachzusinnen.

Christian Brand hat über den Fußball-Gott nachgedacht:

Manchmal trägt er ein blaues, manchmal ein gelbes oder grünes Trikot.
Manchmal trägt er aber auch gar keins. Dann fühlen sich wieder alle von ihm verlassen. Jeder kennt ihn und jeder hat seinen Namen, ob gewollt oder nicht, schon unzählige Male ausgesprochen. Die Rede ist von Gott! Aber wer ist Gott überhaupt?
In unserem Beruf bemüht man ihn als Fuß-

Brand und Sergio – Begrüßung im Tunnel

ball-Gott, als den Herrscher über abseits und vergebene Torgelegenheiten. Hin und wieder frage auch ich mich, ob Gott etwas für Fußball übrig hat. Einerseits denke ich, dass es für ihn genügend ernstere Probleme zu lösen gibt. Andererseits muss er sich seinen Namen als „Allmächtiger" ja irgendwie verdient haben.

Da dürfte es für Gott wahrscheinlich nicht der Rede wert sein, zwischen all den anderen Tagesgeschäften auch ein wenig Einfluss auf die Fußballerwelt auszuüben. Aber woher weiß man, dass Gott in diesem oder jenem Spiel zur Stelle war, wenn man ihn noch nie gesehen hat? Wie kann ich jemanden für eine Niederlage verantwortlich machen, der nicht mit mir spricht? Ich kann ihn unter der Dusche ja nicht einmal für ungenaue Zuspiele ausschimpfen, weil er wohl immer erst dann in den Waschraum geht, wenn meine Kollegen und ich schon längst wieder zu Hause sind. Wie also soll man an etwas glauben, das sich einem nie so zeigt, wie wir es gewohnt sind? Es fällt einem doch um einiges leichter, an materielle Dinge zu glauben, oder? Wie Handys, Computer, Autos, große Häuser und, nicht zu vergessen, Geld.

Steckbrief

Geboren am 23. Mai 1972 in Quakenbrück
Verheiratet mit Kaba
Tochter Mathilda

Vereine

BV Quakenbrück
VfL Herzlake
VfB Oldenburg
VfL Osnabrück
FC Bremerhaven
Werder Bremen
VfL Wolfsburg
Hansa Rostock

Jesus hat irgendwann gesagt: „Lasst die weltlichen Dinge hinter euch und vertraut auf Gott. Denn nur er kann euch das vollendete Glück bringen."

Wie sehr wünschte ich mir so einen unerschütterlichen Glauben an Gott, dass mich nichts mehr aus der Bahn werfen kann und ich mich um nichts mehr zu kümmern brauche! Es soll ja tatsächlich Menschen geben, deren Glaube durch nichts zu erschüttern ist. Haben diese Menschen den Zustand des absoluten Glücks erreicht? Wenn ja, müssen Sie mir unbedingt deren Handynummer oder Email-Adresse geben! Nicht, dass ich neidisch wäre, um Gottes Willen, nein. Es ist nur so, dass ich Gott gerne besser kennen lernen möchte, wenn wir denn schon gemeinsam in einer Mannschaft spielen.

Rummenigges Torfestival

„Und vergiß die Chips nicht, Mama", rufe ich meiner Mutter nach, als sie aus dem Haus geht. Die Fußball-WM 1982 wird mir immer in Erinnerung bleiben. Unsere Familie war seit Tagen im WM-Fieber, und ganz Quakenbrück schien sich im Supermarkt um die Ecke für das große Finale „Deutschland gegen Italien" einzudecken. Zuvor hatte Deutschland im Halbfinalthriller Frankreich besiegt, und wenn es vier Jahre zuvor Mario Kempes war, den wir nicht nur wegen seiner Haarpracht bewunderten, gab es in diesem Sommer nur einen Namen: Karl-Heinz Rummenigge. Logisch, dass sein Poster in meinem Zimmer hing, direkt neben dem von Kalle Förster.

Mein Vater hat mir damals sogar die Adidas-Fußballschuhe „Karl-Heinz Rummenigge" mit den gelben Streifen geschenkt, doch dazu später mehr.

Einen Tag vor dem großen Finale starb mein Opa. Ein ziemlicher Schock für unsere ganze Familie, doch Kinder gehen mit einem so unerwarteten und traurigen Ereignis manchmal ganz seltsam um. Ich war damals 10 Jahre alt, und ich erinnere mich, wie wir an diesem Nachmittag im Garten meiner Oma beim Kicken waren. Sie hatte zwischen den Bäumen, die uns als ideale Pfosten dienten, extra viele Blumen gepflanzt, damit wir da nicht spielen würden. Doch immer, wenn sie in die Stadt ging, haben wir natürlich doch zwischen die Bäume geballert, bis die Tulpen flogen. Es war ein sehr heißer Nachmittag, und mein Freund Dirk musste mal wieder als Erster ins Tor. Irgendwann, als wir schon eine ganze Weile „Bayern gegen HSV" gespielt hatten, habe ich ihm dann ganz beiläufig gesagt, dass mein Opa gestorben sei. Dirk hat damals ein wenig hilflos geschaut, aber auch nicht viel darauf zu sagen gewusst, und dann bin ich eben für ihn ins Tor gegangen.

Trotzdem, mein Opa ist für mich ein wichtiger Bezugspunkt gewesen. Jeden Samstag, wenn wir vom Kicken nach Hause kamen, rasten mein Bruder Andreas und ich hoch zu ihm, um gemeinsam die Sportschau zu gucken. Das war jahrelang eine Pflichtveranstaltung im Hause Brand. Klar, dass wir nach der Sportschau draußen weiterspielten und ich dann den Kommentator mimte: „Es meldet sich Fritz Klein für Sie aus dem Hamburger Volksparkstadion. Herzlich willkommen, meine Damen und Herren, zum Spitzenspiel des HSV gegen den SV Werder Bremen. Ein wunderschöner Samstagnachmittag erwartet uns hier im Volkspark und der HSV wird mit folgender Aufstellung antreten: Mit der Nummer 1 Uli Stein, die 2 Manfred Kaltz, die 3 Holger Hyronimus ..." Der einzige Ärger, den ich in diesen wunderschönen Kindheitsjahren mit meinem Opa Willi hatte, war, dass ich beim BV Quakenbrück spielte und nicht bei der Konkurrenz, dem VfR Quakenbrück, den mein Opa einst mitgegründet hatte. Aber irgendwie passt das vielleicht zum Verlauf meiner ganzen Fußballerlaufbahn. Ecken und Kanten, Gegenwind und Tiefpunkte gehörten und gehören noch zu meiner Achterbahnkarriere. Fußball war für mich immer Leidenschaft und Abenteuer zugleich. Manchmal fühlte ich mich wie ein Held, dem die Welt zu Füßen liegt, der von allen Seiten umjubelt winkend das satte Grün verlässt ... um plötzlich im Bett meines Kinderzimmers hochzufahren und festzustellen, dass es doch nur ein schöner Traum war. Träume und Realität, der ewige Kampf für all jene, die hoch hinaus wollen.

An einem Nachmittag im Sommer 1981 war es dann soweit: „A Star Is Born" würde die „BILD für Kinder" wahrscheinlich texten. Wir hatten im D-Jugend-Spiel den SV Ottermersch mit 29:0 abgefertigt. 14 Tore gingen dabei auf mein Konto, inklusive verschossenem Elfer gegen die Latte. Mit meinen neuen „Karl-Heinz-Rummenigge-Adidas-mit-gelben-Streifen" tigerte ich nach dem Spiel in Richtung Kirmes (DAS Ereignis in Quakenbrück), um mich dort feiern zu lassen. Zuckerwatte, Luftgewehr, Coca Cola, das hatte ich mir wirklich verdient. Vor allem beim Autoscooter-Fahren konnte man die Mädels ganz gut beeindrucken, und ich muss meine erste große Spielerparty damals so sehr genossen haben, dass ich darüber vergaß, meine geliebten nagelneuen Adidas-Schuhe mit nach Hause zu nehmen. Natürlich waren sie später nicht mehr aufzufinden, und es gab nicht nur Ärger mit meinen Eltern, sondern bis zum heutigen Tag nie wieder ein solches 14-Tore-Spektakel meinerseits (Weiß jemand, wo man die Schuhe heute noch bekommen kann?). Höhen und Tiefen einer jungen Karriere.

„Ich bin klein, mein Herz ist rein ..."

Ein Problem in meiner damaligen Entwicklung war meine Körpergröße. Meine Eltern hätten mich wohl öfter in den Regen stellen sollen, denn je älter ich wurde, desto öfter musste ich mir die blöde Phrase „zu klein" anhören. In der A-Jugend von Osnabrück sollte das später sogar zum Grund meiner Nichtberücksichtigung werden. Selbst für die A2 des VfL Osnabrück wurde ich als zu kurz befunden und wechselte 1989 frustriert wieder zurück zu meinem Heimatverein BV Quakenbrück, wo ich zumindest wieder mit meinen alten Schulfreunden in einer Mannschaft kicken durfte. Obwohl wir nur in der zweitniedrigsten Spielklasse herumgurkten, hatten wir sehr viel Spaß und ich bekam kurz vor Saisonende ein Angebot für die A-Jugendmannschaft des VFL Herzlake.

Unter Trainer Georg Schultejahn habe ich die Freude am Fußball wiederentdeckt. Der Erfolgsdruck war nicht mehr da, ich durfte spielen, und der Trainer förderte mich trotz meiner „Körperkleine". Er verstand es, mich damals mental aufzubauen, und versuchte stets, mich zu verbessern und nach vorne zu bringen, sodass ich mit 18 als Jungspund zum besten A-Jugend Spieler gewählt wurde und direkt in die Herrenmannschaft kam.

Ich habe damals begriffen, dass man im Fußball nur dann eine Chance hat, wenn der Trainer von einem überzeugt ist und man sein Vertrauen spürt. Bei Rob Gruner in der 1. Mannschaft wollte ich immer noch etwas dazu lernen – denn wer zufrieden mit sich ist, bleibt auf der Stelle stehen. Die Früchte meiner Mühen waren die ersten Berufungen in die Niedersachsenauswahl der U 19. Das war schon eine Ehre für mich, in diesem Auswahlhaufen von Begabten stehen zu dürfen. Im Januar 1991 hatten wir ein Spiel in Hamburg ge-

Mit Schwesterchen Claudia

Brands
Top 3

Schauspieler
① Robin Williams
② Juliette Binoche
③ Ethan Hawke

Urlaubsländer
① Liparische Inseln (vor Sizilien)
② Jamaika
③ Neuseeland

Essen
① Gefrorene Kindermilchriegel
② Pasta mit Thunfischsauce
③ Gemüsesauce à la Kaba

TV Sendungen
① Daktari
② Die Waltons
③ Flipper

Reporter
① Dieter Adler
② Ernst Huberty
③ Fritz Klein

Bibelverse
① Liebe deinen Nächsten wie dich selbst
② Lasset die Kindermilchriegel zu mir kommen

CD
① „10", Pearl Jam
② „Tea for the Tillerman", Cat Stevens...
③ „Smells like teen spirit", Nirvana

Bücher
① Schuld und Sühne
② Happy Birthday, Türke
③ Der Spieler

Trainer
① Menotti
② Valdano
③ Cruyff

Legendäre Spiele
① WM-Finale 1978
② Schalke – Bayern 6:6
③ Schalke – Rostock 0:2

Musiker
① Pearl Jam
② The Doors
③ Neil Young

Stadien
① Nou Camp
② Westfalenstadion
③ Bernabeau-Stadion

Internet
① www.Spiegel.de
② www.harmony-central.com

gen die Berliner U19-Auswahl. Ein gewisser Rudi Assauer kam gemeinsam mit Trainer Wolfgang Sidka nach Hamburg, um den jungen Niko Kovac zu beobachten. Irgendwie muss ich beim 2:2 (ein Tor von mir) einen guten Eindruck bei den Herren hinterlassen haben, denn kurze Zeit später war Wolfgang Sidka mein Trainer in der 2. Liga-Mannschaft vom VfB Oldenburg. Ich hatte mit 19 den Status des Vertragsamateurs und erlebte meine ersten Lehrjahre im Profigeschäft.
Nach zwei Jahren und knapp 40 Zweitligaspielen wurde ich von unserem damaligen Trainer Werner Fuchs (er ist inzwischen leider verstorben) wegen „Disziplinlosigkeit" suspendiert. Folgendes war geschehen: Wir hatten gerade unser Auswärtsspiel in Darmstadt mit 0:2 verloren und unser Trainer hatte ziemlich schlechte Laune. Im Bus galt Fernseh- und Kartenspielverbot. Ich hatte meiner damaligen Freundin und heutigen Frau gesagt, dass ich, wie mit unserem Busfahrer abgesprochen, an einer Raststätte aussteigen und sie mich dann von dort abholen würde. Ich ging also zu unserem Trainer, um mir noch einmal seinen Segen geben zu lassen. Und siehe da, er verweigerte mir den Ausstieg an der Raststätte. Als ich meinen Mitspielern die Geschichte erzählte, waren sie nicht minder erstaunt als ich und sagten, dass ich dann eben mit Thomas Gerstner, der 20 Kilometer weiter aussteigen durfte, zusammen den Bus verlassen sollte und dann mit Gerschtl's Auto zu meiner Freundin auf die Autobahnraststätte fahren sollte. Wenn der Trainer am nächsten Tag sauer sein sollte, würden sie mich schon aus der Geschichte raushauen. Am nächsten Morgen war aber der einzige, der mich raushaute (und zwar wortwörtlich), unser Trainer, und keiner meiner Mitspieler sagte auch nur einen Ton.
1993 machte ich die Bekanntschaft mit Werner Biskup. Er war damals Trainer beim VfL Osnabrück und versprach mir das Blaue vom Himmel, wenn ich nach Osnabrück in die Regionalliga kommen würde. Er wollte aufsteigen, eine Mannschaft um mich herum aufbauen und mich später sogar mit in die Bundesliga nehmen. Nur einen Heiratsantrag hat er mir nicht gemacht. Also beackerte ich ein Jahre lang die Felder der Regionalliga, spielte eine hervorragende Saison 93/94 und erlebte dabei den zweiten Absturz meiner jungen Karriere.

Mein sehr guter Ruf

„Der Brand ist ein schwieriger Spieler", wurde damals über mich gesagt. Und wenn man sich einen schlechten Ruf einfängt, dann ist das wie bei einer hartnäckigen Grippe, die man nicht so schnell wieder aus dem Körper bekommt. Ich galt als Spieler mit eigenem Kopf, der schwierig und aufmüpfig sei. Zur Strafe fand ich mich in der 2. Mannschaft wieder. Als ich Osnabrück nach einem Jahr wieder verließ, musste ich sehr schmerzlich erfahren, dass man seine eigene Meinung im Profisport am Besten für sich behält, wenn

Letzte Anweisungen von „Entdecker" Sidka

man nach oben kommen will. Demokratie gibt es nur in der Politik (schön wär's). Der Grund meines Rauswurfs damals war ein angeblich verpasster Massagetermin. Vier weitere Spieler waren damals wegen ähnlicher „Disziplinfragen" aus der Mannschaft geflogen. Später wurden sie alle begnadigt – bis auf mich.

Irgendwie erinnerten mich die damaligen Strafen an meine Schulzeit. Natürlich war ich da als frecher Steppke für jeden Spaß zu haben. Das endete meist darin, dass ich mal wieder die Schulordnung abschreiben musste. „Christian stört im Unterricht", lauteten die vielen Einträge im Klassenbuch. Einmal haben wir das geliebte Notizbuch unseres Biologielehrers geklaut und mitsamt jahrelanger persönlicher Eintragungen einfach im Mülleimer verschwinden lassen. Wir wollten es ihm natürlich irgendwann wiedergeben, doch die Putzfrauen hatten es blöderweise schon beseitigt. Glücklicherweise konnten wir es dann doch noch unter riesigen Anstrengungen an seinen ursprünglichen Platz zurück befördern. Das gab richtig Ärger damals!

Doch mein eigentliches Problem bestand darin, dass ich fortan immer, wenn etwas vorfiel, als Erster dafür verdächtigt wurde. So auch bei einer Rangelei im Schulflur, bei der die Glas-Vitrine mit Ausstellungsstücken in tausend Teile zersplitterte. Dabei konnte ich ausnahmsweise wirklich nichts dafür, dass ein Knäuel sich prügelnder Schüler auf mich fiel und wir alle in der Vitrine landeten. Doch wer interessiert sich dafür, wenn die Beweislage eindeutig scheint! Nun schien mich also

„Lichtgestalt" am Ostseestrand

die Vergangenheit einzuholen. Der aufmüpfige Christian Brand!

Als mich Wolfgang Sidka kurz darauf zum FC Bremerhaven vermittelte, schien der Stern meiner Fußballerkarriere in der Regionalliga unterzugehen. Ab und zu hatte ich schon den Gedanken gehegt, vielleicht „etwas Anständiges" zu lernen, wie manche sagen. Einen Tag lang war ich an der Fachoberschule für Architektur. Ich hatte donnerstags angefangen, doch der Bänderriss am Samstag beendete meine hoffnungsvolle, aber kurze Architekten-Karriere. Eine Ausbildung zum Technischen Zeichner hielt ich später sogar ganze zwei Wochen lang durch, bis ich feststellen musste, dass das wohl auch nichts für mich war.

Brand von A bis Z

ANGST
Manchmal
BÜCHER
Sehr wichtig, ich lese sehr viel und gerne
COMEDY
Na ja, es gibt Gute und Schlechte
DAMALS
War alles besser?
ELTERN
Meine Erzeuger
FREUNDE
Sollte man nicht zu viele haben
GESUNDHEIT
Das Wichtigste
HEIMAT
Habe ich eigentlich gar keine richtige
IDOLE
Habe ich auch nicht
JUGEND
Schöne Partys und das komische Gefühl, langsam erwachsen zu werden
KINO
Ein sehr netter Zeitvertreib
LEIDENSCHAFT
Gefrorene Kindermilchriegel
MUSIK
Sehr wichtiger Bestandteil meines Lebens, sogar noch wichtiger als Bücher.
NIEMALS
Man soll nichts für immer ausschließen
OFT
Bin ich zu ungeduldig
PLÄNE
Versuche ich, realistisch zu verwirklichen
QUALITÄT
Kommt vor Quantität
RUHM
Ist für mich nicht wichtig
SCHWÄCHE
Man sollte stark genug sein, manchmal auch Schwächen zu zeigen
TRAUM
Schöne Abwechslung im Schlaf
UNGERECHT
Menschen sind oft ungerecht, was mich manchmal auch auf die Palme bringen kann
VERRÜCKT
Kommt immer auf den Betrachtungswinkel an
WICHTIG
Liebe und Familie
X-X
Sicher das Geschlecht mit den besseren Nehmer-Qualitäten
YOGHURT
Aprikose/Pfirsich
ZEUGNIS
Nächste Frage – sollte man nicht überbewerten

Freunde sind wichtig

Ich hatte als Jugendlicher einen engen Freund (und das ist er auch heute noch), mit dem ich mich über alles prima unterhalten konnte. Er war sehr gläubig und erzählte mir ab und zu von seiner Sicht der Dinge und von seinem Glauben an Gott. Schon im Alter von zwölf Jahren (wobei er einige Jahre älter war als ich) haben wir manchmal stundenlang über die Welt philosophiert. Als ich damals für die A-Jugend in Osnabrück zu klein war und ausgemustert wurde, hat er mir immer wieder Mut gemacht. Irgendwann gab er mir den Rat, mich nicht hängen zu lassen, sondern zu versuchen, mit einem täglichen Gebet neue Kraft zu bekommen.

So habe ich – ohne großartig über Gott Bescheid zu wissen – einfach einmal damit angefangen; schließlich hatte ich ja nichts zu verlieren. Für mich ist das Gebet bis zum heutigen Tag ein Geheimnis, das wohl erst im Himmel gelüftet werden wird. Manchmal habe ich echte Zweifel, ob das Gespräch mit Gott überhaupt irgend etwas bewirkt und da oben ankommt. Doch manchmal fühle ich auch, wie es mir tatsächlich neue Kraft und Hoffnung schenkt.

Damals, mit 18, hatte es geholfen, und so gab ich mich fünf Jahre später als Regionalliga-Kicker in Bremerhaven noch lange nicht geschlagen – auch wenn ich zu dieser Zeit keinen besonders guten Ruf hatte und mich wirklich kein Verein verpflichten wollte.

Plan B

Ich hatte mir einen Plan ausgedacht und hoffte, dass Gott mich dabei unterstützen würde. Die Bundesliga war immer mein Ziel gewesen, und warum sollte ich als Spätstarter mit 24 nicht auch noch ans Ziel gelangen? Mein Plan sah so aus: Ich wollte es irgendwie zu den Amateuren von Werder Bremen schaffen. Denn wenn ich erst einmal da war, dann könnte mir mit viel Glück und Kampf auch der Sprung nach oben zu den Profis gelingen.

Als mich Thomas Schaaf im Frühjahr 1996 zu den Werder-Amateuren holte, schien mein Plan tatsächlich aufzugehen – der erste Schritt war getan. Abgesehen von der Verpflichtung war ich auch froh darüber, dass mich die Bremerhavener Verantwortlichen als einen netten, ehrlichen Menschen bezeichneten und sich über meinen vorangegangenen schlechten Ruf wunderten. Das tat gut, und ich wollte alles geben, um einen guten Neustart hinzulegen. Doch dass es dann so schnell weiterging, hätte ich wirklich nicht erwartet.

Schon wenige Monate später bekam Trainer Dixie Dörner einen guten Tipp von Thomas Schaaf und ich die Gelegenheit, bei den Profis mitzutrainieren. Mein heutiger Freund Marco Bode war damals glücklicherweise in Sachen Europameisterschaft mit der Nationalelf unterwegs. So bekam ich tatsächlich die Chance, mich auf seiner vakanten Position zu beweisen. Ich kämpfte mich in der Vorbereitung immer näher an die Mannschaft heran und war nach den Trainingseinheiten oft fix und fertig, aber glücklich, diese Chance zu bekommen.

Im UI-Cup sollte ich dann meine erste Feuerprobe bestehen. Wir spielten gegen Djurgarden Stockholm, und ich war, auch wenn es nur ein Spiel im Sommercup war, schon ziemlich aufgeregt. Ich durfte von Anfang an ran und wollte Trainer Dörner unbedingt beweisen, dass er mit mir die richtige Wahl getroffen hatte. Als ich mit einer meiner ersten Ballberührungen den wichtigen Ausgleichstreffer erzielte, konnte ich es selbst kaum glauben. Was für ein Traumeinstand für mich – da hatte ich richtig Glück gehabt, oder sollte ich besser sagen: „Gott sei Dank"?

Von da an durfte ich mich als echten Bestandteil der Mannschaft sehen und bestritt im August '96 an einem lauen Sommerabend schließlich mein allererstes Bundesligaspiel gegen meinen jetzigen Verein Hansa Rostock. Ich wurde damals für Bernd Hobsch eingewechselt und sah mich über den Rasen des Weserstadions dribbeln wie einst meine Vorbilder Völler und Rummenigge.

Als kleiner Junge hatte mich ein Bekannter damals zu meinem ersten Bundesligaspiel in die Fankurve mitgenommen. Werder gegen Bayern hieß es seinerzeit – Völler gegen Rumme-

Lenkdrachen macht Laune

nigge, ein unvergesslicher Tag für mich als Bayernfan, und jetzt stand ich selber da unten auf dem Grün und hörte den Stadionsprecher meinen Namen sagen. 1:1 war dann der Endstand.

Gummibärchen und Bibel

In dieser Saison 1996/97 folgten noch 23 weitere Spiele im Werder-Trikot, darunter das legendäre 3:0 gegen die Bayern oder das 5:0 gegen Bochum. Was mich aber seit Beginn meiner Profizeit irritiert, ist der Starkult, der um uns Spieler veranstaltet wird. An einem Tag ist man der Retter und am nächsten der Depp vom Dienst. Ich habe mir zu dieser Zeit sehr viele Eindrücke aufgeschrieben, da ich das Ganze erst einmal verarbeiten musste. Es ist nicht so einfach, wenn man von wildfremden Leuten auf der Straße angesprochen wird und das Gefühl vermittelt bekommt, für das Glück zigtausender Fußballfans verantwortlich zu sein. Aber natürlich war es auch ein einziger Genuss und die Erfüllung eines Traums, in einer so starken Bremer Elf stehen zu dürfen.
Auch heute denke ich noch sehr gerne an die Bremer Zeit – mit Jens Todt, Didi Frey und Marco Bode habe ich dort drei Freunde gefunden. Mit den beiden letzteren besuchte ich sogar regelmäßig einen Bibelkreis, der meist im Haus von Marco Bode stattfand. Rune Bratseth und Kiwi Rufer hatten diese Tradition bei Werder einst ins Leben gerufen. Ich hatte in der Presse schon einiges darüber gelesen und war schon recht gespannt, was mich da erwarten würde. Bei Chips und Gummibärchen trafen wir uns mit Dean Grube von „Sportler ruft Sportler" (eine christliche Sportlervereinigung), um über Texte aus der Bibel und über Gott und die Welt zu diskutieren. Es ging um Themen wie Nächstenliebe, Respekt, Verantwortung und alles, was uns so auf den Nägeln brannte. Wir hatten nicht immer dieselbe Meinung und oft ging es bei uns sehr konträr zu. Es war sehr spannend zu hören, wie sich manche den „lieben Gott" vorstellten und wie sie mit Gebet umgingen.
Ich muss sagen, dass diese Bibelkreise für mich wirklich eine Bereicherung waren, einmal fernab von allen Punkten und Tabellen über den Sinn des Lebens zu philosophieren.

Erwachsen werden

Mein Schlüsselerlebnis mit Gott hatte ich allerdings mit 18 Jahren. Meine Großmutter war eine sehr wichtige Bezugsperson in meinem Leben. Als sie im November 1990 starb, war ich wirklich sehr niedergeschlagen.
Wenige Monate später hatte ich mit dem Auto meiner Schwester einen sehr schweren Unfall. Ich hatte meine kleine Nichte glücklicherweise schon vorher bei ihren Eltern abgeliefert, als ich beim Überholvorgang mit circa 130 km/h seitlich ein Auto streifte und dadurch ins Schleudern geriet. Als ich so durch die Gegend schlitterte und dabei zusah, wie mich mein eigenes Hinterrad überholte, dachte ich für einen Moment, dass mein Leben nun wohl vorbei sei. Ich muss einige sehr schnelle Schutzengel gehabt haben, denn mir ist damals, bis auf ein schrottreifes Auto, nichts Schlimmes passiert.

Kurz vor dem Unfall im April 1991 hatte ich Kaba (meine heutige Frau) kennen gelernt. Sie war gerade braungebrannt aus Australien zurückgekommen (deswegen ihr Spitzname), und es gab wohl keinen Jungen aus der Klasse, der nicht total auf sie stand. Als ich sie einmal in der Disco sah, dachte ich: „Komm, lass stecken, bei der hast du doch niemals eine Chance."

Witzigerweise waren wir in der 5. Klasse schon mal „miteinander gegangen", aber da waren wir ja noch Kinder und verbrachten die meiste Zeit mit Tischtennisspielen und Schwimmen. Als wir in diesem Frühjahr 1991 dann doch zusammenkamen, konnte ich mein Glück nicht fassen. Ich konnte gar nicht anders, als Gott dafür zu danken, sie als Freundin zu haben.

All diese Dinge waren in so kurzer Zeit passiert – ich hätte auch schon tot sein können, aber stattdessen war ich lebendig und mit der Traumfrau schlechthin zusammen. Ich wollte damals nicht an Zufälle glauben und begann, einen ganz feinen Draht nach oben, zu Gott, zu spinnen. Irgendetwas in mir sagte mir, dass er gut auf mich aufpassen würde.

Schmerzen und Koma

Sieben Jahre später liege ich mit gebrochenem Schienbein auf einer Trage und habe Schmerzen, die ich vorher nicht kannte. Aber ich bin gefasst und frage unseren Doc beim Abtransport sogar, wie lange ein Schienbeinbruch denn so zum Heilen braucht. In der Klinik werde ich in einen Röntgenraum geschoben und liege dort eine halbe Stunde lang, völlig alleine im verschwitzen Trikot, die Fußballschuhe noch an. Ich bin selten in meinem Leben so einsam gewesen wie in diesem Moment. Während mir vor Schmerzen die Tränen über das Gesicht laufen, gehen mir so viele Gedanken durch den Kopf, mein Leben im Schnelldurchlauf. Warum musste das ausgerechnet jetzt passieren?

Wir hatten mit Werder im UI-Cup gegen Lommeln gespielt. Ich war zur Halbzeit reingekommen. Einige Minuten später, bei einem Zusammenprall mit meinem Gegenspieler, hat es dann ganz furchtbar geknackt. In diesem Moment wusste ich ganz genau, dass es eine schlimme Verletzung war. Der 25. Juli 1998. Dann liegst du da, und es ist ganz still. Keine Fans, kein Fußball, nur du selbst und die Schmerzen.

Als endlich jemand kam und ich dachte, dass es losging, war es nur eine Krankenschwester, die mich fragte, ob sie mein Trikot haben könnte. Nach meiner Operation lernte ich die Stationsschwester Eva Havrilewicz kennen. Als ich ihren Namen hörte, erinnerte ich mich an einen ehemaligen Mitspieler beim VfB Oldenburg, Jerzey Havrilewicz. Er war vor einigen Jahren während eines Spiels zusammengebrochen und lag seitdem im Wachkoma (Apallisches Syndrom). Ich fragte sie, ob sie ihn kennen würde und war echt baff, als sie sagte, dass sie seine Frau sei. Seit Jahren kümmerte sie sich um ihren Mann, ohne jegliche Besserung sehen zu können. In diesem Moment kam ich mir mit meinem gebrochenen Schienbein richtig albern vor. Sie hatte quasi ihren Mann verloren, und ich durfte hoffen, bereits nach einigen Monaten wieder im Rennen zu sein. Ab diesem Moment habe ich nicht mehr darüber gejammert, sondern mich nur noch auf die Zeit danach gefreut.

Noch ein Wort zu Werner Biskup. Er schickte mir ein Fax mit folgendem Satz: „Wer Werner Biskup

übersteht, der übersteht auch so einen lächerlichen Beinbruch!"

Traum-Beruf

Ein guter Freund, der Radrennfahrer Lars Urban, wurde zum besten Reha-Trainer meiner Karriere. Er versprach mir, mich mit einem Spezialtraining so fit zu bekommen, wie ich nie zuvor gewesen war. Da ich mein Bein natürlich nicht richtig belasten konnte, sind wir jeden Tag Rad gefahren bis zur totalen Erschöpfung. Doch nach einigen Monaten des Urban'schen Spezialtrainings sollte er recht behalten. Ich kehrte so fit ins Mannschaftstraining zurück, dass ich bei den Waldläufen sogar locker neben dem gefürchteten „Quälix" Magath herlaufen konnte. Danke, Lars, an dieser Stelle!

Ein paar Monate später hatte ich ein Angebot, zum VfL Wolfsburg zu wechseln. Bei Werder lief es trotz der überragenden Form für mich nicht mehr rund, und ich sah mittelfristig bei nur noch 4 Einsätzen in der ganzen Saison 98/99 nicht unbedingt eine Perspektive. In der Vorsaison hatte ich noch 31 Spiele absolviert und so beschäftigte ich mich mit dem Angebot der Wölfe.

Die Zeit in Wolfsburg war ein totaler Reinfall. Der Trainer der Wölfe hatte mir in unserem ersten persönlichen Gespräch alles Mögliche versprochen. Ich sollte quasi der Mann für ihn sein. Doch noch während der Sommerpause erfuhr ich, dass man auf meiner Position gleich noch einmal auf dem Transfermarkt tätig geworden war. Wolfsburg war ein echter Albtraum für mich und ich war sehr froh, nach nur drei Monaten in der VW-Stadt aus diesem zu erwachen. Meine nächste Station sollte noch weiter nördlich liegen.

Trautes Glück mit Kaba und Mathilda

Das Leben ist schön

Rostock war schließlich der erhoffte Neuanfang – in jeder Beziehung. Fußballerisch sah ich bei Hansa eine Chance, mich noch einmal in der Bundesliga zu etablieren. Und so nahm ich die Herausforderung an, ein weiteres Mal hart um einen Stammplatz zu kämpfen. Zu den stürmischen Wellen der schönen Ostsee passend waren die ersten beiden Jahre ein ziemliches Auf und Ab für mich. Wen wundert's, bei meiner „Achterbahnkarriere".

Doch die Zeit mit meiner jungen Familie wird für immer unvergessen bleiben. Ich würde sogar sagen, dass ich hier den schönsten Tag meines Lebens hatte: Unsere Hochzeit am 9. Juni 2001 stand unter einem wochenlangen Regenschleier. Es goss in diesen Tagen vor der Hochzeit wirklich aus allen Kübeln und ich sah meine Braut schon beinahe in Gummistiefeln mit mir am Altar stehen. Als dann unser Hochzeitstag anbrach, schielte ich zwischen Badezimmer und Kaffeeaufschütten mit hoffnungsvollem Blick aus dem Fenster und konnte es kaum glauben: Wir hatten einen absolut wunderschönen Sommertag geschenkt bekommen, so dass einige Gäste später sogar sagten: „Euer Gott meint es wohl echt gut mit euch!"

Tja, das war also bis dahin der schönste Tag meines Lebens, der nur noch von der Geburt unserer Tochter Mathilda getoppt werden konnte. Als meine Frau die Wehen bekam und wir im Krankenhaus ankamen, wunderte ich mich erst mal darüber, dass so wenig Personal da zu sein schien. Ich hatte eine Vorstellung von mindestens drei Ärzten und ständig überwachenden Schwestern. Aber bis auf die Hebamme und eine Schwester war eigentlich kaum jemand da. Doch schienen sie alles im Griff zu haben. Ich muss mich dann so wohl gefühlt habe, dass ich doch glatt irgendwann neben meiner Frau auf dem Stuhl eingeschlafen bin.

Als es losging, bin ich zum Glück geweckt worden, sonst hätte ich eines der beeindruckendsten „Naturschauspiele" des Lebens verpasst. Ich bin sehr froh, bei der Geburt dabei gewesen zu sein, was ja bei vielen Fußballern durch die ständige Reiserei nicht selbstverständlich ist.

Ich weiß nicht, was die Zukunft für den Fußballer Christian Brand und für den Familienvater bringen wird. Ich könnte mir sehr gut vorstellen, noch ein paar Jahre irgendwo im Ausland zu spielen, wobei ich momentan erst einmal hoffe, wieder in heimischen Stadien auflaufen zu können. Egal, was noch auf uns zukommen wird, wir sind flexibel. Und vor allem bin ich dankbar, auch jetzt schon auf eine sehr privilegierte Zeit als Fußballprofi zurückblicken zu können – randvoll mit wundervollen Geschichten und Abenteuern.

... und vorne hilft der liebe Gott

Am achten Tag schuf Gott den Ball. Und er sah, wie die Menschheit fasziniert davon war, und schenkte ihnen die Weltmeisterschaft. Als nun das WM-Finale 2006 vor der Tür stand, hatte Gott ein Problem: Jeden Morgen, wenn er aufstand, brachten ihm die Engel die Gebete aus den Ländern der Finalteilnehmer. Das ging nun schon seit Tagen so, und obwohl es jeden Tag mehr wurden, nahm Gott sich die Zeit, jedes einzelne Gebet zu betrachten.

Ein kleiner Junge aus Matsubara brachte ihn sogar laut zum Lachen. Er betete: „Lieber Gott, wenn du Brasilien die fünfte Weltmeisterschaft schenkst, dann werde ich nie wieder Schnaps in den Fressnapf von Omis Katze schütten." Ein älterer brasilianischer Fischer versprach sogar übermütig, nie wieder im Beichtstuhl zu lügen. In Köln hatte ein Verwaltungsangestellter schon am Abend nach dem gewonnenen Halbfinale damit begonnen, einen Schrein in schwarz-rot-goldenen Farben zu basteln. Außen klebte die deutsche Panini-Nationalelf, und im Inneren hatte er Zigaretten, seine Steuererklärung für 2005 und ein paar farbkopierte Euro-Scheine fein säuberlich aufgestapelt. Sein Opfer war unmissverständlich. Björn aus Bremen hatte seinen Ziegenbock mit einer grün-weißen Werder-Decke eingekleidet. Der Bock Otto hatte ihm schon immer Glück gebracht, wenn es um die „Jahrhundertspiele" ging. In den Tagen vor dem Finale durfte er sich sogar in der ganzen Wohnung aufhalten. Das würde zwar Wochen später noch ziemlich stinken, aber es hatte schon einmal beim Europacupsieg der Werderaner 1992 Glück gebracht.

Manche Wünsche waren mit einem Versprechen verbunden, andere wurden einfach so ins Nachtgebet mit eingeschlossen, und über 30 Gebete kamen sogar von einem Fanclub direkt aus der Kapelle der Arena auf Schalke. Als nun der Tag des Finales kam und sich kurz vor dem Anpfiff ein Kribbeln und großer Nervenkitzel über die ganze nervöse Welt ausbreitete, hatte Gott fast alle Gebete gehört. Selbst aus den Kabinen des Stadions waren einige ernsthafte Gebete der Finalteilnehmer zu ihm gebracht worden. Über 2 Milliarden Zuschauer saßen an diesem Sonntagnachmittag gespannt vor dem Fernseher, um das WM-Finale zu verfolgen. Gott hatte sich extra frei genommen, um auch zuschauen zu können. Was die vielen Gebete betraf, wollte er seinen Ruf, gerecht zu sein, auf jeden Fall wahren. Jedes Gebet und jedes Versprechen, das ernst gemeint war, hatte er sorgfältig in einer Kiste verstaut, die nun auf seinem Schoß stand. Die anderen Bitten, die an Tiere und Geister gerichtet waren – und somit nicht an ihn –, hatte er in einer etwas größeren Kiste neben seinen Füßen stehen.

Der Moment der Entscheidung kam von Minute zu Minute näher. Gottes einziges Problem bei den vielen Gebeten bestand darin, dass er für die rassigen Brasilianer genauso schwärmen konnte wie für die disziplinierten Deutschen. Was sollte er also tun? Einige Engel brachten noch letzte Stoßgebete zum Thron und schauten ebenfalls gespannt durch die Wolkendecke

auf den Ort des Geschehens. Während die Nationalhymnen gespielt wurden – ein leichtes Mitwippen bei Gott war nicht zu übersehen –, hatte er nun eine Idee: Er würde das allerletzte Gebet bis zum Moment des Anpfiffs abwarten, um dann noch einmal all die Zig tausend Gebete nach folgenden Kriterien durchzugehen:Es sollten ausschließlich die Gebete erhört werden, die nicht parteiisch waren, die nicht um ein bestimmtes Ergebnis baten und die auch nicht irgendjemandem schaden würden – wie zum Beispiel die Gebete mancher Argentinier, die ihren Nachbarn den Sieg auf keinen Fall gönnen wollten. Als nach wenigen Sekunden das Ergebnis vorlag, ging ein Raunen durch die Engelschar. Exakt drei Gebete entsprachen allen Kriterien und blieben übrig.

Eines stammte von einem älteren Mann aus Curitiba. Er hatte in seinem langen Leben bisher alle fünf Finalteilnahmen der Brasilianer live am Fernseher mitverfolgt. Da er nicht wusste, ob er mit seinen 94 Jahren überhaupt noch ein weiteres WM-Finale erleben würde, betete er vor dem Anpfiff zu Gott, dass es das spannendste Endspiel aller Zeiten werden sollte, mit unglaublich vielen schönen Toren. Mit einem wunderschönen Flugkopfball hatte Klose gerade das 3:2 für Deutschland erzielt und seinen Jubellauf mit einem gekonnten Salto vor der Eckfahne beendet. Nur noch 9 Minuten waren jetzt zu spielen, und Gott entschied, dass es an der Zeit wäre, sich das zweite Gebet anzuschauen.

Eine Frau aus Schwabing hatte es an diesem Sonntag direkt nach dem Gottesdienst ausgesprochen. Ursprünglich war sie in die katholische Kirche gegangen, um eine Kerze für das deutsche Team anzuzünden. So hatte sie es immer gemacht, wenn Deutschland in einem WM-Finale stand. Nur 1974 hatte sie nicht helfen können, da sie damals in ihren Flitterwochen auf Malaysia keine Kirche finden konnte. Als sie nun an diesem Morgen im Gottesdienst saß, sprach der Pastor von einem ganz seltenen Glück auf Erden. Es könne einem nur dann widerfahren, wenn man seine Feinde höher achten würde als sich selbst und sie sogar segnen würde. So etwas hatte sie noch nie zuvor gehört, und wenn sie ehrlich war, verstand sie auch nicht so recht, warum das so sein sollte.
Doch als die Glocken am Ende des Gottesdienstes läuteten, beschloss sie, zum ersten Mal keine Kerze anzuzünden und stattdessen Gott darum zu bitten, dass er die Spieler der anderen Mannschaft segnen sollte.
„Und da isses – Wahnsinn, das hält man doch im Kopf nicht aus!", brüllt Marcel Reif in sein Mikrofon. „Ausgerechnet Paulinho macht das 4:3, da hat die deutsche Abwehr komplett geschlafen." Ein Doppelschlag innerhalb von 3 Minuten durch Cacau und den eingewechselten Paulinho. „Junge, Junge, da musst du den Ball zwei Minuten vor Schluss doch auch mal auf die Tribüne hauen, wie kann der nur so frei ..."

Doch die Aufmerksamkeit der Engel gilt längst nicht mehr dem Spiel. Alle Blicke sind wie gebannt auf Gott gerichtet, der sich nun dem dritten Gebet widmet.
Ein kleiner Junge aus Kopenhagen, der für das Endspiel sogar extra länger aufbleiben durfte, hatte es geschickt. Im Kindergarten war er in dieser Woche oft sehr traurig gewesen, wenn die anderen sein mühsam gebautes Spielzeughaus einfach umgeworfen hatten. Ein größerer Junge nahm ihm manchmal sogar

Reif läßt Dampf ab

seine Spielsachen weg. Am Abend vor dem Endspiel hatte er nun vor dem Einschlafen gebetet: „Lieber Gott, bitte mach, dass im WM-Finale keiner dem anderen etwas wegnimmt, und bitte mach, dass keiner etwas Böses tut."

Gellendes Pfeifkonzert der 70.000 Zuschauer. Während eine Spielertraube wild gestikulierend um den Schiedsrichter herumspringt, feiern die brasilianischen Fans bereits den Siegestreffer. Der Schiedsrichter hat ganz klar auf Tor entschieden, und da er sich auf keinerlei Diskussionen einlassen will, zeigt er nun gleich zwei Deutschen die gelbe Karte. Kopfschüttelnd, mit entsetztem Blick

gehen manche langsam aus dem Mittelkreis wieder in ihre eigene Hälfte. Alles wartet nun auf den Anstoß der Deutschen – manche haben den Blick hoch zur Anzeigetafel gerichtet; es kann nicht mehr lange zu spielen sein. Doch der Kapitän steht immer noch aufgebracht beim Schiedsrichter und spricht beinahe flehend auf ihn ein. In diesem Moment läuft einer der brasilianischen Spieler zu den beiden Männern im Anstoßkreis. Alles schaut nun gespannt auf das Trio, während die Sambarhythmen der Trommeln jetzt immer mehr verstummen. „Was passiert denn jetzt eigentlich da unten?", herrscht auch in der Regie

Hacke, Spitze, Eins, Zwei, Drei mit Bordon

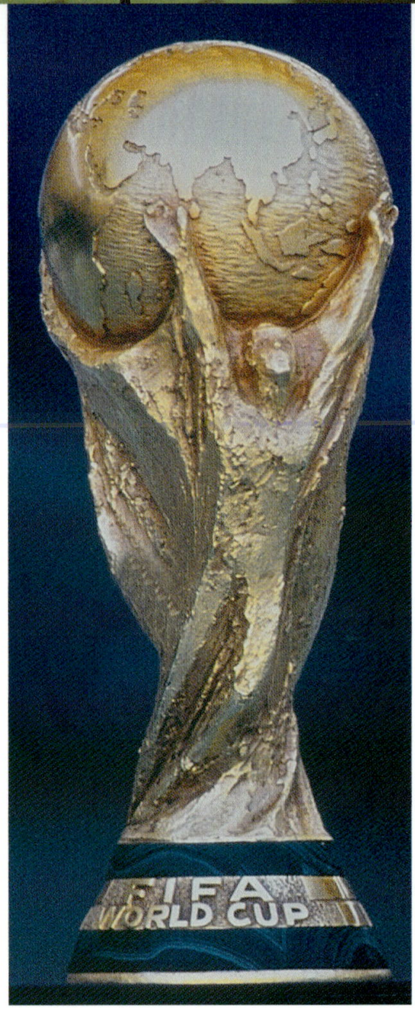

des Übertragungswagens völlige Ahnungslosigkeit. Während die drei mit Händen und Füßen diskutieren, versucht man nun mit den Richtmikrofonen einige Gesprächsfetzen der kleinen Gruppe einzufangen. Inzwischen sind beide Linienrichter dazugeeilt und auch der Kapitän der Brasilianer. „Er sagt es doch gerade selber", konnte man kurz hören. „Peo mano de gol no. Porque?" Der Schiedsrichter versteht kein Portugiesisch.„It was hand", wiederholt der Brasilianer mit der 9. Es ist Paulinho, der Torschütze. Der Ball war ihm beim Dribbling leicht versprungen, doch bei einer Körperdrehung hatte er ihn mit der Hand so geschickt wieder korrigiert, dass er ihn im letzten Moment doch noch treffen konnte.

„Kaum zu sehen", sagt Marcel Reif beim Betrachten der vierten Zeitlupe. Erst jetzt erahnt man im Stadion die Aufregung der Spieler. Als der Schiedsrichter plötzlich die Hand hebt, trauen die Zuschauer ihren Augen nicht: Er entscheidet auf Freistoß für Deutschland im eigenen Strafraum – das Tor zählt nicht! In diesem Moment scheinen die Gefühle aller Beteiligten überzukochen. Während manche Spieler des deutschen Teams sich vor Freude auf den Boden fallen lassen, zerren einige wütende Brasilianer am gelben Jersey ihres eigenen Mannes mit der Nummer 9. Der deutsche Kapitän stellt sich nun sogar schützend zwischen die erhitzten Brasilianer. „Unglaubliche Szenen, die sich hier abspielen", brüllt ein österreichischer Reporter in sein Mikrofon. „Der Fußball-Gott muss ein Deutscher sein." Wenige Sekunden später folgt der Schlusspfiff, und es geht in die Verlängerung. Schon jetzt ist man sich einig, dass man gerade Zeuge des wohl spannendsten WM-Finales aller Zeiten wird.

In diesem Moment schaut Gott zu den Engeln rüber. Sie haben verstanden. Doch nach erneuter Suche kehren sie mit leeren Händen zu ihm zurück und heben nur ratlos ihre Flügel. Keine weiteren Bitten waren eingegangen. In wenigen Momenten würde es schon mit der Verlängerung weitergehen. Alle Gebete hatte Gott erhört, so wie er es versprochen hatte, und er freute sich, die drei Beter mit glücklichen Gesichtern zu sehen. In diesem Augenblick wusste Gott, dass seine Arbeit getan war, und er beschloss, sich eine Pause zu gönnen, um das zu tun, was er dabei immer am liebsten machte, nämlich den Menschen bei all ihren spannenden Erlebnissen zuzuschauen – und am allerliebsten natürlich beim Fußballspielen!

Paulo Sérgio

Sérgio – das Schlitzohr

Da steht er nun vor seiner Gemeinde und predigt. Bereits eine Stunde lang und ohne Spickzettel spricht Paulo Sergio über die biblische Geschichte von Jesus und der Ehebrecherin – es geht um das Thema Schuld.

70 gespannte Augenpaare sind auf Paulo Sergio gerichtet. Es herrscht eine konzentrierte Aufmerksamkeit unter den meist brasilianischen Besuchern der „Igreja Evangelica Brasiliera", wie sie sich wohl mancher Münchner Pfarrer sonntagmorgens wünschen würde.

„Ich hoffe, dass unter euch keiner ist, der tatsächlich den ersten Stein schmeißen würde", sagt Paulo und sieht seine Zuhörer grinsend an. „Aber ich weiß, dass es Menschen gibt, die damals in dieser Situation das getan und die Ehebrecherin verurteilt hätten. Aber wer kann denn von sich behaupten, dass er ohne Schuld ist? Wir wissen jedoch, dass Jesus für unsere Schuld gestorben ist, und deswegen sind wir hier alle Sieger. Ihr seid Sieger! Sagt es euch gegenseitig zu!"

In diesem Moment kommt Bewegung in die Gemeinde, und die meist jungen Zuhörer kommen „Pastor Sergios" Aufforderung nach, dem Nebensitzer mit einem lachenden „Voce é um vencedor" („Du bist ein Sieger") etwas Ermutigendes zu sagen. Bei manchen wirkt das wie ein Trainer, der seinen Schützling anfeuert. Auch Merly, Paulos Frau, steht auf, um auf einige Freundinnen zuzugehen. Für die Brasilianer ist das wie eine Art Segen, den man über einem anderen ausspricht.

Wer Paulo Sergio vom Fußballfeld kennt, mit seiner verrückten Art jeden Torerfolg mit einer Jubelorgie zu feiern, der erkennt ihn hier nicht wieder.

Eine Ernsthaftigkeit ist in seiner Miene, die man sonst gar nicht von ihm kennt. Dabei haben Fußballer doch nichts Spannendes zu erzählen, sagt man. Und wenn sie einmal den Mund aufmachen, wird es gleich in einer kuriosen Sprüche-Sammlung festgehalten. Den Mann mit der Nummer 13 hier predigen zu hören, ist nicht weniger kurios.

Paulo Sergio greift zur Bibel und beginnt, etwas aus dem Buch der Psalmen vorzutragen. Er liest nicht einfach nur, sondern betont mit sehr emotionaler Stimme die wichtigen Passagen. „Habt ihr das kapiert?", fragt Paulo zwischendurch und wiederholt seine These noch einmal: „Deus é mais – Gott ist mehr. Er ist mehr als nur das, was wir sehen. Er ist mehr als die

Strammer Schuss gegen Kamerun

Paulo zurück nach Brasilien und Felipe sein Nachfolger beim FC Bayern?

sem Abend der einzige Fehlschütze sein könnte. „Gott, wir müssen es schaffen." In einem solchen Moment bist du am Ende der Welt angelangt. „Sergio verschossen", wird gerade in Millionen Notizblöcke und Spielberichte geschrieben. Auweia. Ich bete niemals für den Sieg, aber für seinen Torwart darf man doch beten? Gut, dass es jetzt Schlag auf Schlag geht. Gut, dass Zahovic auch nicht besser schießt als ich. Gut, dass Oliver Kahn hellwach ist. Unser Patrick verschießt auch. Pellegrino: linke Ecke, Kahn hält wieder. „Danke, Gott, dass ich nicht zum Depp des Abends wurde, nein, kein Versager, sondern Champions League-Sieger mit dem FC Bayern!" „Und wir haben den Pokal, Halleluja ..."

Nur fliegen ist schöner

Von solchen unvergesslichen Momenten träumt man immer wieder in seiner Fußballerkarriere. Dabei wollte ich als Kind nie Fußballer werden. Pilot war mein eigentlicher Traumjob (vielleicht habe ich den Elfer ja deswegen in Richtung Mailänder Flugplatz in die Nacht geschossen). Dröhnende Motoren, diese faszinierende Schnelligkeit beim Start, der Moment des Abhebens und dann die Krönung: Fliegen. Und ich, der smarte Kapitän im Cockpit. Auch wenn ich nur Ballkünstler geworden bin, hat mein Leben immer viel mit Schnelligkeit zu tun gehabt. Als Jugendlicher entdeckte ich meine Leidenschaft für Autos. Am liebsten schnelle Sportwagen. Ich stand oft stundenlang in den Straßen von São Paulo, um mir vor irgendwelchen Hotels die Flitzer mit den brummenden Motoren anzuschauen. Irgendwann bin ich dann auf die glorreiche Idee gekommen, die Fahrer anzusprechen, ob ich ihr Auto parken sollte. So verdiente ich mein erstes eigenes Geld, meistens so um die 1 DM, aber jetzt heißt es ja 50 Cent. Und dabei durfte ich die coolsten Autos fahren, wenn auch meist nur im 2. Gang oder rückwärts.

Wir hatten damals sehr wenig Geld zum Leben, und so wohnte unsere ganze Familie zusammen in dem kleinen Häuschen meiner Großeltern. Meine Eltern, meine beiden kleinen Brüder Jean Paulo und Marcelo und sogar meine Cousinen und Tanten. Meine Eltern arbeiteten im Rathaus. Als ich sieben Jahre alt war, ließen sie sich scheiden, und unsere Mutter musste uns von da an allein versorgen.

Sergios Top 3

Schauspieler
① Will Smith
② Bruce Willis
③ Mel Gibson

Urlaubsländer
① Natal (Brasilien)
② Cancun (Mexiko)
③ Roma

Essen
① Feijoada (Bohnen mit Fleisch)
② Reis
③ Pasta

Autos
① Ferrari
② Porsche Turbo 911
③ Mercedes

Bibelverse
① Psalm 37, 5
② Psalm 91, 7
③ Jeremia 33, 3

Filme
① Jesus (mit Brian Deacon)
② Gladiator
③ Staatsfeind Nr. 1

Trainer
① Cilinho
② Nelson Batista
③ Carlos Alberto Parreira

Legendäre Spiele
① WM 1982 Brasilien – Italien 2:3
② Corinthians – Palmeiras, mein letztes Spiel für Corinthians
③ 3 verlorene Derbys gegen Lazio Rom
④ VfB Stuttgart – Leverkusen 0:3, mein erster Hattrick in der Bundesliga

Musiker
① Kleber Lucas
② Mattos Nascimento
③ Aldacelia

Fußballer
① Paulo
② Sergio
③ Do Nascimento ☺

Stadien
① Guiseppe Meazza
② Old Trafford
③ Maracana

Gegenspieler
① Kuffour (hat mir gegen Eindhoven eine Beckenkammprellung zugefügt ☺)
② Mihailovic (der ist bei meiner roten Karte im Rom-Derby mit mir geflogen)
③ Edmundo, das Tier

Internet
① www.dueamici.com.br
② www.igreja.com

Keine Fata Morgana – Paulos Traumauto im Spiegel

In der Schule war ich so der Typ Marke „durchwurschteln". Ich hatte nicht gerade gute Noten, und eigentlich ging ich nur dorthin, um Freunde zu treffen und um irgendwelchen Mist zu bauen. Portugiesisch und Geschichte waren meine miesesten Fächer, ausgerechnet die Landessprache. Meistens hatte ich irgendwelche Spickzettel in der Tasche, um die Prüfungen zu bestehen. Dafür war ich aber in Mathematik ganz gut und natürlich in Sport. Ich habe damals in vielen Straßenmannschaften mitgespielt und bin dann mit 11 zu Aclimacão, einer Art Fußballschule, gegangen. Zwei Jahre später wurde ich von einem Späher als begabt eingestuft und sogar zu einem Probetraining von Corinthians São Paulo eingeladen.

Als ich auf deren Trainingsplatz erschien, um mich vorzustellen, teilte man mir nur mit, dass das Training an diesem Tag ausfallen würde. Ich erinnere mich, dass ich mich noch nicht einmal groß darüber ärgerte, sondern wieder nach Hause ging und die Sache als erledigt ansah. Ich wollte mich auch nicht bei den Verantwortlichen von Corinthians melden. Es war mir eigentlich egal.

Doch deren Jugendtrainer rief einige Tage später sogar ein zweites Mal bei Aclimacão an, um mich erneut einzuladen. Die schienen echtes Interesse an mir zu haben; um so gespannter war ich, was mich da erwarten würde. Ich war als Kind Fan des FC São Paulo gewesen, und nun stand ich auf dem Vereinsgelände des größten Konkurrenten der Corinthians, um deren Trainer von meinem Können zu überzeugen. Und tatsächlich bestand ich meinen ersten großen Test als Fußballer, so dass ich mich von nun an als Jugendspieler des legendären Clubs „Corinthians São Paulo" bezeichnen durfte. Die ersten Jahre in der Jugend liefen sehr gut für mich, und trotzdem dachte ich auch da noch nicht an eine Profikarriere. Ich war eher der Typ, der so in den Tag hinein lebt. „Mal sehen, was morgen kommt", war meine damalige Einstellung. Natürlich hatten wir zu wenig Geld, um mir eine Pilotenausbildung zu bezahlen, aber Fußballprofi war einfach viel zu abwegig für mich, und ich war mit Sicherheit nicht gut genug dafür. Doch je öfter ich mich in den Jugendmannschaften von São Paulo in die erste Garde spielte, desto näher kam der Gedanke.

Der Profi im Käfer

Im Jahr 1989 war es dann tatsächlich soweit gekommen. Ich lief vor 60.000 Zuschauern im Murumbistadion zum Derby gegen Palmeiras

São Paulo ein. Ein unbeschreibliches Gefühl. Dieser wahnsinnige Lärm und die Gesänge der Fans, die das ganze Spiel hindurch den Soundtrack zum Film bilden. Wir gewannen damals das wichtige Derby, und ich durfte mich ab diesem Zeitpunkt Profi nennen. Das Verrückte ist, dass du als junger Vertragsfußballer plötzlich, tatsächlich von einem Tag auf den anderen, viel Geld besitzt. Natürlich war das nicht wirklich viel Geld, wenn man ein paar tausend Mark im Monat bekam, aber im Vergleich zu dem armseligen Leben davor bist du auf einmal steinreich.

Ich muss zugeben, dass ich damals nicht richtig damit umgehen konnte. Aber wahrscheinlich geht es vielen Jungprofis so. Wenn wir frei hatten, war ich eigentlich die meiste Zeit unterwegs, um mich mit diversen Freundinnen zu treffen und Spaß zu haben. Meine Fußballerkarriere nahm ich nicht so ernst, ich wollte in erster Linie mein neues Leben genießen. Und wenn man plötzlich Geld hat, gibt es unzählige Möglichkeiten dazu.

Einige Monate später bekam ich ein Angebot von Novo Horizontino, die mich für eine Saison ausleihen wollten. Unser Präsident stimmte zu, und so zuckelte ich eine Saison lang mit meinem Käfer Baujahr 1977 die 430 km von São Paulo nach Novo Horizontino. Nicht selten explodierte mir dabei mein Kühler, und ich stand winkend in einer Dampfwolke am Straßenrand.

Bei Novo begann dann auch meine leidliche Serie der Vizemeisterschaften. Wir wurden 1989/90 knapp Zweiter, was mir später 1991 und 1993 mit Corinthians und 1997 mit Leverkusen noch dreimal passieren sollte.

Im brasilianischen Fußball versucht man, sich mit allen Mitteln vor solchen Misserfolgen zu schützen. Der Aberglaube spielt hier eine noch viel größere Rolle als in der Bundesliga. Mit Voodoo und Spiritismus fahren die Fans ganz andere Geschütze auf, um das Spiel zu beeinflussen. Natürlich sind auch sehr viele Spieler in dieser Gedankenwelt zu Hause. Ich selbst hatte verschiedene Rituale, die es vor dem Spiel einzuhalten galt. Abends vor einem Match zündete ich für meine Mannschaft immer eine Kerze an. Ich hatte damals viele kleine Heiligenfiguren und Poster von Maria und den Nationalheiligen bei mir im Zimmer. Und so erhoffte ich mir Erfolg von den Göttern. Mit dem rechten Bein zuerst aufs Spielfeld, sich bekreuzigen und der ganze andere Kram gehörten natürlich auch zu meinen Ritualen. Manchmal ging ich sogar zu einem Medium, um den Geist der Wahrsagerei zu befragen. Auch wenn ich daran geglaubt habe – geholfen hat es nie. Wäre ich in dieser Zeit sonst so oft nur Vizemeister geworden?

Raus aus dem Abseits

Und trotzdem glaubte ich immer weiter, die Heiligen zu meinen Gunsten beeinflussen zu können. Bis zu dem Tag, als ich Odair kennen lernte. Er war bei uns in Novo Verteidiger auf der rechten Außenseite. Ein drahtiger Typ, schnell und immer einen guten Spruch auf den Lippen. Wir verstan-

Sergio von A bis Z

ANGST
Darf man nicht haben
BÜCHER
Bibel und Bücher von Mattos Nascimento
COMEDY
Sohn von Dirk Heinen – heißt Cormac, der Komiker
DAMALS
Habe ich den ganzen Tag auf der Straße gespielt
ELTERN
Meine Eltern leben in São Paulo
FREUNDE
Wenn du einen ehrlichen hast, ist das gut
GESUNDHEIT
Wichtig im Leben
HEIMAT
Sonne
IDOLE
Jesus
JUGEND
Wollte früher nicht so gerne in die Schule gehen, viel lieber zum Fußball
KINO
Eine Leidenschaft von mir, ich habe sehr viele Bibelfilme in meinem Heim-Kino
LEIDENSCHAFT
Ruhe, zu Hause sein, DVDs, Autos
MUSIK
Ständig christliche Musik, meistens im Auto, aber natürlich auch in der Gemeinde
NIEMALS
Würde ich in Alaska wohnen und wenn doch, dann nur um den Pinguinen zu predigen
OFT
Oft denke ich mir irgendeinen Spaß aus. Und relativ oft habe ich gegen Manchester United und 1860 München getroffen.
PLÄNE
Ich eröffne gerade eine Fußballschule in Brasilien, „Hotel Fazenda"
QUALITÄT
Ehrlichkeit und Aufrichtigkeit
RUHM
Ich habe alles gewonnen, was ein Fußballer gewinnen kann, aber ich gebe Gott allein die Ehre
SCHWÄCHE
Wenn ein Mann ein Lügner ist
TRAUM
Viele Leute in einem großen Stadion bei einer Evangelisation hier in Deutschland. Traumtor zum 1:0 Sieg mit AS Rom gegen Juve und mein Hackentor gegen PSV Eindhoven (siehe vorne)
UNGERECHT
Meine rote Karte im Pokal in Kaiserslautern (lacht)
VERRÜCKT
Bin im Derby AS Rom gegen Lazio Rom eingewechselt worden und schon nach einer Minute wieder vom Platz geflogen. Das war wirklich verrückt, da konnte ich mir sogar das Duschen sparen.
WICHTIG
Eine gute Familie zu haben
X-X
Sind wichtig in meinem Leben, Merly und Caro
YOGHURT
Da gibt es einen sehr guten in Brasilien mit Erdbeeren, „Danoninho"
ZEUGNIS
War immer ganz gut bis zum heutigen Tag, frag

den uns von Anfang an sehr gut, bis er irgendwann davon anfing, mir von Jesus zu erzählen. Ich hatte ja auch eine gewisse Art zu glauben, und Jesus hing mit einem leuchtenden Heiligenschein als Poster in meinem Zimmer, aber er schien es irgendwie ernst zu meinen mit seinem Glauben. Zu ernst. Deswegen schlug ich seine Einladungen in die Kirche auch immer aus. Na ja, zumindest sagte ich ihm, dass ich nächstes Mal mitkommen würde, und das lief bestimmt zehnmal so.

Eines Abends fiel mir dann tatsächlich keine gute Ausrede mehr ein, und so ging ich dann einfach mit. Wir besuchten also einen Bibelkreis für Sportler, bei dem überraschenderweise sogar unser Trainer Nelson Baptista samt Co-Trainer saßen. Zuerst wurden ein paar Lieder gesungen, und dann begann der Pastor seine kurze Predigt. Es ging um das Thema Spiritismus und Aberglaube im Sport. Ich werde diesen Abend nie vergessen, denn je länger der Pastor sprach, desto heißer wurde mir. Er sprach so detailliert von manchen Ritualen einiger Spieler, dass ich die ganze Zeit über dachte, dass Odair ihm alles über meine spiritistischen Aktivitäten erzählt hatte. Er erklärte anhand einiger Passagen der Bibel, dass Geisterbeschwörung und Aberglaube jeglicher Art einen Menschen von toten Götzen abhängig machen würde. Sie würden so niemals erfahren, dass es einen lebendigen Gott gibt, der sie wirklich liebt. Als ich so dasaß und ihm zuhörte, hatte ich das Gefühl, als ob der Pastor nur zu mir sprach.

Ich weiß noch, wie ich damals nach Hause in mein Zimmer kam und spontan die ganzen Poster von den Wänden riss und die Heiligenfiguren zerstörte. Diese Message von einem liebenden Gott war mir zu sehr ans Herz gegangen, als dass es nur ein Zufall und frommes Gerede sein konnte. Als ich die gesammelten Werke schließlich zum Mülleimer trug, hatte ich auf einmal so ein merkwürdiges Gefühl in mir. Es schien mir, als ob ich etwas richtig gemacht hätte – ein Gefühl von Frieden, wie wenn man mit sich selbst zufrieden ist.

Ein paar Tage später wollte mich unser Trainer unter vier Augen sprechen. Nelson Baptista, den ich als Trainer bis heute sehr schätze, wollte es kurz machen und sagte mir relativ trocken ins Gesicht: „Du hast die Möglichkeit, bei uns guten Fußball zu spielen, aber es steht dir auch frei wegzugehen." Dann drehte er sich um und ließ mich stehen. Dieser Moment war der Wichtigste in meiner Karriere. Hier begann meine Fußballerlaufbahn erst richtig, denn ich begriff plötzlich, daß das Fußballgeschäft sehr schnell wieder vorbei sein kann, wenn man sich nicht voll reinhängt. Seine Botschaft war angekommen, und es passte auch ganz gut zu dem Schritt, den ich kurz zuvor in Richtung Gott gemacht hatte. Ich wollte von nun an mit meinem Job und auch mit Gott konsequenter umgehen.

Wenn man jahrelang von etwas abhängig war, dann ist trotz aller guter Vorsätze die Versuchung immer wieder sehr groß. Wie bei Rauchern, die zum 9. Mal mit dem Rauchen aufhören wollen. Vor einem Spiel war mir die Konzentrationsphase immer sehr wichtig, und ich war es lange gewohnt, rituelle Dinge zu praktizieren. Ich nahm mir statt dessen nun oft die Bibel zur Hand, um mehr über Gott zu erfahren. Ich las in den Psalmen und bemerkte, wie es mir eine ganz neue Art von Ruhe vor dem Spiel gab. Hier schreibt der König David sehr viel über den Frieden und die Kraft, die man bei Gott findet. Je mehr ich darüber las, warum Jesus eigentlich in diese Welt gekommen war, desto mehr schien ich manche Zusammenhänge mit meinem Leben zu kapieren.

In diesen Tagen gewannen wir das Finale der Caipira, und ich spielte eine überragende Saison. In den darauffolgenden Wochen war ich dabei, etwas völlig Neues in meinem Leben zu entdecken, so als würde man einen alten, schweren Mantel ablegen und ein Gefühl von Leichtigkeit verspüren.

Meine Freundin Merly reagierte auf meinen neuen Glauben jedoch etwas allergisch: „Wenn du jetzt an Jesus glaubst, ist das okay, aber lass mich damit in Ruhe, denn ich habe meinen eigenen Glauben." Wenn ich sie heute in unserer brasilianischen Gemeinde in München predigen höre, muss ich manchmal schon schmunzeln – wie sehr sie sich in den Jahren seither verändert hat. Ich kenne keine Frau, die so ein brennendes Herz und so eine Liebe für Jesus hat. Gott verändert eben Men-

schen. Als ich Merley 1986 kennenlernte, war sie ein komplett anderer Mensch. Ich kannte ihren Vater vom Fußball in den Freizeitparks, wo wir oft zusammen spielten. Einmal lud er mich zu einer Party ein, und für Feten war ich natürlich immer zu haben. Auch wenn sich später herausstellte, dass es die Geburtstagsfete seiner Mutter war. Ich kam also abends auf diese Party und hatte meine Freundin mitgebracht. Mir fiel damals auf, dass dafür, dass eine Oma Geburtstag feierte, sehr viele hübsche Mädchen da waren. Meiner Freundin wurde es irgendwann langweilig, und sie wollte nach Hause. Als ich sie heimgebracht hatte, bin ich natürlich wieder zurück zur Fete gegangen. Merly gefiel mir am besten von allen Mädchen, und ich war froh, ihren Vater zu kennen, denn so konnte ich mich leicht mit ihr unterhalten. Na ja, was soll ich sagen, als ich an diesem Abend nach Hause ging, hatte ich die Frau meines Lebens kennen gelernt und wir waren von da an ein Paar. Ich war damals eben ein echter Schlawiner, obwohl das der Zeugwart des FC Bayern heute noch über mich behauptet.

Mit der Bibel im Endspiel

Nach einer Saison bei Novo Horizontino kehrte ich 1990 wieder zurück zu Corinthians, um mit Trainer Baptista, der ebenfalls dorthin wechselte, drei tolle Jahre zu erleben und meine fußballerische Reife zu erlangen. Wir gewannen 1990 die brasilianische Meisterschaft und wurden 1991 und 1993 zweimal Vizemeister. Genauso wie mein erstes bestritt ich auch mein letztes Spiel gegen Palmeiras São Paulo, das wir allerdings verloren. Zu dieser Zeit wurde ich auch zum ersten Mal in die Seleção berufen, die höchste Ehre für einen brasilianischen Fußballer. Nach der geschafften Qualifikation unter Trainer Carlos Alberto Parreira begann für Brasilien die spannende Vorbereitungszeit zur Weltmeisterschaft in den USA. Spannend deshalb, weil in dieser Phase circa 40 Spieler in der Auswahl standen und sich Hoffnung machten, mit zur Weltmeisterschaft zu fahren. Ich hatte bis dahin erst einige wenige Spiele für Brasilien absolviert und deshalb wirklich keine Ahnung, ob ich dazugehören würde oder nicht. Natürlich wäre es für mich ein absoluter Traum gewesen, zum ersten Mal bei einer WM mit dabei zu sein, aber nur wenige Spieler hatten ihr Ticket sicher in der Tasche.

Ich weiß noch, wie damals der WM-Kader bekannt gegeben wurde. Ich muss gestrahlt haben wie der Europapokal in unserer Vitrine in der Säbener Straße.

Ich war überglücklich, dabei zu sein und war stolz, zu den Auserwählten dazuzugehören, die im Juni 1994 die Maschine in die USA bestiegen, um nach 24 Jahren des Wartens endlich wieder den Cup nach Brasilien zu holen.

Es gab viel Wirbel um unsere Mannschaft, Pelé kritisierte immer wieder rum und war überzeugt, dass wir es „mit dieser Truppe und diesem System" niemals schaffen könnten.

„Mein WM-Spiel" war das 3:0 gegen Kamerun. Torhüter Antoine Bell muss ich irgendwann mal anrufen und ihn fragen, wie er diesen Ball damals nur halten konnte. Der wäre so schön reingegangen. Wir gewannen trotzdem gegen die Löwen aus Afrika und standen nach einigen spannenden Spielen gegen die USA und Schweden sogar im Finale.

Die Atmosphäre bei dieser WM war fantastisch. Auch wenn die Amerikaner nicht so viel Fußballerfahrung hatten, waren sie doch sehr begeisterungsfähig und leidenschaftlich. Alex Dias Ribeiro, ein brasilianischer Rennfahrer, begleitete unsere Mannschaft in den 4 Wochen des Turniers. Er ist Mitarbeiter von „Atletas de Cristo", einer christlichen Sportlervereinigung in Brasilien. Manche Spieler hatten sich gewünscht, dass er quasi mit zur Mannschaft gehören sollte, um in unserem Quartier

Der Weltmeister betet das „Vaterunser" kurz nach dem Elfmeterschießen

Sergios Dreamteam

als Freund und Seelsorger mit dabei zu sein. Wir trafen uns mit einigen Spielern immer wieder abends vor den Spielen, um uns über einige Geschichten aus der Bibel zu unterhalten und gemeinsam zu beten. Unser Torhüter Taffarel, Mazinho, Bebeto, Muller, Zinho, Jorginho und ich waren das „fromme Team". So sehr wir uns alle auch wünschten, dem brasilianischen Volk endlich wieder den Pokal mit nach Hause zu bringen, haben wir in unserem Bibelkreis jedoch nie für den WM-Sieg gebetet. Wir beteten stets zum Abschluss unserer Treffen: „Herr, wir beten, dass dein Wille geschehe. Es soll die Mannschaft Weltmeister werden, die dich am meisten verherrlicht." Wir wollten der Welt nicht nur zeigen, dass wir gut Fußball spielen können, sondern auch, dass Gott ein lebendiger Gott ist, der die Menschen liebt.

„We are the champions"

Milliarden Menschen in aller Welt pendeln gerade zwischen Kühlschrank und Fernseher hin und her, um sich für das Elfmeterschießen im WM-Finale zwischen Italien und Brasilien einzudecken. Ich stehe auf dem Rasen des Los Angeles Rose Bowl-Stadions und bin einer von vielen „Spielerbetreuern", da ich beim Elfmeterschießen – glücklicherweise – nicht ran muss. Waden werden massiert, Schultern gelockert und vor allem Wasserflaschen gereicht, denn das Stadion ist ein siedendheißer Kessel. Die Betreuer und Trainer gehen von einem zum anderen, um sich gegenseitig Mut zuzusprechen. Die Schützen sind jetzt alle bestimmt, und es soll auch gleich losgehen. – Wir sind damals vor jedem Spiel immer Hand in Hand auf das Spielfeld gelaufen, um der Welt trotz der großen Zweifel aus der Heimat unsere Geschlossenheit zu zeigen. – So stehen wir auch jetzt an der Mittellinie in einer Reihe und haben die Arme umeinander gelegt. Mein Freund Jorginho steht neben mir und beginnt, sein Gesicht zum Himmel gestreckt, laut zu beten. Ich höre, wie er Gott lobt und ihm dankt, hier stehen zu dürfen und stimme mit ein. „Lobpreis" sagen wir Christen dazu. Das bedeutet, dass man Gott nicht um etwas Bestimmtes bittet, sondern ihn einfach lobt, wie es in den Psalmen steht: „Lobt Gott mit Trommeln und Tanz" (Psalm 150, 4). Die Trommeln unserer Fans sind unüberhörbar, und unseren besten Tanz haben wir auf dem Rasen für Gott hingelegt, aber jetzt müssen wir noch einen drauflegen. „Loben zieht nach oben", sagen manche auch zum Lobpreis. Während wir so dastehen und unseren Torwart Claudio Taffarel anfeuern, hat es Baggios Schuss nach oben gezogen. Weit übers Tor ...

Wir sind Weltmeister! Ich kann es nicht fassen, wirklich Weltmeister. Während alles wild durcheinander läuft und jeder in irgendeinem Jubelknäuel feststeckt, versuche ich, einen klitzekleinen Moment ruhig zu werden, um Gott zu danken, dann wird weitergefeiert. Ich weiß nicht mehr, wer auf die Idee gekommen ist, aber plötzlich sagen alle: „Kommt in die Mitte." Meine Mitspieler winken hoch auf die Tribünen in die Richtung, wo sie ungefähr ihre Lieben vermuten, und laufen zur Mittellinie. Alle Kameras verfolgen jeden Schritt unserer Jubelarie. Als die komplette Mannschaft samt Betreuer im Mittelkreis steht, – unglaublich wie schnell das damals ging, schließlich war es vorher nicht abgesprochen–, traue ich meinen Ohren nicht. Ich höre die erste Zeile des Vaterunsers und stimme völlig überrascht mit ein. Die ganze Mannschaft hält sich

„Due Amici" – Paulos Boutique in São Paulo

gegenseitig im Arm und betet geschlossen das Vaterunser. Auch wenn manche aus unserem Team damals nicht an Jesus glaubten, war es doch eine spontane Geste des Dankes an Gott und an die Spieler, die in diesen Wochen für sie gebetet hatten. Zu gerne würde ich mir alle Kommentare der Radio- und Fernsehkommentatoren zu der damaligen Szene anhören. So was hatte es bei einer Fußball-Weltmeisterschaft noch nie gegeben. Und es ist bis heute einer der unglaublichsten Momente meiner Karriere.

Aber was wäre eigentlich gewesen, wenn wir das Elfmeterschießen verloren hätten? Wäre die Geschichte meiner Karriere genauso ruhmreich ausgefallen? Ich muss an dieser Stelle einmal ganz ehrlich sagen, dass ich mich sehr über Siege im Fußball freuen kann. Klar flippen gerade wir Südamerikaner beim FC Bayern richtig aus, wenn es etwas zu feiern gibt, aber der Erfolg im Fußball ist nicht wirklich wichtig für mein Leben. Das klingt für den einen oder anderen bestimmt merkwürdig, da es ja schließlich mein Job ist. Die Antwort liegt weiter oben: „Deus é mais".

„Gott ist mehr", sagen wir Brasilianer dazu. Auf meiner Autogrammkarte habe ich mir einen Bibelvers auf die Rückseite drucken lassen: „Was hat ein Mensch davon, wenn er die ganze Welt gewinnt, aber seine Seele verliert?" Das steht in Matthäus 16, 26. Und in vierzig Jahren, wenn ich mir als Opa an einem Kiosk meine Zeitung holen gehe, werden die Menschen sogar vergessen haben, dass es jemals einen erfolgreichen Fußballer namens Paulo Sérgio gegeben hat.

Allemagna

„Die Deutschen sind alle Quadratköpfe", entgegnet mir der Taxifahrer am Flughafen von Madrid. Gemeinsam mit Heinz Prellwitz, Leverkusens Brasilien-Fachmann, bin ich auf dem Weg nach Deutschland in Madrid gelandet und habe einige Stunden Aufenthalt. „Warum Quadratköpfe?", frage ich ihn. „Ja, weil sie alle nur geradeaus denken", sagt er und deutet zwei Scheuklappen an. „Aber sie haben den Mercedes gebaut, in dem Sie uns gerade fahren", antworte ich ihm, und wir müssen beide lachen. Meiner Frau Merly jedoch war alles andere als zum Lachen zu Mute. Als wir wenige

Torjäger mit Schnäuzer

Wochen zuvor das Angebot aus Deutschland bekommen hatten, hat sie sehr geweint. Abgesehen von der Kälte war Deutschland schon allein wegen der Sprache ein schwieriges Pflaster für uns, und unsere Tochter Carolina war gerade mal sieben Monate alt. Doch Gott lässt seine Leute nie im Stich und so stellten wir uns der Herausforderung „Deutschland". Der kuriose Ursprung der ganzen Geschichte ist, dass die Bayer-Spione bei unserem Länderspiel gegen Finnland eigentlich einen ganz anderen Brasilianer beobachten wollten. Mir ist schleierhaft, wie man mich mit Romario verwechseln kann.

Bayer Leverkusen ist natürlich eine Top-Adresse für einen Brasilianer, der neu in der Bundesliga ist. Jorginho und andere Landsleute, die vor mir da waren, hatten darüber nur Gutes erzählt, und ich war begeistert über die absolut professionellen Bedingungen. Heinz Prellwitz ist für mich in Leverkusen wie zu einem Vater geworden und „Tscholli" Trzolek zum besten Physio meiner Karriere.

In meiner ersten Saison gab ich beim 3:0 Sieg in Stuttgart mit einem Hattrick meine erste Visitenkarte in der Bundesliga ab. Doch das verrückteste Jahr mit Bayer war natürlich 1996. Im Mai waren wir 10 Minuten vor Abpfiff praktisch schon in der 2. Liga, als das erlösende 1:1 gegen Kaiserslautern fiel. Und wenige Monate später spielten wir bereits um die Meisterschaft mit und wurden nach einer super Saison hinter Bayern Zweiter.

Das war schon eine heftige Gefühlsachterbahn für uns alle. Der Abstiegskampf hatte uns als Mannschaft zusammengeschweißt. Ich werde nie vergessen, wie wir vor dem letzten Spieltag gegen Kaiserslautern mit der Mannschaft im Hotel zusammensaßen und darüber diskutierten, was denn passieren würde, wenn wir tatsächlich absteigen würden. Es standen einige Karrieren und Jobs vieler Angestellter bei Bayer 04 auf dem Spiel. Peter Hermann, der als Trainer für Erich Ribbeck eingesprungen war, fragte uns damals, was wir denn nach dem Abpfiff des Spiels tun werden. Einer sagte, dass er bis zum Morgen in der Disco feiern werde, ein anderer meinte, dass er sich vor Freude besaufen werde. Als ich dran war, sagte ich, dass ich mich als allererstes bei Gott dafür bedanken werde. Gemeinsam mit meinem Freund Dirk Heinen habe ich in dieser Zeit viel gebetet. Wir hatten einen Bibelkreis, der immer sonntagsnachmittags bei mir zu Hause in Fettehenne, einem Leverkusener Vorort, stattfand. Zu Spitzenzeiten kamen bis zu 45 Leute, sodass unser Wohnzimmer aus allen Nähten platzte. Meine Mitspieler wie die Landsleute Ramon und Rodrigo, mein Nachbar Zé Elias sowie Heiko Herrlich, Dirk Heinen und auch deren Frauen. In dieser prekären Abstiegssituation war es für uns alle sehr wichtig, durch das gemeinsame Singen und das Gebet bei Gott einen Halt zu finden. Der Druck ist in einer solchen Zeit so groß, dass man es manchmal kaum aushalten kann. Ich war damals sehr zuversichtlich, dass Gott etwas Gutes daraus machen würde, auch wenn wir nicht für den Sieg oder für den Nichtabstieg beteten, sondern einfach darum, dass Gottes Wille in unserem Leben und auch in dieser Situation geschehen solle. Wer Gott voll vertraut, der kann auch mit allen Situationen fertig werden. Der Boxer Evander Holyfield hat genau diesen Bibelspruch jahrelang auf seiner Hose stehen gehabt: „Ich vermag alles durch den, Jesus Christus, der mir die Kraft gibt" (Philipper 4,13). Ich war aber auch erstaunt, wer in diesen Tagen bei Bayer Leverkusen auf einmal das Beten anfing, ohne hier Namen zu nennen. Es heißt ja bekanntlich, Not lehrt beten – das Problem ist nur, dass man Gott danach ganz schnell wieder vergißt, wenn der Erfolg wieder da ist.

Der Abstiegskampf war vergessen und in der darauf folgenden „Erfolgssaison" hatten wir alle wieder richtig Spaß am Fußball gefunden. Da wurde nicht nur wild im Abstiegsschlamm gegrätscht, sondern endlich wieder schöner Fußball gespielt. Mit Christoph Daum hielt die Spielkultur Einzug im Ulrich-Haberland-Stadion. Unvergessene Spiele wie das 4:2 gegen Bayern mit nur 10 Mann und nach 0:2 Rückstand, oder das 4:0 gegen den Rivalen aus Köln, als ich nach Abschlag Heinen und Kopfball-Verlängerung von Meijer mein schönstes Tor aus voller Fahrt mit Links, Volley in den Winkel erzielte. Die folgenden Küsse in die Kamera galten natürlich meiner Frau Merly.

Paulus Sergius – Italia

Beim AS Rom folgten zwei weitere tolle Jahre in einer traumhaften Stadt. Mit Cafu und

Jonglage am Kollosseum

Aldair standen dazu noch zwei gestandene brasilianische Nationalspieler in unserer richtig guten Elf. Unvergessen bleiben für mich die spannenden und feurigen Derbys gegen Lazio. Von einigen schönen Toren, aber vor allem von meiner Roten Karte werde ich noch meinen Enkeln erzählen: Ich wurde eingewechselt und bin nur eine Minute später gemeinsam mit Mihailovic von Lazio vom Platz geflogen. Auch ein persönlicher Rekord.

Für Merly und mich ist es sehr wichtig, dort, wo wir leben, auch eine gute Gemeinde zu finden. In Rom war das nicht einfach, und so gründeten wir einfach eine Art Hauskirche, die bei uns zu Hause mit Capuccino, Singen und Gebet stattfand. Unsere kleine Gemeinde bestand aus Brasilianern, die wir in Rom kennen lernten, und auch vielen Italienern, zu denen wir bis heute guten Kontakt halten. Bis zu 60 Besucher hatten wir manchmal in unserer Wohnung in der Vialle Citta.

1999 hatte ich verschiedene Angebote von Topclubs wie Borussia Dortmund, einem französischen Club und vom FC Bayern. Da ich nach meiner „Vizemeister-Serie" auf meine alten Tage doch noch ein paar Titel gewinnen wollte, habe ich natürlich bei den Bayern angeheuert.

Und ich bin sehr dankbar für diese tolle Zeit beim FC Bayern, in der ich alles gewinnen konnte, was man gewinnen kann. Das hat unser Fotoalbum unheimlich aufgewertet. Ich mag die Mentalität der Münchner sehr, und nach Italien ist es schließlich auch nicht sehr weit. Aber das Verrückteste an meiner Münchener Zeit ist die Tatsache, daß ich in unserer Igreja in der Emil-Geis-Straße nicht nur Gemeindeältester geworden bin, sondern auch regelmäßig predige. Unser Pastor hatte mich eines Tages spontan gefragt, ob ich nicht mal Lust dazu hätte. Nach einigem Überlegen und stundenlanger Vorbereitung stand ich dann eines Abends (wir haben abends Gottesdienst, sonntags früh ist ja Training) vor unserer Gemeinde und vielen grinsenden Gesichtern. Meine vielen Zettel lagen vor mir auf dem Pult, ich war ziemlich aufgeregt und wusste nicht so recht, ob ich das nun gut oder schlecht machte. Aber die Message kam, glaube ich, an.

Nun es hat mir so sehr Spaß gemacht, dass ich heute neben unserem Pastor Theodor Friesen quasi der Gemeindeprediger bin und jede Woche auf die „Kanzel" steige. Inzwischen ohne Spickzettel, aber aus dem Herzen. Übrigens steht in der Apostelgeschichte 13,7 etwas ganz Interessantes: „Er gehörte zum Gefolge des römischen Statthalters der Insel, Sergius Paulus, einem gebildeten Mann." Bei Rom hatte ich die 7, bei Bayern die 13, kann man sich gut merken , oder?

Manchmal sind wir als Gemeinde auch gefordert, für andere Menschen zu glauben. Vor einigen Monaten lag eine 50-jährige Frau aus unserer Gemeinde mit schweren Gehirnblutungen im Koma. Die Ärzte gaben ihr keine Chance, aber wir als Gemeinde wollten ihr zeigen, dass wir hinter ihr stehen.

Nach dem Training bin ich zu ihr ins Krankenhaus gefahren, um mit anderen aus der Gemeinde für sie an ihrem Bett zu beten. Natürlich kann man immer vom Kopf her sagen, dass die Ärzte als Fachleute wissen, wovon sie sprechen. Aber wir wissen doch auch, dass Gott große Wunder tun kann, schließlich ist er doch der Schöpfer unserer Welt und unseres Körpers. Die Gebete haben der Frau tatsächlich geholfen, und sie ist heute wieder ganz gesund.

Wir sind spät vom Auswärtsspiel nach Hause gekommen, der Flieger hatte Verspätung. In St. Pauli gab's eine 1:2 Klatsche, und die Presse gibt mal wieder Feuer. Ich bin todmüde, als ich zur Haustür hereinkomme. Merly begrüßt mich mit einem Kuss, wir essen spät, und sie erinnert mich daran, dass ich am nächsten Morgen predigen soll. Ich werde über die Liebe Gottes sprechen, mein Lieblingsthema. Und weil ich darüber zwei Stunden am Stück sprechen könnte, spare ich mir heute die Vorbereitung und falle glücklich ins Bett.

München – São Paulo mit dem Mofa

Jens Rasiejewski

Jubel nach Traumtor gegen Schweinfurt

Rasiejewski – der Kämpfer

„Eric Clapton is God", lautete in den 70er-Jahren eine Schlagzeile über den Gitarren-Virtuosen aus den USA. „Mr. Slow Hand" Jens sitzt nun schon seit einer Stunde auf der großen Couch seines Wohnzimmers und zupft mit einem Blick, der ins Leere geht, immer dieselben Griffe: D – Dmaj7 – D7 – G – Gm – D – Em - D ... seine Lieblingsmelodie zum Lobpreis Gottes. Eine Eigenkomposition, die ihn im Wachzustand träumen lässt.

In diesen Momenten hat es keinen Sinn, ihn anzusprechen – es sei denn, man hält ebenfalls eine Gitarre in der Hand. Nur hin und wieder rutscht ihm ein leises „Wie geht denn noch mal dieses blöde B mit Barré – irgendwann bricht mir dabei die Hand ab", über die Lippen. Die dicke Hornhaut an seinen Fingern verrät seine Leidenschaft. Innerhalb nur weniger Wochen hat er die Gitarre spielen und lieben gelernt. Schließlich war Not am Mann im Eintracht-Bibelkreis, denn es fehlte ein Gitarrist.

„Not am Mann", das kennen auch seine Gegenspieler, wenn er mal wieder den Manndecker geben muss und dabei schon mal als „Terrier" verkannt wird. „Kämpferherz", diese Bezeichnung der Eintracht-Fans klingt für ihn da schon viel liebevoller. Oder einfach „Franz"? Einen guten Song von U2 hat er jetzt im Liederordner gefunden und widmet sich wieder seinem Instrument: „And I still haven`t found what I'm looking for" – das Ganze in C-Dur. Und ebenso elegant wie heute seine neue Yamaha-Gitarre zupfte er damals schon als Jugendlicher die Gegner-Trikots sämtlicher Auswahlmannschaften. U2 bis U21. Später sogar in der A2. Während ihn die vielen Berufungen manchmal nach einer großen Karriere haben schielen lassen, denkt er heute umso mehr über eine ganz andere Berufung nach.

Was nicht heißen soll, dass er nicht doch noch mal den Bundesadler tragen wird, denn im

Jens Rasiejewski

Tackling gegen seinen alten Club Hannover 96

Fußball weiß man bekanntlich nie. So verläuft auch Rasiejewskis Laufbahn – in Dur und Moll und längst nicht immer nur harmonisch. 96 war er als Amateur zu Hannovers gleichnamigem Topteam aufgestiegen, doch 2001 mit der Frankfurter Eintracht als „Flopteam" wieder abgestiegen. Mal laute, mal leise Töne, so könnte man ihn ganz gut beschreiben, den Ballvirtuosen Jens aus dem kleinen Erfurtshausen.

Steckbrief

Geboren am 1. Januar 1975 in Marburg
Freundin Kerstin

Vereine

SV Erfurtshausen
VfB Marburg
FSV Frankfurt
Hannover 96
Eintracht Frankfurt

Erfolge

Deutscher Nationalspieler U16, U17, U18, U21 und A2
Aufstieg in die 2. Liga 1998 mit Hannover 96
Zwei Jahre „Quälix" überlebt

Unbeschwerte Jugend

„Yes I'm free-e-e-e, free falling", scheppert die Stimme von Tom Petty aus meiner kleinen Anlage. Ich sitze 'mal wieder auf der Heizung meines Kinderzimmers, wie ich das vor jedem Spiel tue. Meine inzwischen zerfetzte Adidas-Tasche ist fertig gepackt, mein alter Trainingsanzug sitzt perfekt an meinem Körper, und wenn die letzte Strophe meines Kult-Songs ertönt, heißt es für mich wieder: „Kampftag".

Immer die gleichen Rituale, immer der gleiche Song auf der Heizung, immer dieselben, beinahe liturgischen Abläufe vor einem Spiel. Natürlich denkt man in dem Alter nicht an Aberglaube oder so etwas. Aber wenn ich mich an die Spiele meiner Jugendzeit erinnere, dann war das schon so eine Art Ritual wie bei den Indianern, wenn sie in den Kampf ziehen. Kriegsbemalung hatte ich zwar keine im Gesicht, aber dafür lange Haare bis zum Boden. Die zerlöcherte Tasche hatte ich in all den Jahren nicht gewechselt, genausowenig wie die Schuhe, auch wenn sie inzwischen völlig zerfetzt waren. Wenn ich darüber nachdenke, muss ich über mich selbst lachen. Was wohl manche damals von mir gedacht haben? Ein Tick, der einfach zu meiner Jugendzeit dazu gehört hat.

In Erfurtshausen, nahe der Traumstadt Marburg, bin ich in meiner Jugendzeit so etwas wie die Zirkusattraktion der Stadt gewesen. Wenn man in einem solchen Dorf wohnt – sagen wir lieber Kleinstadt, sonst bekomm ich dort noch Ärger –, und schon mit 16 in der deutschen Junioren-Nationalmannschaft spielt, lernt man sehr früh den Unterschied zwischen Schein und Sein kennen. Für einen Jugendlichen nicht gerade einfach, so im Mittelpunkt zu stehen und eine Rolle zu spielen, die man vielleicht gar nicht spielen will. Ich war als Kind und auch Jugendlicher immer sehr unbekümmert gewesen, doch als junger Nationalspieler denken die Leute plötzlich von dir, du seist etwas Besonderes. Das Blöde daran ist, dass man sich von da an nicht mehr normal verhalten kann. Alles wird dir irgendwie ausgelegt und angerechnet. Entweder hielt man mich für besonders arrogant oder für einen ganz tollen Fußballer und netten Jungen. Dazwischen gab es nichts. In diesem Alter hat man einfach noch nicht die Erfahrung und Reife zu unterscheiden, wer einen wirklich mag und wer nur den erfolgreichen jungen Fußballer. Ich war viele Jahre lang sehr abweisend und unnahbar, weil ich nie genau wusste, woran ich bei manchen Leuten war. Wichtig war mir, einige Freunde zu haben, die ich schon immer gekannt hatte, ganz unabhängig vom Fußball. Timo war einer davon. Ich denke heute noch sehr gerne daran, wie wir damals, manchmal mit 20 Leuten, zu unserem Fußballplatz im Wald hochgewandert sind und dann im „Waldstadion" unsere legendären Matches ausgetragen haben. Einfach traumhaft, eine unbeschwerte Kindheit zu haben. Natürlich haben mein Bruder und ich auch zu Hause alles kaputtgeschossen, was nicht aus Beton war.

Manchmal treffen wir uns sogar heute noch zwischen Kaffee-Zeit und Terminen zum Fußballtennis hinter der Garage meines Onkels. Wie schön, wenn man auf diese Art und Weise immer ein Kind bleiben kann.

Erste Erfolge

Mein Vater hat mich damals immer zur Sportschule Grünberg gefahren, wo ich jeden Montag unter Trainer Reinhold Fanz in der Hessenauswahl trainierte. Trainer Fanz sollte mir später noch sehr häufig über den Weg laufen, er hat meine Karriere begleitet wie kein anderer. Das Training der deutschen U16-Nationalmannschaft leitete damals Fritz Bischof, bei dem ich ebenfalls sehr viel gelernt habe. Zu dieser Zeit lief es sportlich überdurchschnittlich gut für mich, und ich konnte sehr viele Länderspiele in der U16, U17 und U 18 absolvieren.

Als einziger Jugendnationalspieler war ich jedoch nicht bei einem großen Verein zu Hause, was für damalige Verhältnisse recht ungewöhnlich war.

Noch außergewöhnlicher war für viele mein Wechsel in die Oberliga zum FSV Frankfurt. 1993 war ich mit dem VfB Marburg in die Landesliga (damals die 4.) abgestiegen und hatte ein Angebot nach Frankfurt zu wechseln. Natürlich hätten mich damals manche gerne bei einem höherklassigen Verein gesehen, aber ich wollte zu dieser Zeit unbedingt mein Abi

machen und sagte mir, dass für die Fußball-Karriere noch genügend Zeit bliebe. Abgesehen davon war ich immer vom Studentenleben der Marburger fasziniert, was mich nach der Schule auch dazu brachte, BWL zu studieren. Da ich Mathe als Leistungsfach hatte, fiel mir einiges auch sehr leicht, andere Dinge verlangten dagegen ein echtes Hineinknien in den Stoff. Doch gerade das war in meinen vier Semestern an der Uni Marburg immer eine willkommene Abwechslung zum Fußball. „Dumm kickt gut" möchte ich ja schließlich nicht einfach so akzeptieren.

Lehrjahre

Ich pendelte also einige Jahre zwischen Frankfurt und Marburg in Sachen Fußball und Abitur (und später Studium) hin und her. Mit dem FSV erlebte ich unter Trainer Dörenberg und Klaus Gerster drei ziemlich verrückte Jahre. Fahrstuhlfahren war angesagt. Gleich im ersten Jahr spielten wir nach einer wirklich guten Saison in einer hart umkämpften Relegation um den Aufstieg in die 2. Liga.
Der SSV Ulm, Kickers Emden und Eintracht Trier waren die Gegner, die wir damals in packenden Begegnungen hinter uns ließen. Die Euphorie beim neuen Zweitligisten FSV Frankfurt währte jedoch nicht lange. Kurz vor dem 1. Spieltag der 2. Liga verdrehte ich mir mein Knie derart schlimm, dass ich für vier Monate ausfiel, ohne überhaupt ein Zweitliga-Stadion betreten zu haben. Natürlich war ich in der Reha total genervt und ungeduldig, schließlich wollte ich doch hier in Frankfurt meine erste Saison als Profi erleben. Umso schlimmer war jedoch mein anschließendes Comeback quasi ohne Training, denn es wurde jeder Mann im Abstiegskampf gebraucht. Ich spielte damals einen richtigen Mist zusammen, kassierte drei gelb-rote Karten und empfand meinen Start in die Profikarriere als eine einzige Katastrophe. Unser kurzes Abenteuer endete dazu noch mit dem Abstieg in die Regionalliga. Doch es sollte noch schlimmer kommen. Zurück in gewohnten Gefilden wollten wir natürlich erneut einen Angriff auf die 2. Liga starten und wunderten uns nicht schlecht, als wir uns schon bald mitten im dicksten Abstiegsschlamassel wiederfanden. Der Anfang lief mal wieder ohne mich, da ich nach zwei roten Karten in Folge, eine meiner „besten Serien", gleich zu Beginn insgesamt zehn Wochen gesperrt wurde. Als ich wieder spielen durfte, erlebte ich meinen zweiten Abstieg. Eigentlich bis dato die bitterste Phase meiner Karriere,

„Haar-a-kiri"-Training bei Hannover 96

Rasiejweskis Top 3

Schauspieler
1. Tom Hanks
2. Harrison Ford
3. Denzel Washington

Essen
1. Reisbrei
2. Nudeln mit Tomatensauce
3. Kuchen

Kuchen
1. Fantakuchen mit Schmand + Zimt
2. Kirschphiladelphiatorte
3. „Allesaußerschokoladekuchen"

Städte
1. Freiburg
2. Marburg
3. Berchtesgarden

Tiere
1. Wellensittich
2. Pferde
3. Dirk Heinen (Trainingstier)

Bibelverse
1. Römer 8, 28
2. 1. Johannes 1, 9

Trainer
1. Reinhold Fanz

Legendäre Spiele
1. Deutschland – Holland 2:1 WM 1990, Achtelfinale
2. Deutschland – England 1:1 (4:3 im Elfm.) WM 1990, Halbfinale
3. Deutschland – Argentinien 1:0 WM 1990, Finale

80er
1. Tom Petty, „Free falling"
2. Maria McKee, „Show me heaven"
3. Police, „Every breath you take"

Stadien

Sind eigentlich alle gleich
Niedersachsenstadion + Waldstadion

Gegenspieler
1. Icke Häßler
2. Peter Novak

Internet
1. www.zeitung.de
2. www.gitarrenlieder.de
3. www.christustreff.org

schließlich hatte ich zwei Jahre lang quasi nur verloren und verloren.

Mein Studium lief indessen weiter, sodass ich jede Woche für bestimmte Kurse nach Marburg fuhr, um an meinem zweiten Standbein zu basteln. Ich lernte damals schon sehr früh die Regeln des Fußballgeschäftes kennen. Plötzlich, wenn kein Erfolg mehr da ist, hat auch niemand mehr großes Interesse an dir. Es spielt auf einmal keine Rolle mehr, wie begabt du bist und was für eine Entwicklung du sportlich gehabt hast. Das Einzige, das auf einmal interessiert, ist scheinbar der Makel des Abstiegs. Keiner fragt groß nach, wie viel Anteil man daran hatte oder ob man denn über Nacht das Fußballspielen verlernt hat. Nein, man wird einfach aus den Notizbüchern aussortiert. Da es keine Angebote mehr gab, versuchte ich es selbst durch das fußballerische „Vorstellungs-Gekick". Ein Probetraining führte mich zu Werner Lorant, zu 1860 München. Doch die Fahrt dahin hätte ich mir damals auch sparen können. Bevor ich nach Zypern wechseln musste, machte mir der damalige Regionalligist SC Neukirchen schließlich ein Angebot, und ich nahm dankbar an. Ich wollte einfach nur in der Nähe meines Studienortes bleiben und nebenbei noch Fußball spielen, mehr konnte ich in der damaligen Phase auch wirklich nicht erwarten. Meine Jugendzeit war, wie gesagt, sehr unbeschwert gewesen, und ich hatte mir nie ernsthafte Sorgen um etwas gemacht. Doch jetzt bemerkte ich, wie mir ab und zu auch Gedanken durch den Kopf gingen, die mich ins Fragen brachten.

„War es falsch gewesen, nach Frankfurt zu gehen, nur wegen des Abiturs?" „Wäre es nicht doch besser gewesen, zu einem größeren Verein zu wechseln?" Während ich so über mein Leben nachgrübelte, klingelte eines Morgens das Telefon.

Überraschender Aufstieg

Mein ehemaliger Auswahl-Trainer Reinhold Fanz war dran: „Ich geh nach Hannover, willst du mitkommen?", fragte er mich damals ganz trocken. Ich habe ihm natürlich von dem Vertrag erzählt, den ich gerade erst unterschrieben hatte, und dass es mit Neukirchen wohl Ärger gäbe. „Komm erst mal nach Grünberg, da reden wir über alles", antwortete er. Und so saß ich kurze Zeit später Hannover 96-Manager Franz Gerber und meinem alten, neuen Trainer Fanz gegenüber. Nach ein paar Faxen hin und her war alles erledigt und ich war aus meinem Vertrag rausgekauft worden. Nur zwei Tage später war ich mit Zahnbürste und dem Nötigsten nach Hannover gezogen und trainierte schon direkt mit den 96-ern. „Wahnsinn", dachte ich, als ich vom ersten Training in mein Hotelzimmer zurückkam. Ich war überwältigt von den ersten Eindrücken. Meine Freundin Kerstin kam am 1. September 1996 nach, und das Hotelleben hatte ein Ende. Es ging damals so schnell, dass ich kaum Zeit zum Nachdenken hatte. Es war, als würde dir jemand eine Chance geben, etwas Außergewöhnliches zu erleben. Da sagst du einfach „ja", betest, dass alles gut geht und tust es.

Das war wirklich eine tolle Truppe, zu der ich nun gehören sollte. Hannover 96 hatte damals mit Leuten wie Asamoah, Addo, Ernst, Sievers und Kovacec ein Klasse-Team mit vielen jungen Spitzenspielern. Und im ersten Jahr in Hannover schien alles wie von selbst zu gehen. Hier konnte ich sehr vieles dazulernen, und es machte ungeheuren Spaß, Bestandteil einer solchen Klasseelf mit Aufstiegsambitionen zu sein. Überhaupt sind Spaß und Harmonie im Team im Fußball sehr wichtig. Und man darf bei allem Ernst nicht vergessen, dass es eigentlich ein Spiel ist, bei dem wir alle einen Traumberuf ausüben. Wenn ich an Hannover zurückdenke, dann verbinde ich damit immer einige meiner schönsten Fußballerjahre. Ein super Training, viele tolle Menschen und sehr viel Lachen. Kein Wunder, dass wir mit großem Abstand Erster wurden.

Im Entscheidungsspiel mussten wir gegen Energie Cottbus antreten und fuhren nach einem mageren 0:0 zu Hause mit gemischten Gefühlen Richtung Osten. Bei einem Stand von 1:1 wären wir aufgestiegen, als im Stadion der Freundschaft plötzlich das Licht ausfiel. Ich werde nie vergessen, wie damals alles durcheinander lief und es über 20 Minuten dauerte, bis das Spiel weitergehen konnte. Völlig von der Rolle kassierten wir dann doch noch zwei Tore und fuhren geknickt zurück nach Hause.

„Franz & Katz"

Während ich total erschöpft und mit gebeugtem Kopf im Bus saß, musste ich an früher denken. Als Kind hatte ich nach Niederlagen immer hemmungslos geheult und war danach tagelang mehr als nur schlecht gelaunt gewesen. Meine Eltern hatten es in dieser Beziehung wirklich nicht leicht mit mir. Plötzlich kamen mir Bilder aus der Kindheit hoch: „Du isst jetzt deinen Teller leer." Als älterer Bruder ist das mit der Verantwortung immer so eine Sache. Meine Eltern waren gerade für ein paar Tage in Urlaub gefahren, und ich hatte meine ganzen Kochkünste zusammengenommen – für einen 13-Jährigen nicht gerade sehr viel –, aber es hatte ausgereicht, um meinem kleinen Bruder ein paar leckere Nudeln zu kochen. „Wieso isst du nicht endlich deine Nudeln auf", wurde ich langsam ungeduldig, als er nur noch lustlos in seinem Essen herumstocherte und sich weigerte, weiterzuessen. „Erst verlieren wir dieses saublöde Spiel und jetzt will der Kleine hier auch noch Ärger machen." Das konnte ich einfach nicht durchgehen lassen. In einem solchen Moment versucht man als älterer Bruder, Mutterinstinkte zum Überlebenstrieb nachzuahmen. Also befahl ich Manuel immer dringlicher, endlich seine Nudeln aufzuessen. Ich fand sie lecker, also, was wollte der Knirps eigentlich von mir? Natürlich ist ein 7-Jähriger seinem älteren Bruder in keinerlei Beziehung hörig. Also sah ich mich gezwungen, andere Maßnahmen zu ergreifen, es sollte später keiner sagen, dass ich meinen kleinen Bruder verhungern ließ. Kurze Zeit später kniete ich schon in seinem Rücken, um ihn mit der einen Hand festzuhalten und ihm mit der anderen Hand die Nudeln in den Mund zu stopfen. Als er zwei Stunden später immer noch heulte, wusste ich, dass ich großen Ärger zu erwarten hatte.

Nach Niederlagen war für mich immer das ganze Wochenende gelaufen und nichts mehr mit mir anzufangen. Es hat sehr viele Jahre gedauert, und es ist dabei auch jede Menge zu Bruch gegangen. Ich konnte einfach nicht verstehen, wie man als Verlierer „locker" sein konnte.

Rasiejewski von A bis Z

ANGST
Komisches Gefühl
BÜCHER
Lese ich viel zu wenig und wenn dann spannende Romane oder die Bibel
COMEDY
Es gibt nur wenig Gute – Stefan Raab ist ein echter Kasper
DAMALS
„war alles besser" kann ich nicht mehr hören
ELTERN
Sehr liebe und wichtige Menschen in meinem Leben
FREUNDE
Gibt es nur wenige und das ist ganz gut so
GESUNDHEIT
Wenn man sie nicht hat, weiß man, was einem fehlt
HEIMAT
Erfurtshausen und Wahlheimat Frankfurt, zum Wohlfühlen und nah an der richtigen Heimat
IDOLE
Habe ich keine
JUGEND
Eine sehr schöne, unbeschwerte Zeit
KINO
Ist spitze, leider viel zu selten
LEIDENSCHAFT
Meine Gitarre, seit meiner Verletzung
MUSIK
Leidenschaft
NIEMALS
Nie sagen
OFT
Denke ich zu viel nach
PLÄNE
Sollte man nicht so viele machen, weil man sich dann mehr über jeden unbeschwerten Tag freuen kann
QUALITÄT
Sagt unser Trainer häufiger
RUHM
Ich mag dieses Wort nicht
SCHWÄCHE
Habe ich genügend, z.B. alles vor mir herzuschieben
TRAUM
Traumschiff mit Sascha Hehn
UNGERECHT
Es macht mich wütend, wenn Menschen ungerecht behandelt werden
VERRÜCKT
Muss man als Fußballer auf dem Platz sein, um alles aus sich rauszuholen
WICHTIG
Ist sich selbst nicht so wichtig zu nehmen
X-X
Sind manchmal nicht zu verstehen, geheimnisvoll, schön
YOGHURT
Nichts für mich
ZEUGNIS
Konnte immer den Kopf aus der Schlinge ziehen, um keine 5 zu bekommen

Je älter ich wurde, desto mehr Möglichkeiten der Zerstreuung habe ich entdeckt. Eigentlich geht es darum, sich von dem Geschehenen abzulenken und an die schönen Dinge im Leben zu denken. Irgendwann habe ich damit angefangen, in eine Kirche zu gehen, um in Ruhe nachdenken zu können. Das war bei mir schon als kleiner Junge so, wenn ich in unserem katholischen Gottesdienst saß. Ich habe damals nie der Predigt zugehört, sondern einfach in meiner Bank gesessen und über das Leben nachgedacht. Grübler, sagen manche dazu. Aber es hat mir immer gut getan, einfach mal dazusitzen und zu sinnieren. Als ich für Hannover 96 spielte, habe ich das auch regelmäßig getan. Ich bin dort immer in irgendeine Kirche gegangen, um etwas Ruhe zu finden und mich innerlich neu zu ordnen. Gerade als junger Profi ist das ungeheuer wichtig. Plötzlich steht man im Rampenlicht und bekommt von all diesen tollen Angeboten, die auf einmal da sind, den Kopf verdreht. Da muss man schon genau wissen, was man will und, vor allem, was man nicht will. Sonst kann es dir passieren, dass du dich in all diesen Reizen, die dir der Profisport bietet, selbst verlierst. „Wer bin ich eigentlich?" „Was mache ich eigentlich hier auf dieser Welt?" Fragen, die sich jeder Mensch im Laufe des Lebens eigentlich regelmäßig stellen sollte.

Geschafft!

Ein Jahr später war die Niederlage längst vergessen, und die Stadt Hannover befand sich im absoluten Fußballfieber. Die Relegationsspiele zum Aufstieg in die 2. Liga standen wieder vor der Tür, und diesmal waren wir uns alle sicher, dass wir es packen würden. Wir waren einfach mal dran. Auf der Rückfahrt von Berlin hatten wir eine 0:2 Niederlage im Gepäck, und alle Begeisterung war verflogen. TeBe Berlin war ein wirklich starker Gegner, und nun mussten wir das Rückspiel mit 3:0 gewinnen, um nicht wieder wie die Deppen dazustehen. Je näher der Tag des Rückspiels kam, desto mehr konnte man den Geist in unserer Mannschaft spüren. Im Training ging es zur Sache wie noch nie, und alle waren total heiß auf das Rückspiel. So etwas habe ich in meiner Karriere noch nicht erlebt, es war beinahe so, als ob wir alle wüssten, dass wir die Sensation doch noch schaffen würden. Keiner zweifelte daran, und so konnten wir alle in der Nacht davor kaum ein Auge zu tun. Als Kapitän unserer Mannschaft war ich stolz, zu so einem eingeschworenen Haufen zu gehören. Selbst zum Kaffee vor dem Spiel kamen alle schon zwei Stunden zu früh. 55.000 Zuschauer im Niedersachsenstadion taten das ihre, um schon lange vor dem Anpfiff eine unglaubliche Siegerstimmung zu verbreiten. Als Gerald Asamoah dann das 1:0 schoss, waren wir endgültig heiß gelaufen. Eines der schönsten und spannendsten Spiele meiner Karriere war eröffnet.

Einen Angriff nach dem anderen fuhren wir auf das TeBe-Tor, doch die Zeit schien uns trotz drückender Überlegenheit gnadenlos davonzulaufen. Immer wieder der Blick auf die Stadionuhr, wir mussten unbedingt noch einen machen, um in die Verlängerung zu kommen. Nur noch wenige Minuten zu spielen, die Bälle schienen nur so aus dem Strafraum der Berliner zu uns zurückzuprallen. Und dann die 88. Spielminute. Die Flanke kommt hoch hinein, beinahe zu hoch, ich sehe nur noch Vladan Milovanovic in der Luft, Fallrückzieher, wie in Zeitlupe kam mir das damals vor, der Ball fliegt und fliegt und landet exakt im Torwinkel. Nun gab es kein Halten mehr, das Stadion explodierte förmlich, und wir liefen jetzt endgültig heiß. Das einzige Problem war, dass sich einige in diesem Kampf extrem aufgerieben hatten. Einer konnte während der Verlängerung vor lauter Krämpfen kaum mehr richtig laufen, ein anderer hatte

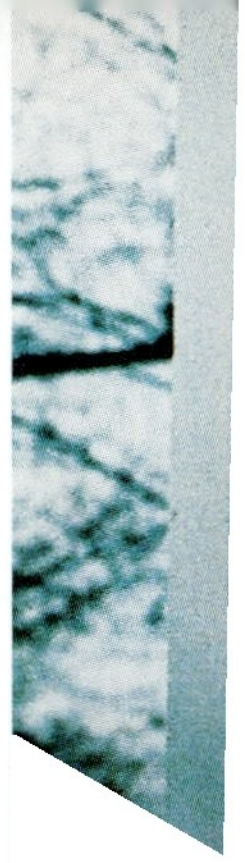

„Guck mal, Rasi ist wieder auf Tournee“

bei einem Zweikampf einen Schlag ins Gesicht bekommen und sah nur noch alles verschwommen, und unser Torschütze war bei seinem Fallrückzieher so unglücklich auf dem Hintern gelandet, dass er sich nicht mehr richtig bewegen konnte. Quasi mit achteinhalb Mann retteten wir uns in die Verlängerung. Und ich glaube, die Berliner wagten es im anschließenden Elfmeterschießen einfach nicht, gegen uns siegeshungrige Elf zu gewinnen. Wahrscheinlich hätten wir sie aufgefressen.

Der Aufstieg in die 2. Liga war perfekt. Und obwohl uns manche schon als Absteiger gesehen hatten, spielten wir eine ganz passable

Vorrunde bis zu dem Moment, als unser gesamter Sturm verletzt ausfiel. Nach diesem Durchhänger holten wir in der Rückrunde sogar noch 37 Punkte und scheiterten im erneuten Aufstiegsduell in die Bundesliga am SSV Ulm wegen eines mickrigen Pünktchens.

Zurück in die Heimat

Trainer Fanz war schon während der Rückrunde von Eintracht Frankfurt verpflichtet worden und wollte mich sogar zur Eintracht mitnehmen. Doch Hannover ließ während der laufenden Saison keinen Spieler gehen. Als dann aber die Saison zu Ende ging, gab es bei 96 einen regelrechten Ausverkauf. Asamoah ging auf Schalke, Otto Addo zum BVB, Fabian Ernst nach Hamburg, und ich bekam noch vor dem letzten Spieltag mal wieder einen Anruf. Doch diesmal war es nicht mein alter Trainer-Freund Reinhold, sondern dessen Nachfolger bei der Eintracht, Jörg Berger. Wir führten ein ganz gutes Gespräch, und er machte mir klar, dass er mich unbedingt in Frankfurt haben wollte. Ich war hin- und hergerissen, denn Frankfurt konnte noch absteigen, während ich mit Hannover 96 noch die Chance hatte aufzusteigen.

Im Fußball muss man immer auf alles gefasst sein, man lebt eigentlich ein ständiges Nomadenleben, ohne richtig Wurzeln schlagen zu können. Ich habe damals hin und her überlegt: „Was ist, wenn Hannover aufsteigt und die Eintracht absteigt? Ist das dann trotzdem die richtige Entscheidung für die nächsten Jahre?" Wichtig ist es, gerade in einer solchen Zeit Freunde und einen guten Berater zu haben. Ich entschied mich schließlich für die Eintracht, egal, wie es am Ende der Saison ausgehen sollte. Vielleicht wollte ich einfach wieder näher am leckeren Kuchen meiner Mutter sein:-). Fjoertoft schoss dann das legendäre 5:1 gegen Kaiserslautern, und die Eintracht blieb in letzter Sekunde drin.

So ging es 1999 aus Niedersachsen wieder zurück in die hessische Heimat. Damit begann also meine erste Bundesliga-Saison im Frankfurter Waldstadion. Ein gewisses Kribbeln schlich sich vor meinem ersten Spiel gegen Hertha BSC in mir hoch. Schließlich hatte ich bereits als kleiner Junge hier oft in der Fankurve gestanden und die starken Zeiten der Eintracht in den 90ern mit Stein, Bein, Möller und Yeboah verfolgt – die einstigen Eintracht-Legenden. Und jetzt stand ich selbst auf dem heiligen Rasen des Waldstadions. Ein komisches Gefühl, vor allem beim Einlaufen ins Stadion – vom Zuschauer zum Hauptdarsteller.

Nach der Hinrunde war Jörg Berger entlassen worden und Felix Magath sein Nachfolger geworden. Nun sollte meine schweißtreibendste Zeit als Fußballprofi beginnen. Unter „Quälix" haben wir so viele hammerharte Geschichten erlebt, dass ich wahrscheinlich nach meiner Karriere ein eigenes Buch darüber schreiben werde mit dem Titel „Hart, aber schmerzlich." 20 Spiele habe ich in meiner ersten Saison für die Eintracht gemacht, und das spannendste war mit Sicherheit unser 2:1 Sieg am letzten Spieltag gegen Ulm – ein weiteres Mal hatten wir uns erst in letzter Sekunde den Klassenerhalt gesichert.

Die nächste Saison begann eigentlich ganz gut für uns. Unser 2:1 Sieg bei Bayern München ließ uns für einige Momente als Fünftplatzierter sogar von höheren Ehren träumen. Fußballer dürfen zwar träumen, doch müssen sie dabei unbedingt Realisten bleiben. Während unser Team am Ende doch nur um die rettenden Plätze kämpfte, begann für mich im Dezember 2001 ein ganz persönlicher Abstiegskampf in Form einer schweren Knieverletzung.

Krisenzeiten sind gute Zeiten

Im Winter 2000 hatte es mit immer stärkeren Schmerzen im Knie angefangen. „Das wird eine lange Pause für Sie geben", hatte mir der Arzt damals gesagt. Da steht man dann da und es ist, als ob einem genau in diesem Moment ein schwerer Rucksack aufgesetzt wird. Damit muss man nun zurechtkommen, ob man will oder nicht.

Ich musste mich damals schnell entscheiden, wie ich mit dieser Situation umgehen würde, schließlich liebte ich meinen Beruf. Also gab es zwei Möglichkeiten: Entweder ich würde frustriert zu Hause vor dem Fernseher sitzen, während meine Jungs um Punkte kämpften, oder ich würde die Zeit der Reha positiv angehen und es annehmen, dass Gott mir diese Zeit der Ruhe verordnet hatte. Auch wenn er mir die Frage „Warum?" vorerst nicht beantworten wird. Ich habe die zweite Möglichkeit gewählt.

In der Bibel gibt es einen Vers, der mir dabei Mut gemacht hat, diese Last nicht selbst zu tragen, sondern sie bei Gott abzugeben: „Wir wissen aber, dass denen, die Gott lieben, ALLE Dinge zum Besten dienen" (Römer 8,28). Also auch meine Verletzung. Wenn ich Gott beim Wort nehme, „dient" sie mir zum Besten.

Ich muss mich bewusst dafür entscheiden, ihm auch in einer schwierigen Situation zu vertrauen, dass er es gut macht – egal wie. Wenn ich genau das begriffen habe, entsteht für mich aus dieser anfänglichen schweren Last eine Chance. Die Chance zu wachsen – als Mensch und auch in meiner Beziehung zu Gott.

Heute bin ich froh, dass ich diese Zeit mit Gottes Hilfe durchgestanden habe. Und die nächste Last oder Chance kommt bestimmt. Zum Beispiel die Frage, was nach dem Fußball kommt. Das kann in unsrem Geschäft sehr schnell und unerwartet passieren. Damals, nach meinen beiden Abstiegen in Folge, war ich in einer solchen Situation. Da interessierte sich auf einmal kein Schwein mehr für das „hoffnungsvolle Talent". Klar, wenn man zwei Jahre lang praktisch nur verloren hat. Und genau in solchen Phasen ist es ungeheuer wichtig zu wissen, auf welchem Fundament man sein Leben gebaut hat. Wenn man nur auf die Karte Fußball gesetzt hat, steht man dann plötzlich ganz alleine da. Ich bin froh, dass ich dieses „Erfolgs-Denken um jeden Preis" von Jahr zu Jahr immer mehr ablegen konnte. „Erfolg" ist so etwas Relatives. Er ist nicht richtig greifbar, denn kaum hast du einmal eine Loser-Zeit, scheinen alle vorigen Erfolge urplötzlich vergessen. Warum also sollte ich mein Leben auf den Erfolg gründen? Man liest in der Zeitung immer wieder von Menschen, die zig Millionen auf dem Konto hatten und sich trotzdem erschossen, weil sie einfach todunglücklich waren. Das Leben hat eindeutig mehr zu bieten als nur Erfolg. Mir persönlich sind Beziehungen sehr wichtig. Mit guten Freunden zusammenzusitzen und Spaß zu haben. Gemeinsam Musik zu machen, zu essen und über Gott und die Welt zu quatschen. Da kann ich richtig zum Genießer werden. Übrigens passt diese Beschreibung auch ganz gut auf unseren Sportlerbibelkreis bei der Eintracht.

Rasiejewskis Dreamteam

Ein Geschenk des Himmels?

So richtig angefangen hat das alles mit einer ziemlich unscheinbaren Frau, die inzwischen jeder aus unserer Mannschaft kennt. Sie steht nun schon seit Jahren immer wieder am Trainingsplatz und schaut uns bei der Arbeit zu. „Edelfan" würde man zu so jemandem sagen, der schon beinahe zum Inventar gehört. Doch eines Tages hat sie mich wirklich überrascht. Ich war nach einem Spiel gerade auf dem Weg zu meinem Auto, als sie sich plötzlich vor mir aufbaute und ganz stolz verkündete, dass sie ein Geschenk für mich habe. Wir bekommen von Fans oft irgendwelche Glücksbringer und Ähnliches geschenkt, aber dieses Geschenk sollte etwas ganz anderes sein. Sie sagte mir, dass es eine Bibel sei, wünschte mir Glück und verschwand mit einem breiten Grinsen im Gesicht.

Spezialtraining mit den Drillingen vom Bolzplatz

Es gibt Momente im Leben, die sind einfach merkwürdig. Obwohl ich die Bibel nicht las, sondern zu Hause nur irgendwo verstaute, wusste ich in diesem Moment, dass es damit etwas ganz Besonderes auf sich haben sollte. Aber andere Dinge waren erst mal wichtiger, wir standen mit der Eintracht mitten im Abstiegskampf, und ein großer Leser war ich sowieso nie gewesen.

Gott hat jedoch viel Zeit. Ich glaube, er verbringt den meisten Teil seines Lebens mit Helfen und Warten. Und ich glaube auch, dass es bei jedem Menschen seine ganz eigene Zeit braucht, bis er für bestimmte Dinge reif ist.

Und so dauerte es auch eine ganze Weile, bis ich mich eines Tages wieder an diese Bibel erinnerte. Es war an einem Abend, an dem ich nichts Besonderes vorhatte. Meine Freundin Kerstin war gerade unterwegs, und so saß ich zu Hause, hatte keinen Bock auf Fernsehen und auch sonst nichts Besseres vor.

Irgendwie muss mein Blick auf dieses ungewöhnliche Geschenk gefallen sein, und so nahm ich sie zum ersten Mal genauer unter die Lupe. Es war eine Sportlerbibel. Etwas, das ich bis dato auch noch nie gehört hatte. Es muss für manchen klingen, als ob Gott extra ein Kapitel für die Sportler geschrieben hätte. „Lebensberichte von internationalen Spitzensportlern", hieß es in der Beschreibung. Es war also ein Neues Testament mit zusätzlichen persönlichen Geschichten verschiedener Sportler, wie Michael Chang, Bernhard Langer und Karl Friesen.

Als ich das Buch aufschlug, grinste mir schon von der ersten Seite ausgerechnet unser Torhüter Dirk Heinen entgegen. Ich wusste bereits, dass auch er gläubig war, aber seine persönliche Geschichte kannte ich bis dato nicht. Einige Stunden blätterte ich durch das Buch, und je länger ich darin stöberte, desto mehr fiel mir auf, wie viel interessante Dinge es in der Bibel zu entdecken gibt, wenn man sich etwas Zeit dafür nimmt. Ein paar Monate später haben Dirk und ich einen Bibelkreis für Sportler gegründet und dabei festgestellt, wie groß doch bei Sportlern das Interesse an der Bibel sein kann, wenn man sich einmal „outet". Immer abwechselnd luden wir von da an zu diesen Abenden bei uns zu Hause ein. Natürlich wurde erst mal richtig gegessen, und man kam sich nicht vor wie bei einem Bibelkreis, sondern eher wie bei einer Party.

Es nahmen einige Basketballer von der Eintracht, Eishockeyspieler und einige Jungs aus der Mannschaft teil wie unser Koreaner Jae-Won Sim samt Frau und Dolmetscher, der Nigerianer Stephen Famewo, Alex Rosen und Daniel Bradasch. Überhaupt ging es bei unseren Treffen immer sehr international zu. Da Sims Deutsch nicht ganz so gut ist, beschränkten wir uns, wenn sein Dolmetscher nicht kommen konnte, manchmal auch nur aufs

Musizieren. Sims Frau am Klavier, Dirk Heinen am Schlagzeug und der Rest hat mit Gitarre und Liederbüchern bewaffnet gesungen. Gut, dass wir so tolerante Nachbarn haben. Das Tolle an diesen Abenden ist, dass man dabei so viele verschiedene Geschichten über Gott zu hören bekommt. Nicht nur aus der Bibel, sondern auch aus den Erzählungen mancher Teilnehmer. Und dabei geht es nicht um irgendwelche Wunder-Geschichten mit Gott, sondern um Erlebnisse im Alltag. Hartnäckige Verletzungen, die einem zu schaffen machen, die Warterei auf der Ersatzbank oder einfach irgendwelcher Ärger, den man gerade hat. Interessant, wie manche damit umgehen und wie sie dabei Gott in all diese Dinge mit einbeziehen. Und das ist manchmal gar nicht einfach, vor allem dann, wenn man einen dicken Hals hat und sich grün ärgern könnte.

Im Alten Testament wird von König Saul erzählt, der sich beinahe zu Tode ärgerte, da er häufig sehr jähzornig war. David hat ihn damals dann immer mit den sanften Klängen seiner Harfe beruhigt. Wenn ich heute auf unserer Couch zu Hause mit meiner Gitarre dasitze und stundenlang vor mich hinzupfe, kann ich das gut verstehen. Es gibt für mich nichts Schöneres, als so zur Ruhe zu finden, einmal ganz weit weg vom Fußball und dem ständigen Erfolgsdruck zu sein. In dieser anderen Welt denke ich dann nur über das Leben nach, träume vor mich hin und lausche den wundervollen Tönen dieses Instruments.

In solchen Momenten glaube ich, dass Gott mich sieht. Wahrscheinlich grinst er dabei heimlich, wenn ich mal wieder mit dem Barré kämpfe, und zu gerne wüsste ich, was er dann über mich denkt.

Vielleicht hofft er ja, dass aus dem verbissenen Fußballer von einst eines Tages noch ein echter Romantiker wird.

CLAUDEMIR JERONIMO BARRETO

Cacau – der Missionar

Die Ökumene im Fußball

Zum Abschluss kommen, Junge, du musst den Abschluss suchen", brüllt Klaus Augenthaler über das Trainingsgelände des 1. FC Nürnberg. Immer wieder hat er das an diesem Morgen seinen Stürmern gepredigt. Mit den Händen in die Hüften gestützt, steht der junge Brasilianer völlig außer Puste seinem Trainer gegenüber. Er nickt, er hat verstanden.

Kurios, was sich einen Tag später in den ersten Minuten der Begegnung des Clubs in der Bay-Arena zu Leverkusen abspielt. Ein ziemlich unbekannter kakaobrauner Stürmer namens Barreto hat gerade den Club mit 1:0 in Führung geschossen. „Jesus lebt und liebt dich", lautet die Message, die er auf seiner Jubelrunde stolz Fans und Fotografen unterm Trikot offenbart. Nur 2 Minuten später der Ausgleich durch Zé Roberto. Genauso euphorisch läuft der Brasilianer in die Fankurve zum Abfeiern und auch er zieht plötzlich sein Trikot hoch: „Jesus liebt dich". Fans und Fotografen schauen sich erstaunt an. War das gerade nicht der gleiche Spruch? Das ist ja fast wie beim Memory.

Als es wenige Minuten später wieder durch Barreto im Kasten von Butt klingelt, erreicht die Predigt ihren Höhepunkt. „Redundanz" nennt man das in der Theologie. Eine Message wird so lange wiederholt, bis es die „Fan-Gemeinde" begriffen hat.

Zé Roberto erkundigt sich nach dem Abpfiff beim „Mann des Spiels", wer er denn eigentlich sei, und auch die Experten von der Presse wissen noch nicht einmal seinen Namen. Auf dem Spielberichtsbogen steht „Jeronimo", auf seinem Trikot jedoch „Barreto" und der Stadionsprecher nennt den Torschützen mit der Nummer 40 „Cacau".

Wenige Wochen später predigt Cacau in einer anderen „Gemeinde", der „Gottlieb-Daimler-Kirche". Über 30.000 Fans sind hierher gepilgert, und wie in einem ökumenischen Gottesdienst wechseln sich auch hier wieder die Pre-

Cacaus erstes Tor in der Bundesliga gegen Leverkusen

diger ab: Natürlich hat er eine neue Andacht geschrieben und so eröffnet Cacau seine Rede mit dem 0:1: „Jesus kommt wieder". Es ist still im Stadion, die Fans gesenkten Hauptes – die Gemeinde scheint nachzudenken.

Beim 1:1 antwortet der Brasilianer Bordon beinahe im liturgischen Wechselgesang mit „Gott ist treu" und die Zuhörerschaft stimmt ihm jubelnd zu. Halleluja! Cacau bestätigt noch einmal das Wiederkommen Jesu beim 1:2 und dem Club gehören an diesem Abend die Punkte.

Spätestens jetzt kennen ihn die Einkäufer der Bundesliga und auch alle Reporter, den trickreichen Brasilianer aus São Paulo, auf dessen Straßen er vor nicht allzu langer Zeit noch Cola-Dosen verkaufen musste. Vom Leiter einer Samba-Band entdeckt, tourt er durch halb Europa, um sich bei einigen Clubs vorzustellen. Bayern München, den Grashoppers und den 60-ern ist er noch nicht einmal gut genug für deren Amateure und so kickt er für ein Taschengeld bei Türk Gücü im sportlichen Niemandsland.

Sein Wechsel zum Club, der in tiefsten Abstiegsnöten steckt, lässt ihn mit 2.200 Euro monatlich dann doch noch zum „Großverdiener" werden. Beim nächsten Doppelpack zum 2:0-Sieg gegen Köln gibt er den Fans mit seinem „Jesus rettet" die passende Vorlage. Für sie ist er im Abstiegskampf schon längst der neue „Retter von Nürnberg" ...

Steckbrief

Claudemir Jeronimo Barreto
Geboren am 27. März 1981 in São Paulo
Freundin Tamara

Vereine

Türk Gücü München
1. FC Nürnberg

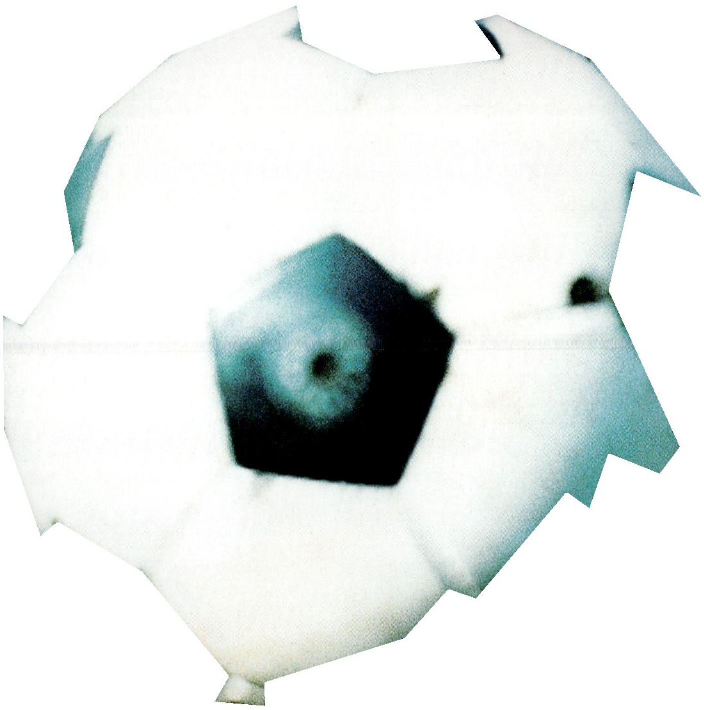

Claudemir Jeronimo Barreto, was für ein wohlklingender Name! Warum nennst du dich trotzdem wie ein Schokogetränk?

In Brasilien gibt es an Kindergeburtstagen immer ein Lied, in dem das Geburtstagskind gefragt wird, wer sich denn heute etwas wünschen darf. „Cacaudemir", antwortete ich mit meinen drei Jahren in undeutlicher Kindersprache anstatt „Claudemir", und schon hatte ich meinen Spitznamen weg.

Mit sechs Toren in acht Spielen hast du einen glänzenden Einstand in der Bundesliga gefeiert. Warst du als Kind eigentlich auch schon so treffsicher?

Ja, aber in einer ganz anderen Sportart – wir haben manchmal mit unserer Clique Straßenlampen ausgeschossen und damit einige Straßen komplett dunkel gelegt.

Hatte das einen bestimmten Sinn?

Nö, höchstens, um nicht erwischt zu werden, wenn wir aus Nachbars Garten mal wieder Früchte geklaut haben, am liebsten Caqui.

Die berühmten furchtlosen Straßenkids?

Au weia (er muss laut lachen), ganz im Gegenteil. Einmal waren wir mit unseren Steinschleudern mit 12 Mann in einer Gegend unterwegs, in der sehr viel zerstört wurde. Als uns eine Polizeistreife mit unseren Steinschleudern sah, sprangen die beiden Polizisten aus dem Auto und zwangen uns alle mit ihren Kanonen, uns nebeneinander auf die Straße zu legen. Während wir da mit dem Gesicht im Dreck lagen, verhörten sie uns und schrieen uns mit irgendwelchen Verdächtigungen an, sodass zuerst einer und am Schluss alle heulen mussten. Natürlich haben sie dann Mitleid bekommen und uns gehen lassen. Während wir uns auf dem Heimweg gegenseitig versprachen, niemandem etwas davon zu verraten, fingen manche immer wieder an zu heulen, sodass die ganze peinliche Geschichte natürlich bald jedem bekannt war.

So wächst also ein typischer brasilianischer Straßenfußballer auf?

Na ja, man zieht eben mit dem Ball unterm Arm durch die Straßen und versucht, auf sich aufmerksam zu machen. Dabei habe ich eigentlich mit 8 Jahren als Hallenfußballer begonnen. Das ist in Brasilien ziemlich populär, hierbei lernt man das Dribbeln.

Dabei warst du ja in Brasilien nie bei einem richtigen Club.

Stimmt, mein erster Club war „Bagaco da Vi-

da", das war eine Mannschaft aus einem Viertel meiner Stadt. Vom Niveau her eine bessere Hobbymannschaft. Und auch alle meine folgenden Vereine entsprachen etwa der deutschen Kreisliga. Aber dafür war viel Leidenschaft dabei. Ich bin oft einige Kilometer zu Fuß zum Training gelaufen.

Und dann stand Pelé eines Tages als Zuschauer da und hat dich entdeckt?

Nein, ganz im Gegenteil, ich wurde sozusagen von meinem eigenen Kreisliga-Trainer Mauro entdeckt. Zu der Zeit spielte ich bei „Joana Dárc" und er bekam eines Tages einen Anruf von seinem Cousin Osmar. Der war eigentlich Leiter einer Samba-Band aber auch ständig auf der Suche nach Talenten für deutsche und türkische Fußballvereine. Er fragte meinen Trainer nach einem guten Tipp und so kam ich dann ins Gespräch und lernte Osmar Oliveira, meinen heutigen Manager, bald darauf kennen. Nachdem er sich bei ein paar Spielen ein Bild von mir gemacht hatte, nahm er mich zu einigen Tests nach Deutschland mit.

Jeder brasilianische Kicker will nach Europa kommen, um dort Profi zu werden. Dachtest du damals: „Ja, das wird mein Durchbruch!"?

Nein, ich war nur sehr gespannt, was mich dort erwarten würde, da ich noch nie zuvor in Europa gewesen war. Und ich musste echt lachen, als wir quasi mit seiner Samba-Band durch ganz Deutschland tourten – eine echt verrückte Reise von São Paulo nach Frankfurt über München zur Mannschaft von Türk Gücü.

Beim Probetraining dort konnte ich nicht überzeugen und die Reise ging weiter in die Schweiz zu Grashoppers Zürich. Auch dort bestand ich nach zwei Testspielen nicht und so ging es einfach wieder zurück nach München zu Türk Gücü. Eigentlich ganz kurios, dass die mich beim zweiten Mal dann doch ganz gut fanden und ich meinen ersten Vertrag in der Tasche hatte. Wobei „Vertrag" übertrieben ist, eigentlich spielte ich für ein Taschengeld.

Auch Bayern München hielt dich ja noch nicht einmal gut genug für ihre Amateure, aber die 5. Liga als Start für einen Fußballstar klingt ziemlich bescheiden.

Man muss natürlich sehen, dass Türk Gücü ein Verein ist, der davon lebt, Spieler günstig zu kaufen, um sie dann teurer in die Türkei an höherklassige Clubs zu verkaufen. Aber bevor ich in München anfangen konnte, musste ich erst wieder nach Brasilien, um dort meine Aufenthalts-

Cacaus Top 3

Urlaubsländer
① Brasilien
② Griechenland
③ Israel

Essen
① Feijoada
② Steak
③ Reis

Autos
① Mercedes (alle)

Bibelverse
① Johannes 3,16
② Psalm 37,5

Filme
① Titanic
② Der Prinz von Ägypten
③ Arreb

Trainer
① Dieter Nüssing
② Klaus Augenthaler

Legendäre Spiele
① 1. FC Nürnberg - 1. FC Köln 2:0
② VfB Stuttgart - 1. FC Nürnberg 2:4

Musiker
① Cassiane
② Diante do Trono
③ Aline Barros

Stadien
① Frankenstadion
② AOL Arena
③ Gottlieb-Daimler-Stadion

Gegenspieler
① Lucio
② Marcelo Bordon
③ Frank Baumann

Internet
① www.eucreio.com
② www.igreja.com
③ www.jovens.de
④ www.cacau.de

Bescheidener Typ – bescheidene Wohnung

erlaubnis zu bekommen. Diese fünf Monate des Wartens waren schon sehr lang.

Du warst da gerade mal 18 – was haben deine Eltern zu diesem Abenteuer gesagt?

Mein Vater hat uns verlassen, als ich 15 war. Meine Mutter versuchte uns seitdem mit Putzjobs durchzubringen. Sie hat mir immer gesagt, dass ich versuchen solle, Fußballprofi zu werden, aber ich sollte es dann auch mit ganzer Kraft tun. Und wenn es nicht klappte, dann könnte ich ja wieder zurückkommen, um etwas ganz anderes zu tun.

Wie zum Beispiel?

Fußballprofi werden (grinst dabei über beide Ohren).

Also warst du schon immer sehr überzeugt von deinen Qualitäten?

Nein, ich würde es so ausdrücken: Ich wusste wirklich nicht, was mich in Deutschland erwarten würde. Weit weg von zu Hause ohne Freunde und ohne die Garantie, dass es klappen würde. Da musste ich mich schon voll und ganz auf Gott verlassen. Ich habe einfach zu ihm gebetet, dass sein Wille geschehen solle, da das sowieso immer das Beste ist.

Also war „sein Wille", dass du dir im türkischen Bayern erste Sporen verdienst.

Ja, ich glaube schon, denn hier habe ich einige Lektionen gelernt, die du in Brasilien kaum bekommen kannst. Bei Türk Gücü musste ich lernen, mich körperlich durchzusetzen, denn auf diesem Niveau bekommst du ständig eins auf die Socken. Selbst im Training sind meine eigenen Mitspieler so ehrgeizig und hart gewesen, dass ich oft dachte, ich würde mit gebrochenen Beinen im Krankenhaus landen. Eine sehr gute Vorbereitung für die Bundesliga.

Und wie lief es mit der Kommunikation?

Na ja, bei neun Türken, einem deutschen Torwart und einem brasilianischen Stürmer kann man sich vorstellen, wie der Smalltalk auf dem Platz verlief – nämlich gar nicht! Da zählt dann allein der fußballerische Instinkt. Dabei hatte ich sogar einen Mitspieler, der sich mit mir unterhalten konnte. Das einzige Problem

war, dass meine Gespräche mit Oytan nur aus „Mann!", „Sehr gut" und „Guten Tag" bestanden.

Und wie lief die Mannschaftsbesprechung ab?

Wir hatten einen deutschen Trainer, und ich war wirklich froh, als ich ihn nach einigen Monaten tatsächlich ein bisschen verstehen konnte. Leider wurde er gerade dann durch einen türkischen Trainer ersetzt, der auch nur türkisch sprach. Aber ich hatte sogar einen eigenen Fanclub. Aus meiner brasilianischen Gemeinde kamen immer drei Jungs zu den Heimspielen, die mich unterstützten.

Wow, gleich drei Mann, das klingt ja nach unglaublicher Stimmung!

Ich kann dir sagen, die haben manchmal mehr Lärm gemacht als die 150 türkischen Zuschauer – Brasilianer haben halt Temperament.

Wie bist du in dieser temperamentvollen Gemeinde gelandet?

In Brasilien hat mir Osmar erzählt, dass er gehört habe, Jorginho hätte in München eine Kirchengemeinde gegründet. Ich habe damals einfach „Jorginho" und „Igreja" für Kirche in eine Suchmaschine im Internet eingegeben und auch prompt einige Infos über diese Gemeinde gefunden. Mein Kollege Jesus Junior vom „Club" fährt inzwischen auch ab und zu mit in die Gemeinde (www.igreja.com).

... in die auch Paulo Sérgio geht. Ein Cluberer und ein Bayer nebeneinander in derselben Kirche, wenn das die Fans sehen könnten!

Können sie ja, hiermit spreche ich eine herzliche Einladung in die Emil-Geiss-Straße 39 in München aus. Wir verteilen auch immer Kopfhörer mit Übersetzung für die deutschen Besucher.

Dein Markenzeichen und auch das vieler anderer Brasilianer sind ja die frommen T-Shirts. Man hat fast das Gefühl, dass jeder Brasilianer an Gott glaubt.

Oh nein, bei mir hat es eine ganze Weile gedauert, bis es dazu kam. Kein Mensch kommt als Christ auf die Welt, man muss sich schon entscheiden, ob man mit Gott leben will oder nicht. Wir sind zu Hause auch überhaupt nicht christlich erzogen worden. Es hat eigentlich damit angefangen, dass mir eines Tages ein Mitspieler in der Jugend bei einem Wochenendturnier von Jesus erzählt hat. Er hieß Leile, und es war das erste Mal, dass mir jemand etwas über die Liebe Gottes zu den Menschen erklärte. Ich verstand damals zwar nicht genau, was er meinte, aber ich fand es so interessant, dass ich ihn das ganze Wochenende dazu befragte. Danach habe ich ihn leider nicht

Cacau von A bis Z

ANGST
Ich habe keine Angst

BÜCHER
Ich lese gern die Bibel und Bücher über die Bibel

COMEDY
Der Daniel bringt mich immer zum Lachen

DAMALS
Ich denke nur selten über damals nach

ELTERN
Sie unterstützen mich am meisten

FREUNDE
Ich kann nicht ohne leben

GESUNDHEIT
Brauche ich für meinen Job

HEIMAT
Mein Paradies auf Erden

IDOLE
Jesus

JUGEND
Mitten drin statt nur dabei

Kino
Ich gehe selten ins Kino

LEIDENSCHAFT
Christliche Musik hören und Bücher lesen

MUSIK
Ich liebe es, Musik zu hören

NIEMALS
Niemals ohne Jesus

OFT
Rufe ich nach Brasilien an ...

PLÄNE
Gottes Plänen für mein Leben folgen

QUALITÄT
Gott gab jedem Menschen eine bestimmte Qualität

RUHM
Ich komme auch ohne ganz gut klar

Schwäche
Ich bin sehr nervös ...

TRAUM
Heiraten und ein glückliche Familie zu haben

UNGERECHT
Wir müssen die Ungerechtheit beseitigen

VERRÜCKT
Es wäre verrückt von mir, wenn ich ohne Gott leben würde

WICHTIG
Eine bestimmtes Ziel zu haben

X-X
Die Frau sollte die beste Freundin eines Mannes sein

YOGHURT
Genieße ich jeden Tag

ZEUGNIS
Wir müssen jeden Tag ein Zeugnis für die anderen sein

wieder gesehen, doch die Fragen, ob es einen Gott gibt und wie man ihn entdecken könnte, beschäftigten mich von diesem Moment an.

Kann man ihn denn entdecken?

Na ja, ich hatte ehrlich gesagt keine Ahnung von diesem Gott, aber spätestens als mein älterer Bruder Vlademir sich taufen ließ, war ich neugierig geworden, wie Gott es schaffen konnte, einen Menschen wie ihn derartig zu verändern. Mein Bruder war immer das schwarze Schaf in der Familie gewesen. Er schwänzte regelmäßig die Schule und verspielte eigentlich ständig sein Geld in irgendwelchen obskuren Spielhallen. Unsere ganze Familie war verwundert, wie er sich nach seiner Taufe verändert hatte. Es war beinahe, als ob Gott tatsächlich einen anderen Menschen aus ihm gemacht hatte. Und ehrlich gesagt waren wir alle auch ganz froh darüber. Er hatte plötzlich eine ganz andere Art, mit Menschen umzugehen, und begann, ein ehrliches Leben zu führen.

Ich glaube, dass Christsein für mich nur deswegen so interessant wurde, weil ich die verändernde Kraft Gottes mit meinen eigenen Augen sehen konnte. Ich kannte meinen Bruder ja nun in- und auswendig und wusste, dass er uns nichts vorspielen konnte, das nicht echt war.

Der ältere Bruder war also eine Art Vorbild?

Ja. Vlademir war genau wie ich ein echt fußballverrückter Junge. Ich war total beeindruckt, dass er mir so viel über Gott erzählen konnte, da ich vieles in der Bibel überhaupt nicht kapierte. Er erzählte mir zum Beispiel davon, dass Jesus für unsere Sünden gestorben sei, damit wir ewiges Leben hätten. „Aber wir werden doch weiterhin sündigen, wie kann man das denn abstellen?", habe ich ihn daraufhin gefragt. Erst nach vielen Gesprächen mit ihm habe ich langsam verstanden, dass Jesus gerade dafür gestorben ist, dass er uns immer wieder von Neuem unsere Schuld vergibt, damit wir aus unseren Fehlern lernen können und ein besseres Leben führen.

Aber doch nicht ausgerechnet in der sündigen Karnevalzeit?

Doch, ich war gerade in diesen Tagen sehr viel auf der Straße unterwegs, um bei vielen großen Festen meine Sprayflaschen mit so einem Glibberschaum zu verkaufen. Plötzlich hat mich irgendein Wildfremder angesprochen und mir eine Einladung in die Hand gedrückt. Er war Pastor einer Gemeinde in meiner Heimatstadt Mogi das Cruzes und ich bin später tatsächlich zu diesem Gottesdienst gegangen. Es hat mir dort ganz gut gefallen, und ich hatte das Gefühl, dass ich genau dort hingehörte. Irgendwann hat es dann bei mir richtig Klick gemacht, und ich wollte auch diesen Frieden haben, den mein Bruder gefunden hatte. Ich wünschte mir nichts mehr, als diesen liebenden Gott zum Freund und Vater zu haben.

Cacau – der „Torminator"

Hat es etwas in deinem Leben verändert?

Oh ja, wenn man mich vorher auf dem Fußballplatz erlebt hatte, dann konnte man sehr schnell feststellen, was Gott an mir verändert hat. Wenn es bei mir im Spiel nicht gut lief, habe ich immer ganze Wörterbücher von Flüchen abgelassen, die hier wirklich nicht druckreif sind. Wenn wir verloren hatten, habe ich danach wirklich jeden angemacht und beschimpft, der mir über den Weg lief. Ein richtiges kleines Ekel war ich.

Das kann man sich gar nicht vorstellen, wenn man dich heute beim Spielen beobachtet.

Doch, doch, das war schon ein kleines Wunder, was Gott da bei mir getan hat, denn ich konnte manchmal wirklich sehr jähzornig sein. Einmal hatte mir mein kleiner Bruder irgendetwas weggenommen und mich damit so in Rage gebracht, dass ich eine Schere nach ihm schmiss. Zuerst haben wir uns alle gewundert, dass man gar keinen Aufprall hörte, bis meine Eltern sahen, dass die Schere ganz tief im Arm meines Bruders steckte.
Das Faszinierende ist, dass ich in dem Moment, in dem ich mich damals entschied, mit Jesus zu leben, keine Ahnung hatte, was danach passieren würde. Doch auf einmal merkst du, wie dich ein echter Friede durchströmt und wie du wirklich einen Draht zu Gott entwickelst. Er füllt die leeren Stellen in deinem Herzen mit Liebe. Ich glaube, Gott will einfach, dass wir Menschen merken, wie sehr er uns liebt. Das ist, als käme man nach einer langen Reise endlich nach Hause .

Auf deinen T-Shirts hast du ja immer einen Spruch über Jesus stehen. Wann ist dir die Idee dazu gekommen?

In Brasilien habe ich immer wieder Spieler gesehen, die mit einem Spruch unterm Trikot ihren Glauben an Jesus bekannten. Als ich damals Christ wurde und kurz darauf nach Deutschland kam, wollte ich den Fans etwas über Gottes Liebe sagen. In der Bibel heißt es: „Wem das Herz voll ist, dem geht der Mund über." Deswegen sage ich ihnen das Beste, was man einem Menschen sagen kann: „Jesus liebt dich."

Bei deinem allerersten Bundesliga-Tor hast du deine „T-Shirt-Mission" begonnen. Was hast du gedacht, als Zé Roberto beim 1:1 ebenfalls ein T-Shirt mit „Jesus liebt dich" offenbarte?

Zuerst war ich natürlich etwas traurig darüber, dass wir den Ausgleich kassiert hatten.

Cacaus Dreamteam

„Brrr, wo bitte geht's zum Strand?"

Aber als ich dann sah, dass er auch ein Jesus-Shirt anhatte, habe ich mich sogar mit ihm freuen können.

.... so sehr, dass du gegen ihn kurz danach das 2:1 gemacht hast. Glaubst du nicht, dass Gott Probleme hat, den Richtigen zu erhören, wenn zwei Fromme gegeneinander spielen?

Nein, denn ich bete vor dem Spiel gar nicht dafür, dass wir gewinnen. Ich bete, dass Gott uns vor Verletzungen bewahrt und dass sein Wille geschehe.

Und was ist Gottes Wille?

Das weiß ich doch nicht, gerade deswegen bete ich ja! Weil er mich liebt und weiß, was gut für mein Leben ist, kann ich ihm nach dem Spiel immer danken, egal, ob wir gewinnen oder verlieren.

Eine seltene Einstellung in der Bundesliga!

Christ zu sein ist auch selten, man schwimmt praktisch sein ganzes Leben lang gegen den Strom.

Hast du Gott einmal auch während eines Spiels erlebt?

Ja, auch wenn das jetzt vielleicht ein bisschen peinlich ist. Einmal musste ich während eines Spiels für Türk Gücü daran denken, was Gott in meinem Leben alles für mich getan hat, und ich fing vor Dankbarkeit einfach an zu weinen.

Manche Profis würden aber eher weinen, wenn sie den Gehaltszettel in deiner ersten Saison beim 1. FC Nürnberg sehen würden: 150 DM für ein Unentschieden!

Geld spielt für mich wirklich keine große Rolle im Leben. Ich versuche, über Geld so zu denken wie Salomo, und bete dann immer: „Gott, gib mir bitte nicht zu wenig, damit ich gut durchkomme, und nicht zu viel, damit ich dich nicht vergesse."

Das solltest du bei den nächsten Vertragsverhandlungen auf keinen Fall deinem Manager erzählen.

(Er lacht und schweigt).

Du wurdest gleich in deiner ersten Saison als „Nürnbergs Retter" gefeiert, obwohl du deine Tore nur als Amateur geschossen hast. Wie hast du diese Euphorie um deine Person empfunden?

Ich habe mich sehr darüber gefreut, dass ich mit meinen Toren der Mannschaft helfen konnte. Das einzig Schwierige an der Euphorie war, dass ich jeden Tag sehr viele Anrufe von Fans und Spielervermittlern bekam, da mein Name ganz normal im Telefonbuch stand. Einer hat sogar wirklich jeden Tag angerufen und wollte mein Manager werden.

Wie sieht es mit deinen Träumen aus? Denkst du manchmal an das gelbe Trikot mit den vier Sternen?

Eigentlich überhaupt nicht. Klar wollen viele für Brasilien spielen, aber ich denke wirklich nur von Spiel zu Spiel und lasse die großen Träume in Gottes Hand.

Hast du dir als Kind manchmal vorgestellt, wie es wohl wäre, eines Tages Fußballprofi zu sein?

Ja, klar. Ich war immer total beeindruckt davon, was Spieler wie Maradona, Zico oder Denilson alles mit dem Ball anstellen konnten. Das wollte ich auch eines Tages können. Bei den WM-Spielen 1990 war ich ein totaler Fan von Careca. Ich wollte genauso cool sein wie er. Schließlich hatte er doch damals diese Leggins im Fußball eingeführt. Natürlich habe ich das dann auch gleich imitiert.

Das ist cool? Ich dachte immer, die tragt ihr Brasilianer gegen die Kälte.

Nein, gegen die furchtbare Kälte in Deutschland habe ich ein ganz anderes Spezialmittel. Ich streue mir vor dem Spiel immer Pfeffer auf die Füße. Das hilft wirklich!

Vielen Dank für dieses scharfe Interview und alles Gute, Cacau!

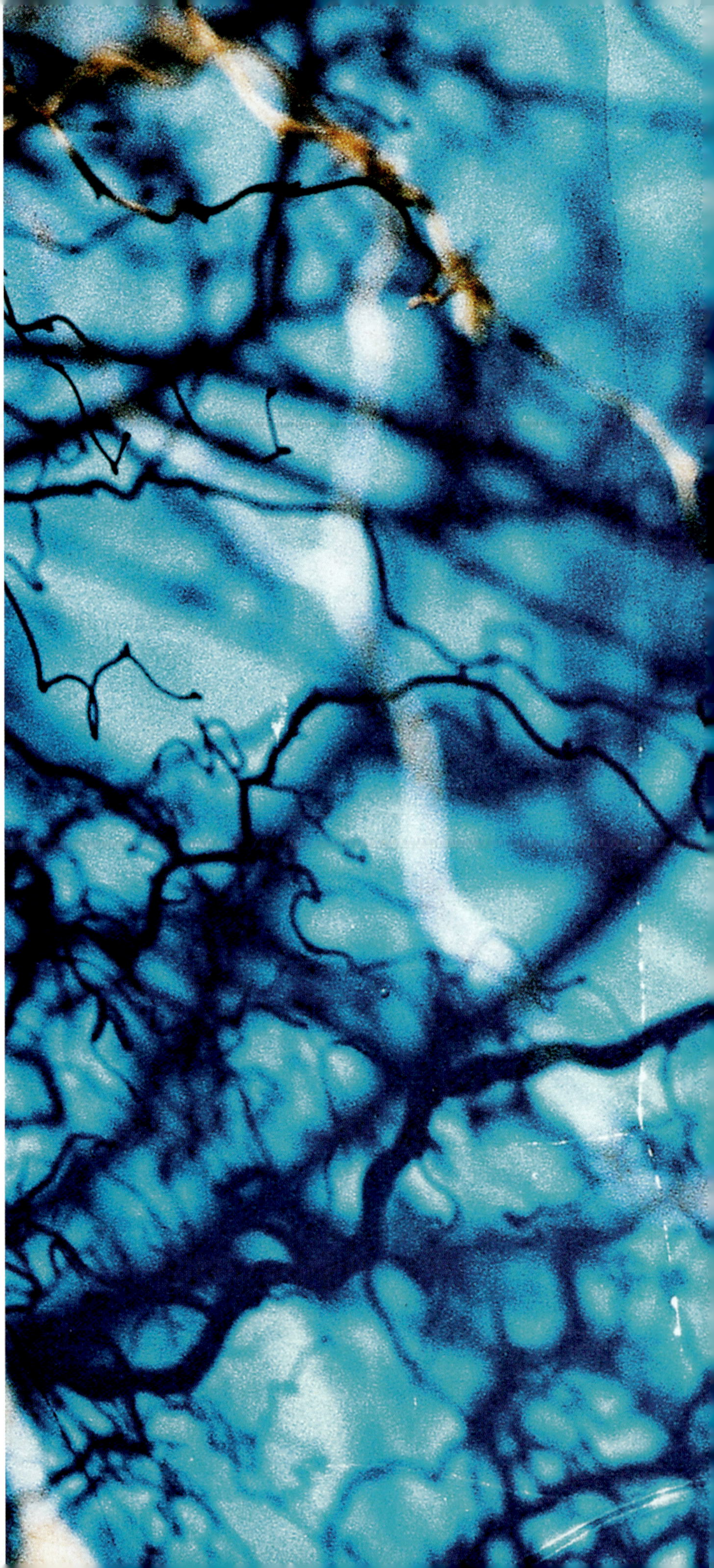

Herrlich, so ein Fußballwunder

Erschöpft und blass sieht er aus, aber glücklich. Mit feuchten Augen sitzt er an diesem langen Tisch des Presseraums und erzählt den Journalisten seine Geschichte vom Kampf gegen den Krebs. Nach Monaten der harten Therapie hat er ihn besiegt. Zurück bleiben ein kahler Kopf und ein paar Narben. Und während er davon erzählt, durch welche Täler er gehen musste und was so eine Strahlentherapie dem Körper antut, sieht man dieses Funkeln in seinen Augen wieder, wie er es sonst nur bei seinen herrlichen Torjublern sehen lässt. Am 4. November 2000 trifft er zuletzt gegen Bayern München. Danach lässt ihn eine plötzliche Sehschwäche Luftlöcher auf dem Betzenberg schlagen. Die schockierende Diagnose lautet „bösartiger Tumor im Mittelhirn". Er gilt als nicht operabel. Als die Nachricht veröffentlicht wird, machen ihm die Fans aus der ganzen Liga mit tausenden von E-Mails und Briefen Mut: „Halte durch, wir beten für dich", schreiben dem Dortmunder sogar die Schalke-Fans, und das will schon was heißen. Sein öffentliches Statement klingt gefasst, aber auch unsicher: „Ich habe als Mensch viele schöne Seiten und glückliche Jahre erlebt. Vielleicht konnte ich das nicht immer wertschätzen. Ich danke Gott für diese Zeit und bin bereit, die schwierige Zeit, die ich jetzt durchlebe, anzunehmen, obwohl ich nicht weiß, wie sie ausgeht."

Die knapp 6-wöchige Strahlentherapie in Heidelberg, mit häufigem Erbrechen und völliger Erschöpfung, bedeutet keine Garantie auf Besserung. Für den gerade mal 28jährigen eine Achterbahnfahrt der Gefühle aus Zweifel, Angst und Hoffnung. „Ich kann doch nicht die glücklichen Stunden im Leben von Gott annehmen, ihn aber in schweren Zeiten anzweifeln und fragen: Warum macht er das? Warum ich? Ich habe mich darauf vorbereitet, dass es bald vorbei sein könnte, und den ganzen Mist meines Lebens vor Gott gebracht. Meine Gebete haben mich zur Ruhe kommen lassen, ich war teilweise sogar sehr, sehr glücklich, weil ich innerlich mit mir im Reinen war und jeden Moment zutiefst genossen habe."

Die Geburt seiner Tochter Noomi im Juni 2001 passt zu dieser außergewöhnlichen Geschichte. Während Herrlich dem Tod ins Auge sieht, entsteht ein neues Leben. Ein doppelter Neuanfang. Und so bekommt Sangita Herrlich in diesen Tagen gleich zwei „Neugeborene" geschenkt.

„Luftloch auf dem Betzenberg"

Heiko und „Iron Mike"

Eines Tages wieder so schön für Deutschland jubeln, wie hier mit „Klinsi"?

Das Thema Wiedergeburt begegnet Heiko Herrlich zum ersten Mal zu Leverkusener Zeiten, als ihn sein ehemaliger Teamkollege Jorginho zum Bibelkreis zu sich nach Hause einlädt. Als er dort zum Glauben an Gott findet, läuft jedoch nicht alles rosig für ihn. Bei seiner nächsten Profistation in Mönchengladbach erfährt er durch eine schwere Gelbsucht am eigenen Leib, wie schnell man im „Geschäft Bundesliga" in Vergessenheit geraten kann. Doch diesmal, mit dem Tumor, ist alles ganz anders, viel existenzieller.

Im Aktuellen Sportstudio verblüfft er mit einem ungewöhnlichen Bekenntnis: „Die schlimmste Zeit während meiner Krebserkrankung wurde zu meiner glücklichsten, nachdem ich den Schutt meines Lebens vor Gott bekannt und Frieden mit Gott gemacht hatte. Ich bin bereit, den Weg zu gehen, den er mit mir gehen will. Ich hatte inzwischen mit dem Fußball abgeschlossen."

Doch Arbeitgeber BVB verlängert unterdessen seinen Vertrag sogar bis 2005, in der Hoffnung, dass Heiko zu seinem alten Torjägerinstinkt zurückfindet. Auch nicht normal im Haifischbecken Bundesliga. Nachdem ihm die Ärzte grünes Licht für ein Comeback gegeben haben, folgen erste zaghafte Waldläufe, Steigerungstraining und Belastungstests und später sogar einige Kurz-Einsätze, um ihm wieder etwas Spielpraxis zu geben. Der 15. September gerät zu einem misslungenen Neustart. Als er zum ersten Mal wieder bei einem bedeutenden Match eingewechselt wird, führt ausgerechnet seine erste Ballberührung zum Fehlpass und zur Niederlage gegen den Erzfeind Schalke 04.

Doch Trainer Sammer hält weiter an ihm fest und bringt Herrlich am 22. November 2001, über ein Jahr nach seinem letzten Torerfolg, zu seinem ersten Europacup-Einsatz in Kopenhagen.

Obwohl er ein ganz gutes Spiel macht und um jeden Meter Boden kämpft, scheint an diesem Abend nicht mehr drin zu sein als ein 0:0. Als bereits die dritte Minute der Nachspielzeit läuft, zieht Ricken noch einmal mit Links ab. Der Ball landet irgendwie bei Herrlich, und der tut das, was er am besten kann. Sein Tor zum 1:0-Sieg, sein anschließender Jubellauf mit Tränen in den Augen, direkt in die Arme von Teamarzt Dr. Michael Preuhs, das spätere Geständnis, dass er dabei an die Menschen in den Krankenhäusern denken musste, denen es nicht so gut ergangen ist wie ihm – all das ist typisch Heiko Herrlich.

An diesem Tag besiegt er nach über einem Jahr des Leidens den bösartigen Tumor endgültig. Ein weiteres Fußball-Wunder ist wahr geworden.

Steckbrief

Geboren am 3. Dezember 1971 in Freiburg
Verheiratet mit Sangita
Tochter Noomi

Vereine

FC Kollnau
FC Emmendingen
SC Freiburg
Bayer Leverkusen
Borussia Mönchengladbach
Borussia Dortmund

Erfolge

Torschützenkönig 1995 Gladbach
DFB Pokalsieger 1995 Gladbach
Deutscher Meister 1996 BVB
Champions League-Sieger 1997 BVB
und Weltpokalsieger
5 A-Länderspiele für Deutschland

Das goldene Tor in Kopenhagen

Nachspielzeit

Sein erstes Gebet sprach Rune Bratseth auf der hohen Sprungschanze in Trondheim, in der Hoffnung, dass es nicht sein letztes sein würde. Als 14jähriger tat er seinem Vater einen Gefallen und trat zu einem Dreiländer-Wettkampf im Skisprung an, obwohl er als Vorbereitung im Winter nur ganze drei Sprünge absolviert hatte. Mit dem Sprung seines Lebens gewann er sensationell und machte später Karriere in der Fußball-Bundesliga. Unglaublich, wo sich die Scouts von Werder Bremen überall herumtreiben.

Bereits am Vorabend des WM-Finales 1950 bekommen die Spieler des scheinbar unbesiegbaren Brasilien Münzen mit der Aufschrift „Den Weltmeistern" überreicht. Als sie kurz vor Schluss mit 2:1 gegen Uruguay verlieren, ist die Peinlichkeit der Fußballgeschichte perfekt.

„Der Ball ist aus Leder. Das ist die Haut von der Kuh. Die Kuh grast, deshalb will der Ball immer auf den Rasen fallen." (Carlos Dunga war nie irgendetwas etwas peinlich)

„Es gibt keine Zufälle. Alles im Leben hat seinen Sinn." (Harry Valerien)

Tore lassen einen Fußballer „unsterblich" werden – genauso wie den furchtlosen Gerd Müller mit seinem 365-Tore-Rekord für die Ewigkeit. Ob der weiß, dass es in der Bibel exakt 365 mal „Fürchte dich nicht" heißt?

„Es geht im Fußball nicht um Leben und Tod, es geht um mehr." (Bill Shankly, Trainer des FC Liverpool)

„Wisst ihr nicht, dass die Sportler im Stadion zwar alle laufen, aber dass nur einer den Siegespreis gewinnt? Lauft so, dass ihr ihn gewinnt!" (Die Bibel, 1. Korinther 9,24)

„Sie zahlten für das, was Schwarzenbeck uns angetan hat. Gott rettete United." (AS Spanien)

„Wir sind alle Sieger, denn wir haben Christus. Und auch mein Freund Jorginho ist Sieger, obwohl er heute nur Zweiter wurde, denn auch er kennt Christus." (Kiwi Rufer bei Werders Meistertitel 1993)

Jesus als Tattoo, zu bewundern bei Herthas Marcelinho

Jorghino und Sc…

Dreamteam der ewigen Liga

„Du glaubst an Jesus? Wer's glaubt, wird selig! Ich Aber-Glaube an meine Socken!" Trainer und ihre T(r)icks: Ewald Lienen brachte sein blassblaues Hemd am Ende kein Glück, Andy Brehmes Jackett konnte dem FCK nicht helfen, und Frank Pagelsdorf wurde beim HSV entlassen, obwohl er sogar Nägel im Rasen des Volksparkstadions vergraben ließ, um den dortigen Fluch zu brechen.

„Der Fußball-Gott hat Pause gemacht!"(„Die Lichtgestalt" Franz nach dem Finale gegen Manchester 1999)

„Bei einem Fußballspiel verkompliziert sich alles durch die Anwesenheit der gegnerischen Mannschaft." (Jean-Paul Sartre)

„Wenn ich übers Wasser laufe, dann sagen meine Kritiker: ‚Nicht mal schwimmen kann er'." (Berti Vogts)

Bum Kun Cha war in den 80ern der erste Prediger im deutschen Fußball. Fußball gepredigt hat dagegen der alte Sepp Herberger bereits 1954: „Elf Freunde sollt ihr sein", – ob er sich das bei Jesus und den Jüngern abgeschaut hat?

„Cacau ist Christ und Jesus ist sein Chauffeur". (der Kicker über die Nürnberger Fahrgemeinschaft Cacau und Jesus Junior)

Bum Kun Cha feiert den DFB-Pokalsieg 1981

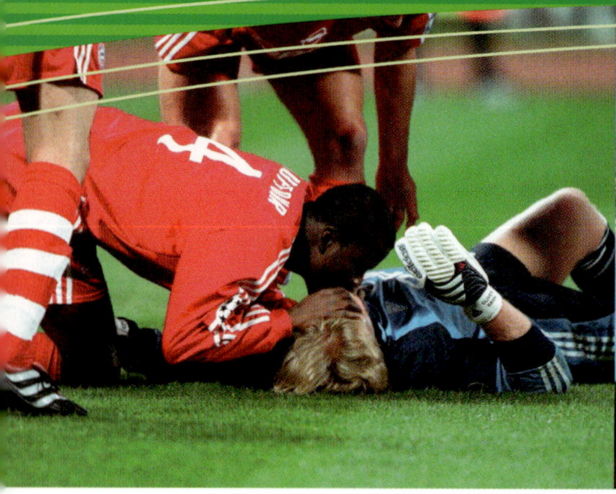

„Das Leben ist hart, wenn du eine Frau liebst und elf Männer vergötterst.“ (Nick Hornby in „Fever Pitch“)

Im 11. Jahrhundert traten einst die ballverliebten Mönche eines Normandie-Klosters zum jährlichen Osterfußball gegeneinander an. Die Anzahl der Mitspieler wurde auf elf festgelegt – die elf getreuen Jünger Jesu. Die Rolle des Balles wurde dem 12., Judas, zugedacht, dessen abtrünnige Seele mit Füßen getreten werden sollte.

Eine finnische Zeitung zitiert den walisischen Nationaltrainer. Das Originalzitat: „Rush and Hughes are some of the best attackers in the world.“ Die Zeitung: „Russische Juden sind mit die besten Stürmer der Welt.“

Die WG von Dirk Heinen und Jens Rasiejewski in den Psalmen: „Siehe, wie fein und lieblich es ist, wenn Brüder in Eintracht beieinander wohnen.“ (Psalm 133,1)

Apropos Torhüter, von wegen 7,32 × 2,44: „Dies sind die Ordnungen der Torhüter“ heißt es in 1. Chronik 26, Vers 19. Ein Beweis dafür, dass Gott den Fußball erfunden hat ...

... denn schließlich forderte er schon im 1. Buch Mose Noah auf: „Geh du in den Kasten, ich mache Sturm.“

„John 3,16“ – ein berühmt gewordenes Transparent der WM 1990. Die witzige Antwort eines Fans, ebenfalls per Transparent, lautete: „Ilse 4,17“. (Selig sind die Schlagfertigen.)

„Hinten dicht machen, und vorne hilft der liebe Gott.“ (Autor unbekannt)

Aus Uli wird Dieter? „Der Stein, den die Bauleute verworfen haben, ist zum Eckstein geworden.“ (Psalm 118,22)

Torsten Legat (zu evtl. Wechselproblemen mit Eintracht Frankfurt): „Ich glaube nicht, dass der Verein mir Steine in den Vertrag legt.“

„Gott kennt seine Pappenheimer.“ Als der Geißbock einmal wegen der Maul- und Klauenseuche für drei Spiele gesperrt war, wurde in Köln kurzerhand ein Geißbock aus Pappe auf einem Wägelchen an die Seitenlinie gezogen.
In Brasilien ist jedes Mittel recht, um den Gegner zu besiegen. Priester beten Rosenkränze mit clubfarbenen Ketten, fanatische Fans vollziehen Makumba-Rituale, einen Voodoo-Zauber, um die Spieler der gegnerischen Elf okkult zu binden, und vergraben tote Frösche im Strafraum des Gegners. In Deutschland vergräbt man dort abgelaufene Glückspfennige.

Schwester Edeltraud: „Männer haben immer nur Fußball im Kopf.“

„Wie eine Schwalbe fliegt, so ist ein unverdienter Fluch.“ (Sprichwörter 26,2)

„Da geht er, ein großer Spieler. Ein Mann wie Steffi Graf!“ (Reporter Jörg Dahlmann beim Abschiedsspiel von Lothar Matthäus)

„Ich habe mit meiner Frau noch nie Streit gehabt, bis auf das eine Mal, als sie unbedingt mit aufs Hochzeitsfoto wollte.“ (Mehmet Scholl)

„Ich habe viel von meinem Geld für Alkohol, Weiber und schnelle Autos ausgegeben ... Den Rest habe ich einfach verprasst.“ (George Best)

„Ein Sportler, der an einem Wettkampf teilnimmt, kann den Preis nur gewinnen, wenn er sich streng den Regeln unterwirft.“ (2. Timotheus 2,5)

„Ich mache nie Voraussagen und werde das auch niemals tun.“ (Paul Gascoigne)

„Im Endeffekt sind Regeln dazu da, gebrochen zu werden.“ (Roy Präger)

Werden die Roten Teufel aus Kaiserslautern jemals wieder Meister? Oder biblisch gesagt: „Hölle, wo ist dein Sieg?“ (1. Korinther 15,55)

„Jesus betete und die Jünger standen abseits.“ (Anonymus)

Bileam sprach: „Wenn mir Balak sein Haus voll Silber und Gold gäbe, so könnte ich doch nicht übertreten das Wort des Herrn.“ (4. Mose 22,18) – war Bileam Schiedsrichter?)

„Wenn wir hier nicht gewinnen, dann treten wir ihnen wenigstens den Rasen kaputt.“ (Rolf Rüßmann)

Der Glückspfennig heißt jetzt „Glückscent“.

„Ein Drittel Gehaltserhöhung ist mir zu wenig. Ich will ein Viertel.“ (Horst Szymaniak)

„Der Fußball-Gott ist Bayern-Fan.“ (Ebbe Sand)

„Wenn ihr mich von ganzem Herzen suchen werdet, so will ich mich von euch finden lassen, spricht der Herr.“ (Jeremia 29,13)

„Auch wenn die Suche nach einem Gott im Fußball für viele jetzt erst beginnen mag, dürfen wir auf keinen Fall den Sand in den Kopf stecken.“ Kein Zitat aus dem Matthäus-Evangelium, sondern eine Weisheit, die der römische Kaiser Trappatoni gesprochen haben könnte, soll die Spurensuche auf dem heiligen Rasen nun abschließen:

Mens sana in corpore sano – ein gesunder Geist in einem gesunden Körper.

David Kadel

Paulo erlegt den „Earl von Manchester“

SPORTLER RU

Sport

– ein faszinierender Raum für Leistungsfähigkeit, Wettkampf, Gemeinschaftserlebnis und Fitness.

SPORTLER RUFT SPORTLER möchte Menschen im Sport fördern und begleiten, sie zu einem Leben mit Jesus Christus einladen und dadurch einen ganzheitlichen Nutzen bieten. Die Aktualität der Bibel soll bis in Training und Wettkampf deutlich werden. Als eingetragener Verein ist SRS über den Sportbund Rheinland dem DSB angeschlossen und in ca. 20 Sportarten aktiv. Auf internationaler Ebene ist SRS Mitglied in der European Christian Sports Union. Auf der Basis der evangelischen Allianz arbeitet SRS mit Kirchen und Werken überkonfessionell zusammen.

NACHRICHTENMAGAZIN

SRS SPORTLER RUFT SPORTLER **proprofi**

Das Angebot von SRSproprofi wendet sich speziell an Athleten im Profi- und Hochleistungssport aus den unterschiedlichen Sportarten sowie deren Partner. Erweitert wurde unser Angebot auf den Hochleistungssport von Athleten mit Behinderung.

Schon viele professionelle Sportler haben vom Beistand und der Unterstützung profitiert. Angefangen von Hilfestellung in ganz praktischen Dingen des täglichen Lebens geht das Angebot von SRSproprofi über Hilfen in seelsorgerlichen, persönlichen und familiären Dingen bis hin zur Beratung in Karrierefragen.

Auf Wunsch betreuen wir Athleten bei nationalen und internationalen Wettkämpfen wie Deutschen Meisterschaften, Europa- und Weltmeisterschaften oder Olympischen Spielen.

Ein weiterer Schwerpunkt unserer Arbeit ist die Unterstützung und Durchführung von regelmäßigen Sportlerbibelkreisen in privater Atmosphäre auf der Basis christlicher Werte.

Dirk Heinen:

„Ich freue mich über unsere Zusammenarbeit!“

FT SPORTLER
www.SRSonline.de
INTERNET
Helmfried Riecker
warm up
Geistlich und sportlich fit für den Tag
Das besondere Andachtsbuch
ANDACHTSBUCH
Christ und Sport
Themenmagazin
prio
2002
Mit Prioritäten leben
Das Magazin
Hintergründe Termine Service Interviews
THEMENMAGAZIN
MIT VOLLEM EINSATZ
Das Neue Testament
mit Lebensberichten internationaler Spitzensportler
SPORTLER-BIBEL
ARBEITSKREISE
Baseball
Fußball
Handball
Jugendsport
Leichtathletik
Motorrad
Pferdesport
Physio
Radsport
Schach
Segeln
Ski + Snowboard
SRSproprofi
Surfen
Tennis
Tischtennis
Trial
Triathlon
Turnen und Tanzsport
Volleyball
Stand April 2002.
Angebote für andere Sportarten auf Anfrage
SRS
SPORTLER RUFT SPORTLER
Jesus lebt
Kölner Straße 23a
D 57610 Altenkirchen
Fon +49 (0) 2681-941150
Fax +49 (0) 2681-941151
eMail:
info@SRSonline.de
internet:
www.SRSonline.de

Profifußballer helfen Straßenkindern

Noch nie war unsere Weltbevölkerung so jung und noch nie so kaputt wie heute. Weltweit gibt es circa 100 Millionen Straßenkinder, mindestens ein Drittel davon leben in Lateinamerika und 8 Millionen allein in Brasilien. Sie ernähren sich vom Betteln, Stehlen und werden zur Kinderarbeit gezwungen. Für viele Kinder ist dadurch Schulbildung nicht möglich und ihre Chance auf eine hoffnungsvolle Zukunft verbaut. Viele Kinder werden missbraucht und misshandelt. Organisierte Banden töten Kinder und verkaufen weltweit ihre Organe. Junge Mädchen, teilweise schon ab 7 Jahren, werden oft zur Kinderprostitution verkauft. In ihrer Not geraten viele Kinder in die Drogenabhängigkeit und sterben dadurch sehr jung.

Durch Benefizveranstaltungen wollen wir helfen:

Um Straßenkindern weltweit ein besseres Leben zu ermöglichen, Wohnstätten, Schulen, Werkstätten und Krankenhäuser für sie zu errichten, Hilfe zur Selbsthilfe zu ermöglichen – ganz gezielt vor Ort mit anderen Organisationen. Durch praktizierte Liebe ihnen die Liebe Gottes näher zu bringen.

Hier wurde geholfen:

- 23. 01. 1994 FC Rotweiß Erfurt – SV Werder Bremen: Erlös für das katholische Waisenhaus in Erfurt (Komplettsanierung)
- 31. 01. 1996 FC Rotweiß Erfurt – Bor. Dortmund: Erlös für den Bau eines Waisenhauses in Ita Juba/Brasilien
- 20. 07. 1999 Chemnitzer FC – Bayer 04 Leverkusen: Erlös für ein neues Straßenkinder-Projekt in Cachoeira do Campo/Brasilien
- 07. 09. 1999 Landeskreisauswahl Cham – FC Bayern München: Erlös für den Bau eines Waisenhauses in Madras/Indien
- 07. 05. 2000 VfL Osnabrück – FC Schalke 04: Erlös für den Kauf einer Farm in Madras/Indien
- 14. 07. 2000 FC St. Pauli – SV Werder Bremen: Erlös für den Kauf einer Farm in Madras/Indien
- 05. 03. 2001 VfB Leipzig – Bor. Dortmund: Erlös für die Erdbebenopfer in Indien
- 15. 07. 2001 Arminia Bielefeld – 1. FC Köln: Erlös für ein Straßenkinder-Projekt in São Paulo
- 07. 08. 2001 VfL Osnabrück – FC Bayern München: Erlös für zwei neue Straßenkinder-Projekte in Brasilien

„Was ihr getan habt einem von diesen meinen geringsten Brüdern, das habt ihr mir getan." (Matthäus 25,40)

Matthias Sammer

„Als Trainer von Borussia Dortmund freue ich mich über die tolle Arbeit ‚Profifußballer helfen Straßenkindern', die große Resonanz der vielen Fußballvereine und über die schon entstandenen Projekte durch die bisherigen Benefizspiele. Es ist eine sehr gute Möglichkeit, über den Fußball gleichzeitig den Ärmsten der Armen zu helfen."

Marco Bode

„Ich unterstütze die Initiative, weil ich denke, dass Straßenkinder auf der ganzen Welt auf die Solidarität und Hilfe derer angewiesen sind, die selbst viel Glück im Leben hatten. Alle Kinder dieser Welt sollten die Chance bekommen, ein normales, wenn auch nicht sorgenfreies, Leben zu führen. Solidarität mit dieser Initiative heißt also Solidarität mit den unzähligen Kindern in Not!"

Marcelo Bordon und Martin Schäfer

Profifußballer helfen Straßenkindern e.V.
Martin Schäfer
Mobil: 0179 – 49 13 978

Benefizkonto: SchmidtBank Furth i.W.
Kto.-Nr. 1600 585 83, BLZ 780 300 70

Ganz besondere Autogrammkarten mit einer persönlichen Message der Stars kann man unter der Hotline von MBM: 06421-18 090 kostenlos bestellen.

Erhältlich sind:

Gerald Asamoah
Adhemar
Marcelo Bordon
Paulo Sérgio
Dirk Heinen
Sammy Kuffour
Zé Roberto

ATHLETEN FÜR CHRISTUS

Fußball-Camps

Von Juni bis September bieten wir mehrere einwöchige Fußball-Camps an, zu denen fußballbegeisterte Kinder und Jugendliche (6–17 Jahre) eingeladen sind: Trainingsstationen, ein Camp-Turnier, spezielles Torwarttraining, Filmabende, kreative Bibelarbeiten und natürlich viel Abenteuer, Action und Spaß.

Alle unsere Veranstaltungen werden von qualifizierten Trainern geleitet. Immer wieder sind auch Bundesligaprofis zu Gast – natürlich mit ganz speziellen Trainingseinheiten.

Talentierte Fußballer sind eingeladen, die Jahreskurse unserer Sport-Bibelschule im Schwarzwald zu besuchen. Zu dem täglichen Training gehören der Schulabschluss an einer öffentlichen Schule und die Teilnahme am Spielbetrieb eines Fußballclubs in der Region (je nach Spielstärke).

Unser Trainingscamp befindet sich im Haus Sonnenberg, einem ehemaligen Hotel in Altensteig-Walddorf, mitten im Schwarzwald. Vor Ort sind gut geeignete Sportanlagen vorhanden: 2 Rasensportplätze, Sporthalle, Schwimmbad, Tennishalle, Skilift und Gelände für Konditionstraining. Wir wollen mit unserer Arbeit dazu beitragen, dass Sportler ihre Begabungen und Talente weiterentwickeln und einsetzen können – und dass sie durch die Erfahrung der Liebe Gottes zu gefestigten Menschen mit einem tragfähigen Lebensfundament werden.

Weitere Informationen zu unseren Fußball-Camps erhalten sie unter: **www.afc-ev.de** oder bei Markus Bender: 07458-45 54 05.

Fussball Gott – die Postkarte

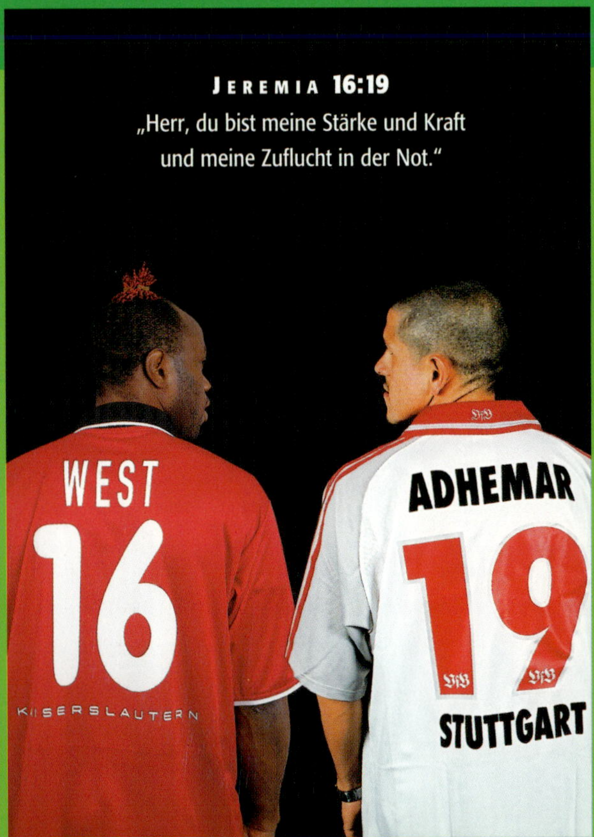

Als Glückwunschkarte zur Meisterschaft? Oder wenn der Lieblings-Club des Kumpels mal wieder haushoch verloren hat – da kann oft nur noch ein Bibelvers helfen. Abgesehen davon sind die „Fußball Gott"-Postkarten auch eine sportliche Eselsbrücke für vergessliche Bibel-Leser. Zu bestellen bei Gerth Medien unter der Hotline 0 64 43 - 68 32 (12er Postkarten-Set, Nr. 726).

DIRK HEINEN
JENS RASIEJEWSKI
TARIBO WEST NIGERIA
MARCELO JOSÉ BORDON
GERALD ASAMOAH
Christian Brand
Paulo Sergio
ZÉ ROBERTO
Josef Maier
Marco Bode
Heiko Herrlich
-Dieter Höttges
Berti Vogts
Paul Breitner
Heinz Flohe
Gerd Müller

VAINQUEURS:
1994/95: AFC AJAX
1995/96: FC JUVENTUS
1996/97: BORUSSIA DORTMUND
1997/98: REAL MADRID CF
1998/99: MANCHESTER UNITED FC
1999/00: REAL MADRID CF

DEUTSCHLAND

tio

Mens sana in corpore sano – Soli Deo Gloria